BLUE BOOK

智库成果出版与传播平台

广州教育蓝皮书

BLUE BOOK OF GUANGZHOU EDUCATION

广州中小学生科学素养
测评报告
（2024）

REPORT ON THE ASSESSMENT OF

SCIENTIFIC LITERACY OF PRIMARY AND

MIDDLE SCHOOL STUDENTS IN GUANGZHOU (2024)

组织编写／广州市教育研究院

主　　编／方晓波

执行主编／张海水　侯煜群

副 主 编／俞雅慧　周颖芊　黄雪欣　邵敏东
　　　　　吉瑞轩　梅珂英　马　骁

社会科学文献出版社

SOCIAL SCIENCES ACADEMIC PRESS (CHINA)

图书在版编目（CIP）数据

广州中小学生科学素养测评报告.2024／方晓波主编；张海水，侯煜群执行主编.--北京：社会科学文献出版社，2025.4.--（广州教育蓝皮书）.--ISBN 978-7-5228-5055-9

Ⅰ.G633.72

中国国家版本馆 CIP 数据核字第 2025S4J345 号

广州教育蓝皮书

广州中小学生科学素养测评报告（2024）

组织编写／广州市教育研究院
主　　编／方晓波
执行主编／张海水　侯煜群

出　版　人／冀祥德
责任编辑／陈晴钰
责任印制／岳　阳

出　　　版／社会科学文献出版社·皮书分社（010）59367127
　　　　　　地址：北京市北三环中路甲 29 号院华龙大厦　邮编：100029
　　　　　　网址：www.ssap.com.cn
发　　　行／社会科学文献出版社（010）59367028
印　　　装／天津千鹤文化传播有限公司

规　　　格／开　本：787mm×1092mm　1/16
　　　　　　印　张：20.25　字　数：301 千字
版　　　次／2025 年 4 月第 1 版　2025 年 4 月第 1 次印刷
书　　　号／ISBN 978-7-5228-5055-9
定　　　价／168.00 元

读者服务电话：4008918866

编　委　会

主编简介

方晓波　中共党员，法学博士，特级教师，正高级教师，广州市教育研究院党委书记、院长，广东省政府督学，广东教育学会副会长，广州实验教育集团校总校长，《教育导刊》主编，华南师范大学校外博士生导师，院博士后创新基地合作导师。深耕教研领域逾三十载，是全国知名教研专家，原任湖北省教学研究室常务副主任，2017年作为基础教育高层次人才引进广州。国家社科基金项目主持人，获2023年基础教育国家级教学成果奖一等奖（排名第一）。主编国家课程教材4套，撰写论文60余篇、学术著作10部。近五年来，主持的广州全学科智慧阅读项目获广东省教学成果特等奖（广州基础教育领域唯一奖项）。

摘　要

2021年6月，国务院印发《全民科学素质行动规划纲要（2021—2035年）》，指出科学素质是国民素质的重要组成部分，是社会文明进步的基础。2022年10月，党的二十大报告首次将教育、科技、人才进行统筹部署、整体谋划，从基础性、战略性支撑的角度强调教育、科技、人才一体化发展。2023年，习近平总书记进一步指出，要在教育"双减"中做好科学教育加法，激发青少年好奇心、想象力、探求欲，培养具备科学家潜质、愿意献身科学研究事业的青少年群体。同年，教育部等十八个部门联合印发《关于加强新时代中小学科学教育工作的意见》，系统部署在教育"双减"中做好科学教育加法，支撑服务一体化推进教育、科技、人才高质量发展。

广州市长期致力于中小学教育质量评价的探索。自2014年起，作为教育部改革实验区，广州市启动了义务教育阶段学生综合素质评价改革（即广州阳光评价）。2019年，广州入选全国首批"智慧教育示范区"。为贯彻落实《深化新时代教育评价改革总体方案》，完成建设"智慧教育示范区"的总目标，广州继续深化评价改革，将"广州阳光评价"升级为"广州智慧阳光评价"。

2020年，广州智慧阳光评价在原有基础上，结合新高考需求，关注学生学科素养，在测评形式上结合国际PISA（国际学生评估组织）评价模式，新增数学素养、科学素养、阅读素养三大领域测评，其中科学素养测评部分升级为"广州智慧阳光评价·科学素养测评"。该测评结合PISA、TIMSS两大国际测评项目对科学素养的结构划分，以及国内外科技人才培养要求，从

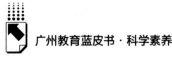

科学知识、科学能力和科学情感态度三方面进行测评，同时调查科学教育教学方式，综合运用因子分析、K-均值聚类、多重线性回归、决策树、增值性评价、多水平线性模型等方法进行科学素养测评。

本书主要基于2023年广州智慧阳光评价·科学素养测评数据，立足于广州市义务教育阶段学生科学素养测评结果，综合充分、全面的信息描述学生的发展状况，深入分析解读科学素养的影响因素，有助于了解学生当前科学素养发展水平，为学生科学素养发展提供精准指引和建议，为学校科学教育教学的精准改进提供了方向和路径。

目 录 ⚑

Ⅰ 总报告

Ⅱ 测评跟踪研究篇

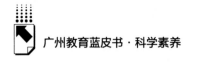

Ⅲ 比较研究篇

Ⅳ 教学变革篇

V　校外实践篇

皮书数据库阅读**使用指南**

总报告

B.1

2024年广州市中小学生
科学素养测评报告

方晓波 俞雅慧*

摘　要： 2023 年，广州智慧阳光评价·科学素养测评对全市 48047 名义务教育学生进行了测评。本报告基于对科学知识、科学能力等各级指标的深入分析，充分全面地描述广州市义务教育学生的科学素养整体发展状况、区域均衡表现、具体表现及影响因素。为了进一步优化科学教育质量，提升教育成效，报告建议：应强化跨学科教学融合，通过整合不同学科知识，增强学生的综合应用能力，特别是解决现实世界中复杂问题的能力；在教学评价体系中，不仅要重视对学生科学能力的评估，还需同等关注其道德情感的培养与评价，促进学生全面发展；同时，积极构建并认同学生的科学身份，通过鼓励探索、实践与创新，激发学生对科学的热爱与责任感，为培养未来社会的科学人才奠定坚实基础。

关键词： 义务教育　科学素养测评　科学教育　广州市

---

* 方晓波，法学博士，特级教师，正高级教师，广州市教育研究院党委书记、院长；俞雅慧，广州市智慧阳光评价项目成员，主要研究方向为教育评价。

一 广州智慧阳光评价·科学素养测评

（一）发展概况

2023 年 2 月，习近平总书记在二十届中共中央政治局第三次集体学习时指出，"要在教育'双减'中做好科学教育加法，激发青少年好奇心、想象力、探求欲，培育具备科学家潜质、愿意献身科学研究事业的青少年群体"。①同年 5 月，教育部等十八个部门联合印发了《关于加强新时代中小学科学教育工作的意见》，明确提出"强化动态监测，定期对青少年科学素质进行分析研判"。测评是引领中小学科学教育高质量发展的指挥棒。当前国家层面已有全民科学素养测评，但专门面向中小学生科学素养的全国性测评尚无，区域性或城市性测评也非常缺乏。广州市于 2020 年启动专门性的中小学生科学素养测评，至今已实施 4 年，已推广至粤港澳大湾区其他 9 个城市以及福建龙岩市，每年测评学生、教师、教育管理者的规模合计达到近 9.2 万人次。

（二）测评指标内涵

"科学素养"是 20 世纪 70 年代在教育领域出现的一个新词语，主要包含科学知识与概念、科学方法与技能、科学精神与态度、对科学本质的认识以及科学的价值。目前国际上有 PISA（国际学生评估组织）、TIMSS（国际数学与科学趋势研究）两个著名的测评项目可以参照。PISA 将科学素养定义为"作为一名具有反思力的公民能够运用科学思维参与相关科学议题的能力"，并且认为拥有良好科学素养的个人应具备以下三种能力：科学地解释现象、设计和评价科学探究、科学地阐释数据和证据。因为这些能力是现代科技社会对学生科学素养发展的必然要求②。TIMSS 虽然没有指出科学素

---

① 中华人民共和国教育部：《教育部等十八部门关于加强新时代中小学科学教育工作的意见》，http://www.moe.gov.cn/srcsite/A29/202305/t20230529_1061838.html。

② OECD.（2015）. OECD Style Guide：Third Edition. Paris：OECD Publishing.

养的一般概念，但强调"学生在面对有关疾病治疗、气候变化和技术应用等各种问题时，应该能够在坚实的科学基础上采取行动"，以满足科技社会对人们能力和更高阶段学习的要求，并从三个方面对其进行评价：科学内容、科学认知和科学实践①。

虽然两者关于科学素养内涵的侧重点不同，但可以看出，它们都强调科学探究与实践，重视学生科学能力的养成。本测评将科学素养定义为：具有参与和科学相关问题的能力。具备科学素养的人乐意从事关于科学和技术的理性论述，这需要具备以下能力：科学地解释现象、评价和设计科学探究，以及科学地阐释数据和科学证据的能力。

结合两大测评机构对于科学素养的结构划分以及国内外对人才培养的要求，本测评将科学素养分成科学知识、科学能力和科学情感态度三大方面，同时调查教师教学方式。相关指标维度的内涵解释见表1。

表 1 科学素养各指标解释

内容	指标维度	内涵
科学知识	内容性知识	评估学生对事实、关系、过程、概念和设备的掌握程度。包括识别或陈述事实、关系和概念；识别特定有机体、材料和过程的特征或特性；识别科学设备和程序的适当用途；识别和使用科学词汇、符号、缩写、单位和比例
	认知性知识	评估学生将科学知识与特定环境结合生成解释、解决实际问题的知识。包括使用图表或模型演示过程或找到解决问题的方法，利用科学概念来解释文本、表格、图片和图形信息，运用科学原理观察并解释自然现象
	程序性知识	评估学生能否运用推理、分析等方法得出结论，使用证据和科学理解来分析、综合与概括，将结论扩展到新领域的知识。包括回答不同因素或相关概念的问题，测量和控制变量，评估调查结果是否有足够的数据支持结论，证明因果关系

① Mullis, I. V. S., & Martin, M. O. (2013). TIMSS 2015 Assessment Frameworks. Chestnut Hill, MA: TIMSS & PIRLS International Study Center, Lynch School of Education, Boston College.

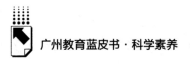

内容	指标维度	内涵
科学能力	探究科学问题	能够在给定的科学研究中识别和区分可以探究的问题,对给定的问题能够提出和评估科学探究的方法
	解释科学现象	能够回忆并运用恰当的科学知识,识别并提供解释模型,提供解释性的假设,做出合理的预测
	运用科学数据和证据	能够分析和评估以不同形式呈现的科学数据、科学观点、科学证据和科学推论并得出恰当的结论
科学情感态度	科学兴趣	指学生积极参与科学活动,对科学有好奇心和求知欲,具备科学学习过程中的情绪和动机
	科学情感态度	学生通过了解科学的特点和价值,形成坚持真理、修正错误,严谨求实的科学情感态度,形成科学价值观和成长型思维
	科学信心	学生在学习过程中,体验获得成功的乐趣,磨炼克服困难的意志,建立自信心(自我效能感)
教师教学方式	教师主导教学	教师采用教师讲解、课堂讨论和学生提问等形式组织并完成一堂结构完整、内容清楚和信息丰富的课程
	师生双向反馈	在教学中有效的反馈是双向的,即教师给予学生有关学习的意见和建议,学生收到后对自己的学习行动有所调整再将信息反馈给教师
	适应性教学	教师能根据班级学生的实际需求、知识储备和能力,弹性地"剪裁"其课堂教学内容,包括满足对某些主题和知识点有困难的单个学生的需求
	探究实践	在科学课堂教学实践中,在教师指引下学生自主参与实验或实际动手操作,以促进对科学观点的理解

(三)计分与分数标定

广州智慧阳光评价·科学素养测评采用类 PISA 形式,运用测试标准分和等级水平分析学生表现。根据成功完成的任务类型,学生可被分为不同的科学水平。根据学生在素养测评上的表现,将学生分为六个水平(A 级~F 级)。达到最高等级(A 级和 B 级)的学生能够熟练掌握知识点或技能,独立进行分析和推理,并在生活场景中将知识点灵活运用;中等级(C 级和 D 级)的学生基本能够掌握知识点或技能,在一定条件下可以进行分析或推理,能够将部分知识或技能应用在生活场景中；基础等级（E 级和 F 级）的学生尚未掌握或仅掌握部分知识点或技能，无法在生活中运用相关知识点或技能。

表 2　科学素养水平等级划分

单位：分

水平	三年级最低分数	七年级最低分数	达到该水平的学生能够做什么
A 级	670.93	694.37	A 级学生可以从物理、生命、地球和空间科学中汲取一系列相互关联的科学思想和概念，并使用内容、程序和认知性知识，为新的科学现象、事件和过程提供解释性假设或做出预测；在解释数据时，可以区分基于科学理论、证据的论点和基于其他考虑的论点；能够评估复杂的科学实验、进行实地研究或模拟设计
B 级	603.91	625.63	B 级学生可以使用抽象的科学思想或概念来解释不熟悉或更复杂的现象、事件；能够利用理论知识解释科学信息或做出预测；可以评估科学探索的方法，识别数据解释的局限性，解释数据中不确定性的来源和影响
C 级	536.88	556.89	C 级学生可以使用更复杂或更抽象的知识，解释生活中的事件和过程；可以在受约束的环境中进行科学实验，能够证明实验设计的合理性；可以解释从实验中提取的数据，得出适当的科学结论
D 级	469.86	488.16	D 级学生可以利用中等复杂的科学知识来识别或解释生活中熟悉的现象；在不太熟悉或更复杂的情况下，可以用相关的提示来构建解释；能够利用科学知识进行简单的实验；能够辨别科学问题和非科学问题，找出简单的支持科学主张的证据
E 级	402.84	419.42	E 级学生能够运用科学知识或数据解决简单科学实验中的问题；可以利用基本的或日常的科学知识，从简单的图表或数据中得出一个有效结论
F 级	217.48	176.85	F 级学生在支持下，可以进行不超过两个变量的结构化科学调查；在科学问题中能够识别简单的因果关系、解释简单的图形或数据；无法使用科学知识对简单科学现象做出解释

二　2023年广州市义务教育学生科学素养情况

2023 年 11 月，广州市开展第四次广州市义务教育学生科学素养情况调查。本次科学素养评价工作涉及全市 11 个行政区 390 所实验校，共 23653

名三年级学生和24394名七年级学生参与科学素养评价。各行政区具体参测情况见表3。

表3 2023年广州市及各区科学素养参测情况

行政区	小学学校（所）	三年级学生（人）	初中学校（所）	七年级学生（人）
A区	25	3118	25	3249
B区	15	1813	11	1439
C区	31	3773	26	3248
D区	15	1758	14	1708
E区	25	2924	37	4800
F区	15	1647	13	1532
G区	7	983	11	1325
H区	13	1532	8	1083
I区	11	1402	12	1521
J区	14	1724	11	1504
K区	27	2979	24	2985
广州市	198	23653	192	24394

注：本书各行政区排序均按第一个字拼音顺序进行。

（一）科学素养整体表现

1.三年级学生科学素养表现

三年级科学素养在427.50~487.49分数段学生较集中（见图1），全市20.19%的学生科学素养处于高水平（A、B级）（见图2），E区、J区高水平学生（A、B级）占比高于其他区，超过35%，E区高水平学生占比超过48%。E区、G区、I区、J区学生科学素养均值高于市均值（508.80分），E区学生科学素养均值最高但区内学生标准差也高于市标准差（103.50分），I区、G区、J区区内学生标准差均低于市标准差，I区区内学生标准差较小（85.94分）。H区平均值最低且区内学生标准差最小（84.50分），区内基础水平（E、F级）学生占比高于其他区，占比超过54%。各区学生科学素养最大值相当，最小值差距较大，G区最小值高于其他区，K区最小值最低。F区和K区学生科学素养均值相当，K区区内学生标准差高于F区，C区均值略高于D区，两区最大值和最小值相当，C区区内学生标准差高于D区（见表4）。

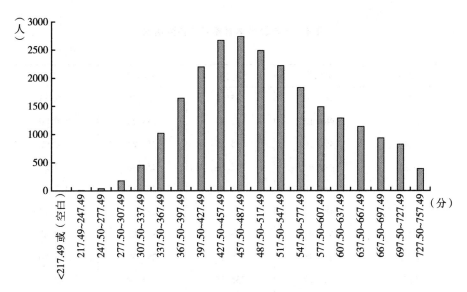

图1 三年级科学素养各分数段汇总

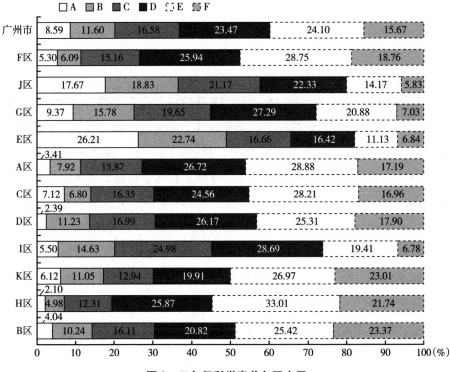

图2 三年级科学素养各区水平

表4　三年级科学素养得分各区情况

单位：分

行政区	平均值	最大值	最小值	标准差
A 区	488.16	735.55	265.86	88.84
B 区	484.10	735.55	253.22	100.00
C 区	494.56	735.55	253.22	98.99
D 区	490.97	735.55	253.08	92.26
E 区	581.86	735.55	227.39	107.89
F 区	486.21	735.55	227.39	94.74
G 区	532.41	735.55	301.85	93.81
H 区	468.88	735.55	255.59	84.50
I 区	528.29	735.55	285.99	85.94
J 区	561.27	735.55	274.93	100.95
K 区	487.94	735.55	217.48	104.84
广州市	508.80	735.55	217.48	103.50

2. 七年级学生科学素养表现

七年级科学素养在 476.86～566.85 分数段学生较集中（见图3），全市 10.65% 的学生科学素养处于高水平（A、B 级），I 区、G 区、J 区高水平学生（A、B 级）占比高于其他区，超过 17%，J 区高水平学生占比超过 20%（见图4）。F 区、G 区、I 区、J 区、H 区、K 区、C 区学生科学素养均值高于市均值（502.06 分），I 区、J 区学生科学素养均值较高但区内学生标准差也高于市标准差（100.12 分），F 区、G 区学生科学素养均值较高且区内学生标准差低于市标准差，两区均值相当，但 F 区区内学生标准差较小（88.12 分）。D 区平均值最低，区内基础水平（E、F 级）学生占比高于其他区，占比超过 57%。H 区和 K 区学生科学素养均值相当，而 H 区科学素养最大值和最小值均低于 K 区，区内学生标准差高于 K 区（见表5）。

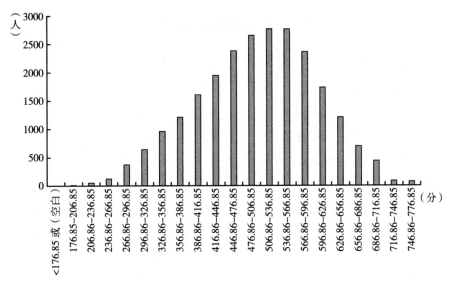

图3 七年级科学素养各分数段汇总

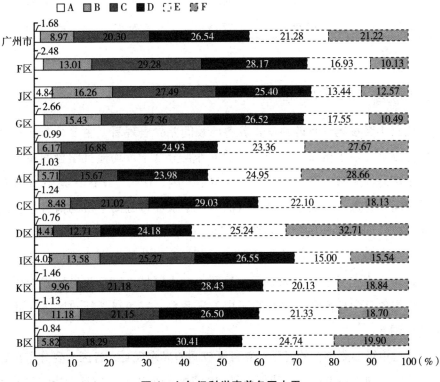

图4 七年级科学素养各区水平

表5 七年级科学素养得分各区情况

单位：分

行政区	平均值	最大值	最小值	标准差
A 区	479.31	771.95	192.15	97.50
B 区	495.67	748.03	227.09	89.13
C 区	505.28	747.67	192.73	94.47
D 区	465.66	747.67	198.92	96.67
E 区	480.49	771.95	192.73	101.00
F 区	538.46	771.95	254.32	88.12
G 区	538.99	771.95	231.51	91.75
H 区	510.71	736.52	218.83	97.59
I 区	528.12	771.95	192.73	107.88
J 区	543.14	771.95	176.85	102.87
K 区	509.69	771.95	237.39	96.11
广州市	502.06	771.95	176.85	100.12

（二）科学素养均衡表现

从三年级参测学校的科学素养各区校间差异表现看，主要分布在三个区域，分别为左下区域，特征为科学素养得分低于市均值且学校间差异系数低于市差异系数，分别有C区、A区、F区、D区、H区，其中H区参测学校间差异最小。右下区域，特征为科学素养得分高于市均值且学校间差异系数低于市差异系数，分别有I区、G区、J区、E区，其中I区参测学校间差异最小。左上区域，特征为科学素养得分低于市均值且学校间差异系数高于市差异系数，为B区、K区。右上区域，特征为科学素养得分高于市均值且学校间差异系数高于市差异系数，三年级无行政区落在此区域（见图5）。

从七年级参测学校的科学素养各区校间差异表现看，各区主要分布在四个区域，分别为左下区域，特征为科学素养得分低于市均值且学校间差异系

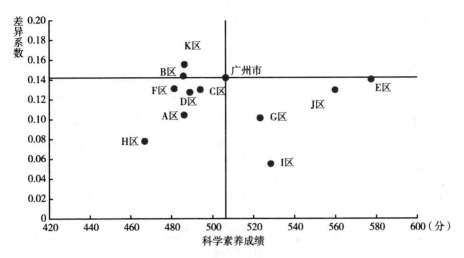

图5 三年级科学素养各区校间差异

数低于市差异系数，分别有A区、B区、D区，其中B区学校间差异系数最小。右下区域，特征为科学素养得分高于市均值且学校间差异系数低于市差异系数，分别有C区、K区、H区、G区、F区、J区。右上区域，特征为科学素养得分高于市均值且学校间差异系数高于市差异系数，I区落在此区域。左上区域，特征为科学素养得分低于市均值且学校间差异系数高于市差异系数，E区落在此区域（见图6）。

（三）科学素养具体表现

1. 科学能力表现

科学能力上，三年级学生各项能力得分率表现差距较大，解释科学现象得分率较高，为0.63，运用科学数据和证据得分率仅为0.44。各区科学能力结构表现一致，解释科学现象表现最为突出，J区、E区、G区得分率较高，均在0.70及以上。运用科学数据和证据表现较弱，除E区得分率为0.62外，其余各区得分率均不足0.60，其中四个区得分率低于0.40。探究科学问题市均得分率为0.58，其中J区、E区、G区、I区得分率在0.60以上，其余七区得分率均不足0.60。

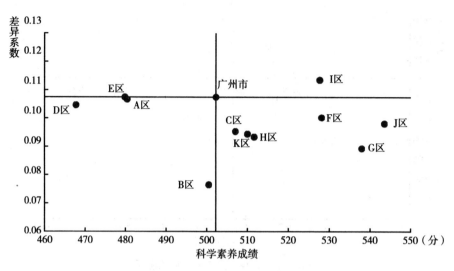

图6 七年级科学素养各区校间差异

七年级参测学生科学能力表现差距也较大，解释科学现象、探究科学问题得分率较高，市均分别为0.69、0.64，运用科学数据和证据能力得分率较弱，仅为0.38。各区参测学生科学能力结构表现一致，解释科学现象表现较好。F区、G区、K区、I区、J区、H区、C区各项科学能力得分率均高于市均值，D区、E区各项科学能力得分率均较低（见表6）。

表6 三、七年级各区科学能力得分率

行政区	三年级			七年级		
	解释科学现象	探究科学问题	运用科学数据和证据	解释科学现象	探究科学问题	运用科学数据和证据
A区	0.60	0.55	0.39	0.65	0.61	0.36
B区	0.59	0.52	0.38	0.69	0.64	0.35
C区	0.60	0.57	0.40	0.70	0.66	0.39
D区	0.61	0.56	0.40	0.63	0.58	0.34
E区	0.76	0.67	0.62	0.66	0.59	0.34
F区	0.59	0.57	0.39	0.76	0.72	0.44

续表

行政区	三年级			七年级		
	解释科学现象	探究科学问题	运用科学数据和证据	解释科学现象	探究科学问题	运用科学数据和证据
G 区	0.70	0.63	0.47	0.76	0.73	0.45
H 区	0.55	0.53	0.36	0.70	0.65	0.41
I 区	0.69	0.63	0.48	0.72	0.70	0.43
J 区	0.74	0.67	0.54	0.75	0.70	0.46
K 区	0.58	0.52	0.41	0.71	0.65	0.39
广州市	0.63	0.58	0.44	0.69	0.64	0.38

分析科学素养各水平[①]学生的科学能力表现差异,发现三、七年级参测学生科学素养水平等级越高,各项科学能力表现越好。三年级学生在解释科学现象、运用科学数据和证据能力方面等级差距较明显(见图7),七年级学生在探究科学问题、运用科学数据和证据能力方面等级差距明显(见图8)。

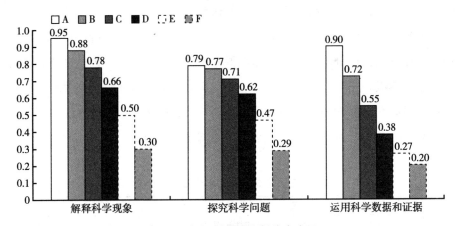

图7 三年级科学能力得分率水平

2.科学知识表现

三年级学生内容性知识得分率高于认知性知识得分率和程序性知识得分

---

① 各水平指 A、B、C、D、E、F 六等级。

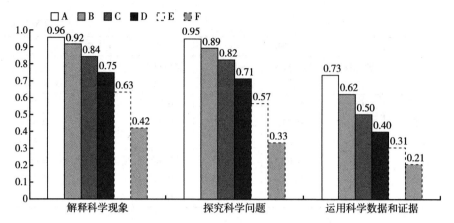

图 8　七年级科学能力得分率水平

率。J 区、E 区、I 区、G 区各项科学知识得分率均高于市均值，A 区、B 区、K 区、C 区、H 区、D 区、F 区各项科学知识得分率均低于市均值。各区在内容性知识得分率方面差异较大，E 区内容性知识得分率最高，为 0.79，H 区内容性知识得分率最低，为 0.53。

七年级学生内容性知识得分率高于认知性知识得分率和程序性知识得分率，程序性知识得分率和认知性知识得分率均低于三年级，内容性知识得分率高于三年级。J 区、H 区、F 区、G 区、I 区各项科学知识得分率均高于市均值。各区在内容性知识得分率方面差异较大，G 区、F 区内容性知识得分率最高，为 0.72，D 区内容性知识得分率最低，为 0.58（见表 7）。

表 7　三、七年级各区科学知识得分率

行政区	三年级			七年级		
	程序性知识	内容性知识	认知性知识	程序性知识	内容性知识	认知性知识
A 区	0.46	0.58	0.50	0.47	0.60	0.46
B 区	0.43	0.58	0.49	0.47	0.64	0.47
C 区	0.47	0.59	0.52	0.50	0.65	0.49
D 区	0.46	0.60	0.51	0.43	0.58	0.45
E 区	0.63	0.79	0.65	0.45	0.61	0.44

续表

行政区	三年级			七年级		
	程序性知识	内容性知识	认知性知识	程序性知识	内容性知识	认知性知识
F 区	0.47	0.57	0.51	0.54	0.72	0.54
G 区	0.53	0.69	0.59	0.56	0.72	0.55
H 区	0.43	0.53	0.48	0.50	0.67	0.50
I 区	0.55	0.68	0.57	0.55	0.70	0.52
J 区	0.59	0.74	0.64	0.56	0.71	0.55
K 区	0.46	0.58	0.48	0.49	0.66	0.50
广州市	0.50	0.63	0.54	0.49	0.65	0.49

　　具体分析科学素养各水平学生在科学知识上的表现，发现三、七年级各水平学生在科学知识上呈现"阶梯式"差异特征（见图9、图10）。三年级各水平学生科学知识等级差异更明显。

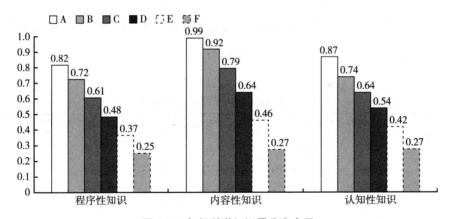

图9　三年级科学知识得分率水平

（四）科学素养影响因素

1. 性别差异

　　广州市三年级学生整体在科学能力表现上性别差异不明显，男生在解释科学现象、运用科学数据和证据上得分率略高于女生，在探究科学问题上，

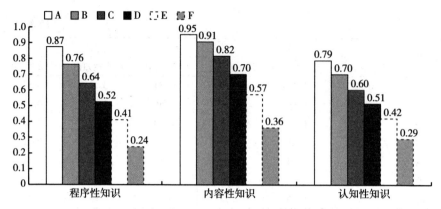

图10 七年级科学知识得分率水平

男女生表现相当。K区、C区、J区女生解释科学现象得分率高于男生，H区、K区女生探究科学问题表现略好于男生，K区女生运用科学数据和证据得分率略高于男生（见表8）。

各区男生A、B级占比普遍高于女生，各区E级女生占比大多高于男生，F级男生占比大多高于女生（见表9）。

表8 三年级各区科学能力性别差异情况

行政区	解释科学现象		探究科学问题		运用科学数据和证据	
	男	女	男	女	男	女
A区	0.60	0.60	0.56	0.54	0.39	0.38
B区	0.60	0.59	0.52	0.52	0.38	0.38
C区	0.60	0.61	0.57	0.57	0.40	0.40
D区	0.62	0.60	0.57	0.55	0.41	0.38
E区	0.76	0.75	0.68	0.66	0.63	0.61
F区	0.60	0.59	0.58	0.55	0.40	0.37
G区	0.70	0.70	0.64	0.61	0.49	0.45
H区	0.56	0.55	0.52	0.54	0.36	0.35
I区	0.70	0.68	0.63	0.62	0.49	0.47
J区	0.74	0.75	0.67	0.67	0.54	0.54
K区	0.57	0.60	0.51	0.52	0.40	0.41
广州市	0.64	0.63	0.58	0.58	0.45	0.43

表9 三年级各区科学素养等级性别差异情况

单位：%

行政区	等级	男	女	总计
A 区	A	2.48	1.87	2.20
	B	7.88	5.51	6.80
	C	16.50	14.91	15.77
	D	25.34	25.31	25.33
	E	24.55	29.65	26.88
	F	23.24	22.75	23.01
B 区	A	2.85	2.39	2.63
	B	9.02	7.49	8.29
	C	17.39	16.73	17.07
	D	25.52	24.55	25.05
	E	22.79	27.65	25.12
	F	22.43	21.19	21.84
C 区	A	4.16	4.68	4.40
	B	8.53	6.49	7.57
	C	19.41	17.48	18.51
	D	26.46	26.81	26.62
	E	23.35	27.70	25.39
	F	18.09	16.84	17.50
D 区	A	1.88	1.26	1.59
	B	8.96	6.60	7.87
	C	16.09	13.46	14.88
	D	23.98	26.60	25.19
	E	23.50	27.36	25.28
	F	25.59	24.72	25.19
E 区	A	11.40	9.65	10.60
	B	12.56	12.38	12.48
	C	17.23	16.28	16.80
	D	20.57	23.00	21.69
	E	17.33	20.32	18.71
	F	20.91	18.36	19.74
F 区	A	4.32	3.52	3.94
	B	10.80	7.91	9.43
	C	22.98	20.86	21.97

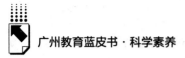

续表

行政区	等级	男	女	总计
F 区	D	25.73	28.44	27.02
	E	21.66	24.58	23.05
	F	14.52	14.68	14.60
G 区	A	6.19	4.87	5.53
	B	16.65	14.51	15.58
	C	26.07	22.07	24.06
	D	23.45	30.23	26.85
	E	17.26	20.68	18.97
	F	10.37	7.65	9.01
H 区	A	1.97	1.39	1.70
	B	9.12	5.73	7.53
	C	16.20	15.64	15.94
	D	23.80	28.75	26.13
	E	27.23	29.32	28.21
	F	21.68	19.16	20.49
I 区	A	5.29	4.18	4.76
	B	15.42	12.67	14.09
	C	25.47	24.77	25.13
	D	25.27	30.09	27.59
	E	17.69	16.56	17.15
	F	10.86	11.74	11.28
J 区	A	11.94	11.45	11.71
	B	19.04	16.10	17.64
	C	23.52	24.74	24.10
	D	22.51	25.13	23.76
	E	13.61	14.07	13.83
	F	9.37	8.51	8.96
K 区	A	3.67	3.94	3.80
	B	10.49	10.53	10.51
	C	17.40	16.67	17.05
	D	24.38	23.90	24.15
	E	22.60	24.61	23.56
	F	21.46	20.35	20.93

广州市七年级学生整体在科学能力表现上，解释科学现象、探究科学问题男生得分率均低于女生，运用科学数据和证据上，男生略高于女生。各区男女生科学能力表现与市整体表现较一致，G区、E区女生探究科学问题能力较男生优势更大；E区、I区、K区男生运用科学数据和证据得分率与女生基本持平，其余区均为男生高于女生（见表10）。

各区普遍表现为男生A、B级占比高于女生，女生E级占比普遍高于男生，男生F级占比普遍高于女生（见表11）。

表10 七年级各区科学能力性别差异情况

行政区	解释科学现象		探究科学问题		运用科学数据和证据	
	男	女	男	女	男	女
A区	0.65	0.65	0.60	0.62	0.37	0.35
B区	0.68	0.70	0.62	0.66	0.36	0.35
C区	0.70	0.70	0.66	0.65	0.40	0.38
D区	0.62	0.64	0.57	0.58	0.35	0.33
E区	0.65	0.67	0.57	0.62	0.34	0.34
F区	0.75	0.76	0.70	0.74	0.44	0.43
G区	0.75	0.76	0.69	0.76	0.46	0.44
H区	0.70	0.71	0.65	0.65	0.42	0.40
I区	0.71	0.73	0.70	0.70	0.43	0.43
J区	0.75	0.75	0.69	0.71	0.47	0.45
K区	0.71	0.71	0.64	0.67	0.39	0.39
广州市	0.69	0.70	0.63	0.66	0.39	0.38

表11 七年级各区科学素养等级性别差异情况

单位：%

行政区	等级	男	女	总计
A区	A	2.48	1.87	2.20
	B	7.88	5.51	6.80
	C	16.50	14.91	15.77
	D	25.34	25.31	25.33
	E	24.55	29.65	26.88
	F	23.24	22.75	23.01

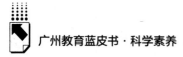

续表

行政区	等级	男	女	总计
B区	A	2.85	2.39	2.63
	B	9.02	7.49	8.29
	C	17.39	16.73	17.07
	D	25.52	24.55	25.05
	E	22.79	27.65	25.12
	F	22.43	21.19	21.84
C区	A	4.16	4.68	4.40
	B	8.53	6.49	7.57
	C	19.41	17.48	18.51
	D	26.46	26.81	26.62
	E	23.35	27.70	25.39
	F	18.09	16.84	17.50
D区	A	1.88	1.26	1.59
	B	8.96	6.60	7.87
	C	16.09	13.46	14.88
	D	23.98	26.60	25.19
	E	23.50	27.36	25.28
	F	25.59	24.72	25.19
E区	A	11.40	9.65	10.60
	B	12.56	12.38	12.48
	C	17.23	16.28	16.80
	D	20.57	23.00	21.69
	E	17.33	20.32	18.71
	F	20.91	18.36	19.74
F区	A	2.68	2.26	2.48
	B	15.21	10.45	13.01
	C	28.71	29.94	29.28
	D	26.03	30.65	28.17
	E	16.06	17.94	16.93
	F	11.31	8.76	10.13
G区	A	6.19	4.87	5.53
	B	16.65	14.51	15.58
	C	26.07	22.07	24.06
	D	23.45	30.23	26.85
	E	17.26	20.68	18.97
	F	10.37	7.65	9.01

续表

行政区	等级	男	女	总计
H区	A	1.97	1.39	1.70
	B	9.12	5.73	7.53
	C	16.20	15.64	15.94
	D	23.80	28.75	26.13
	E	27.23	29.32	28.21
	F	21.68	19.16	20.49
I区	A	5.29	4.18	4.76
	B	15.42	12.67	14.09
	C	25.47	24.77	25.13
	D	25.27	30.09	27.59
	E	17.69	16.56	17.15
	F	10.86	11.74	11.28
J区	A	11.94	11.45	11.71
	B	19.04	16.10	17.64
	C	23.52	24.74	24.10
	D	22.51	25.13	23.76
	E	13.61	14.07	13.83
	F	9.37	8.51	8.96
K区	A	3.67	3.94	3.80
	B	10.49	10.53	10.51
	C	17.40	16.67	17.05
	D	24.38	23.90	24.15
	E	22.60	24.61	23.56
	F	21.46	20.35	20.93

2. 科学情感态度

学生科学情感态度与科学素养成绩呈现正向关联性，科学信心、科学兴趣、科学情感态度水平越高，科学素养成绩就越高。

从科学情感态度各水平分布看，三年级科学信心、科学兴趣、科学情感态度高水平占比普遍高于七年级学生（见图11）。各区三、七年级学生科学信心、科学兴趣、科学情感态度各水平占比情况如表12、表13、表14所示。

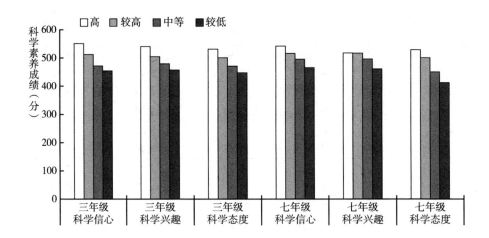

图11 三、七年级科学情感态度各水平分布

表12 三、七年级各区科学信心各水平占比情况

单位：%

行政区	三年级				七年级			
	高	较高	中等	较低	高	较高	中等	较低
A区	20.69	14.98	42.91	21.42	7.51	29.21	32.81	30.47
B区	21.57	12.19	44.13	22.12	7.44	23.70	40.31	28.56
C区	27.41	12.75	41.21	18.63	10.22	22.88	37.99	28.91
D区	23.55	14.39	42.26	19.80	7.38	32.08	31.21	29.33
E区	39.19	4.07	45.79	10.94	13.35	19.13	40.56	26.96
F区	18.82	14.03	44.38	22.77	9.14	22.72	35.70	32.44
G区	37.74	5.39	41.40	15.46	16.98	15.55	43.62	23.85
H区	24.80	9.99	45.82	19.39	13.57	19.21	41.00	26.22
I区	37.66	7.92	39.09	15.34	12.23	21.56	35.63	30.57
J区	34.11	8.00	41.76	16.13	13.83	18.28	41.16	26.73
K区	19.00	12.22	45.75	23.03	10.42	20.10	39.66	29.82

表13 三、七年级各区科学兴趣各水平占比情况

单位：%

行政区	三年级				七年级			
	高	较高	中等	较低	高	较高	中等	较低
A 区	26.52	10.13	44.00	19.34	11.20	18.99	32.44	37.37
B 区	29.73	6.89	43.41	19.97	12.93	13.13	31.34	42.60
C 区	32.04	9.12	39.84	19.00	13.27	14.01	34.42	38.30
D 区	27.93	11.26	44.37	16.44	13.52	19.32	28.69	38.47
E 区	48.15	2.63	38.58	10.64	19.00	11.96	37.58	31.46
F 区	24.77	9.59	46.51	19.13	10.70	14.30	38.97	36.03
G 区	44.86	5.60	36.93	12.61	20.68	9.58	41.28	28.45
H 区	29.11	6.53	46.02	18.34	17.45	9.70	38.87	33.98
I 区	41.44	4.92	39.73	13.91	12.69	14.79	38.13	34.39
J 区	37.70	5.92	41.42	14.97	17.82	11.50	39.23	31.45
K 区	24.37	8.09	47.03	20.51	11.56	11.93	38.49	38.02

表14 三、七年级各区科学情感态度各水平占比情况

单位：%

行政区	三年级				七年级			
	高	较高	中等	较低	高	较高	中等	较低
A 区	37.30	7.22	42.46	13.02	26.78	8.37	57.13	7.73
B 区	37.84	5.96	45.12	11.09	24.32	4.79	65.39	5.49
C 区	43.18	6.39	40.68	9.75	30.54	4.68	58.96	5.82
D 区	39.59	7.68	41.52	11.21	27.17	8.55	57.61	6.67
E 区	59.64	2.15	33.72	4.48	33.13	5.83	54.77	6.27
F 区	36.07	5.10	46.02	12.81	32.51	3.39	58.36	5.74
G 区	51.48	3.56	36.72	8.24	46.11	2.26	48.38	3.25
H 区	40.08	4.50	43.54	11.88	35.64	2.95	55.49	5.91
I 区	54.92	3.14	35.59	6.35	35.96	4.67	53.78	5.59
J 区	49.71	4.12	39.79	6.38	41.76	3.06	51.53	3.66
K 区	37.16	6.78	44.51	11.55	26.83	3.62	62.18	7.37

3. 学习投入

分析完成科学作业时间与科学素养成绩的关联，发现三、七年级学生完成科学作业时间在 30 分钟以内的学生科学素养成绩表现最好，随着完成科学作业时间的延长科学素养成绩呈现下降趋势，完成科学作业时间在 90 分钟以上的学生科学素养成绩最低（见图 12），全市三、七年级分别有 2.41%、3.00%的学生完成科学作业时间在 90 分钟以上，三年级 H 区、K 区分别有 3.19%、3.16%的学生完成科学作业时间在 90 分钟以上，七年级 D 区有 4.74%的学生完成科学作业时间在 90 分钟以上（见表 15）。

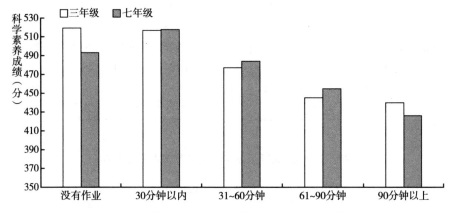

图 12 三、七年级完成科学作业时间水平差异

表 15 三、七年级各区完成科学作业时间情况

单位：%

行政区	三年级					七年级				
	没有作业	30 分钟以内	31~60 分钟	61~90 分钟	90 分钟以上	没有作业	30 分钟以内	31~60 分钟	61~90 分钟	90 分钟以上
A 区	22.73	57.39	13.82	3.11	2.95	19.34	53.70	19.18	4.70	3.07
B 区	16.37	64.33	12.68	4.24	2.37	14.80	59.68	18.53	4.01	2.97
C 区	45.71	38.92	9.97	3.26	2.15	22.27	55.86	13.81	4.89	3.17
D 区	33.45	49.60	10.13	3.87	2.96	24.18	48.42	16.74	5.91	4.74
E 区	12.45	76.06	8.21	2.02	1.27	15.32	56.58	18.53	6.00	3.57
F 区	30.52	53.64	10.32	2.55	2.97	15.71	63.04	16.10	3.78	1.37
G 区	20.14	66.94	9.05	1.93	1.93	16.98	64.23	13.13	4.30	1.36

续表

行政区	三年级					七年级				
	没有作业	30分钟以内	31~60分钟	61~90分钟	90分钟以上	没有作业	30分钟以内	31~60分钟	61~90分钟	90分钟以上
H区	2.28	75.90	14.59	4.04	3.19	8.12	66.51	17.99	5.26	2.12
I区	24.89	63.20	8.49	1.71	1.71	12.68	63.67	14.19	5.78	3.68
J区	38.23	50.75	6.67	2.67	1.68	11.64	67.02	13.50	4.65	3.19
K区	9.23	68.28	15.01	4.33	3.16	8.17	65.13	19.73	4.66	2.31
广州市	24.10	59.27	11.07	3.15	2.41	15.90	59.10	16.96	5.03	3.00

4.学生自身发展

从学习能力、学习动机、学习策略、学业负担不同水平学生的科学素养表现看，学习能力、学习动机、学习策略与科学素养表现呈现正向关联，学生自身学习能力、学习动机、学习策略水平越高，科学素养表现就越好，而学业负担与科学素养表现呈现负向关联，学生学业负担水平越高，科学素养表现就越差。

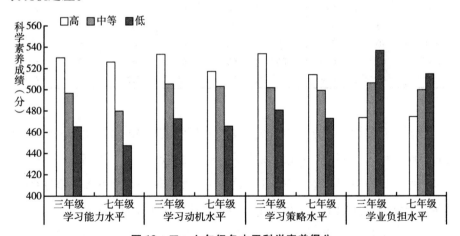

图13　三、七年级各水平科学素养得分

5.教师教学方式

分析学生所感受的科学学科教师教学方式使用情况，三年级学生感受教师使用教师主导教学、探究实践方式频率较高，适应性教学、师生双向反馈使用频率相对较低。七年级学生感受教师使用教学方式上存在差异，主要表现为教师主导教学使用频率较高，师生双向反馈使用频率较低（见表16）。不同的教学方式各有优势，教师在选择教学方式时应结合学生现状、教学内容主题特征灵活调整、配合使用。

表16　三、七年级各区教师教学方式使用频率

单位：%

行政区	三年级				七年级			
	适应性教学	师生双向反馈	教师主导教学	探究实践	适应性教学	师生双向反馈	教师主导教学	探究实践
A区	64	63	64	65	62	59	66	60
B区	69	69	70	70	64	62	68	64
C区	64	64	68	68	64	61	71	64
D区	63	62	66	65	61	58	65	60
E区	79	79	79	80	68	65	72	68
F区	62	61	67	66	62	57	68	59
G区	69	71	74	76	68	64	76	69
H区	64	64	67	70	67	64	75	68
I区	66	67	73	74	66	61	73	67
J区	70	72	75	72	69	65	76	68
K区	67	65	66	68	66	63	72	66
广州市	67	67	70	70	65	62	71	65

分析教师使用教学方式的情况，全市三年级使用探究实践较高频率占比超过50%，E区、G区探究实践较高频率占比均超过60%。全市教师主导教学较高频率占比为48.57%，E区、J区教师主导教学较高频率占比均超过60%。师生双向反馈较高频率占比较其他三种教学方式较低，为43.06%，F区、A区、D区师生双向反馈较低频率占比均超过45%。适应性教学较高频率占比E区最高，F区、A区、C区、D区适应性教学较低频率占比均超过50%（见表17）。全市七年级教师主导教学较高频率占比较高，为53.80%，G区、H区、I区、J区均超过60%，师生双向反馈较高频率占比较低，为35.12%，师生双向反馈较低频率占比较高，为48.13%（见表18）。

表 17 三年级各区教师教学方式使用情况

单位：%

行政区	适应性教学频率		师生双向反馈频率		教师主导教学频率		探究实践频率	
	较低	较高	较低	较高	较低	较高	较低	较高
A 区	50.83	37.14	45.38	33.39	51.22	35.54	43.78	39.80
B 区	36.96	50.58	32.71	46.22	35.52	51.35	31.99	52.23
C 区	50.41	38.40	44.16	39.23	42.09	45.24	37.74	48.37
D 区	51.93	36.23	47.95	33.54	44.48	42.95	39.19	44.71
E 区	22.98	69.49	19.80	67.31	22.74	69.36	17.68	73.36
F 区	54.16	32.79	48.27	31.27	43.11	42.08	38.74	43.84
G 区	42.12	45.37	36.01	49.85	31.33	57.68	24.31	62.97
H 区	48.69	39.16	40.47	36.81	42.49	43.34	30.87	52.61
I 区	46.40	41.47	39.83	42.40	29.98	56.53	25.70	59.03
J 区	38.92	50.93	32.77	54.99	29.47	61.48	30.86	53.13
K 区	43.50	43.64	39.04	38.80	45.15	39.68	35.68	46.93
广州市	44.02	44.55	38.69	43.06	38.97	48.57	33.32	51.72

表 18 七年级各区教师教学方式使用情况

单位：%

行政区	适应性教学频率		师生双向反馈频率		教师主导教学频率		探究实践频率	
	较低	较高	较低	较高	较低	较高	较低	较高
A 区	51.94	35.99	53.16	29.84	43.95	44.53	52.96	34.42
B 区	48.64	40.17	50.10	33.22	40.58	47.74	47.19	40.86
C 区	47.94	39.13	50.55	33.96	35.56	53.17	46.89	40.55
D 区	53.69	36.53	55.44	29.57	46.55	44.79	51.87	35.95
E 区	40.25	48.40	41.02	41.96	33.77	55.92	37.25	50.60
F 区	52.22	33.94	58.94	24.61	39.03	47.91	54.63	31.59
G 区	40.83	46.79	46.64	38.34	26.79	63.25	34.26	52.08
H 区	42.11	45.61	44.41	37.03	27.98	60.94	35.92	50.05
I 区	42.27	42.74	49.05	33.46	29.19	60.09	37.28	47.07
J 区	38.63	48.20	43.28	42.02	24.80	65.63	35.84	50.40
K 区	41.41	43.08	44.72	35.85	30.55	56.28	38.56	44.59
广州市	45.30	42.06	48.13	35.12	35.12	53.80	43.18	43.40

6.学校认同

从各水平学校认同的学生科学素养表现看，学校认同与科学素养表现存在正向关联，学校认同水平越高，科学素养表现就越好（见图14）。

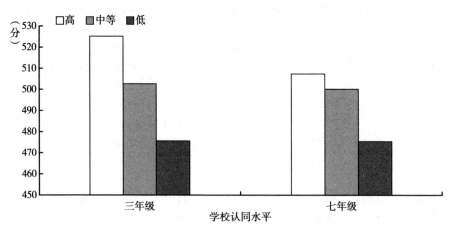

图14 三、七年级各水平学校认同的学生科学素养得分

三 发展建议

习近平总书记指出，"科技创新、科学普及是实现创新发展的两翼，要把科学普及放在与科技创新同等重要的位置，没有全民科学素质普遍提高，就难以建立起宏大的高素质创新大军，难以实现科技成果快速转化"。[①] 这说明，科学教育不是知识精英的特权，而是每个人都应接受的未来知识和能力储备。

（一）跨学科学习中提升学生解决现实问题的能力

《义务教育科学课程标准（2022年版）》（以下简称《新课标》）取消了《义务教育初中科学课程标准（2011年版）》对学科领域的划分，按照

---

① 中华人民共和国国务院：《全民科学素质行动规划纲要（2021—2035年）》https：//www.gov. cn/gongbao/content/2021/content_5623051. htm。

核心概念和跨学科概念设置课程内容，以核心素养为导向，以学科核心概念为基础，要求学生掌握跨学科概念。如何培养学生对科学的整体性理解，用跨学科概念统整多个核心概念解决复杂而真实的科学问题，是科学教育面临的重要挑战。《新课标》对"探究实践"素养的表述是：在了解和探索自然、获得科学知识、解决科学问题，以及技术与工程实践过程中，形成的科学探究能力、技术与工程实践能力、自主学习能力。人类面临着人为引起的气候变化、环境影响以及随之而来的许多挑战，包括改善空气污染和水资源短缺、管理疾病、生产可再生能源等，这就要求学生能够运用科学、技术以及其他学科进行决策和行动。因此，教师在课堂教学中可以结合当下全球面临的各类具体问题开展环境教育和信息技术教育，更新课程内容，减少过于宽泛的知识内容识记和与真实世界脱节的技能训练，根据跨学科概念整合课程内容，聚焦核心概念和关键能力，规划进阶式的深度学习；改变教学方式，在保证现有教学质量的基础上，运用项目式教学、组织深度科学实践，促进高阶认知能力的提升；提供跨学科课程学习机会，馆校结合（科技场馆与学校）开展正式与非正式的科学教育，扩大科学参与，了解职业前景，增加对科技事业的了解。在评价学生解决现实问题能力时增加解决现实问题类开放题的比重，要求学生为解决当下的现实问题提供方案，更多地关注科技创新和相关的社会变革，包括环境变化（如气候紧急情况）、技术变化（如人工智能的发展）等，以此培养他们的决策能力和社会责任感。

（二）教学评价既要关注科学能力，也要关注道德情感

"课程育人"是立德树人的前提。以"立德树人"为根本任务的科学教育不仅要注重学生科学知识和能力的培养，还要培养学生的道德情感、道德判断和道德行为。《新课标》中有关科学教育培养学生道德的要求隐含在"态度责任"素养当中。《新课标》对"态度责任"素养的表述是：态度责任是在认识科学本质及规律，理解科学、技术、社会、环境之间关系的基础上，逐渐形成的科学情感态度与社会责任。其中，社会责任体现在：珍爱生命、践行科学、健康的生活方式；热爱自然，具有节约资源、保护环境、推

动生态文明建设和可持续发展的责任感；对与科学技术相关的社会热点问题做出正确的价值判断，遵守科学技术应用中的公共规范、法律法规和伦理道德，维护自身和他人的合法权益，捍卫国家利益。教育需要学生发展关怀、正义等伦理，PISA 2025 提出，这种关怀人与自然的观念可以通过科学教育来增强，以引导学生正确处理人与自然之间的利益冲突，进而将人类视为环境的一部分，而不是与环境相分离。PISA 2025 科学素养测评对相关伦理道德的评价主要集中在环境系统维度，重点测试三项能力：①解释人类活动与地球环境系统的相互作用及其影响；②对各项证据及其来源进行评估，应用创造性思维和系统思维，做出明智的决定，以维持资源的再生，保护生态环境；③在寻求社会生态危机的解决方案时，表现出对不同观点的期望和尊重。教师也可以尝试将《新课标》所强调的道德要求，外化为知识和能力的考查方式，参考 PISA 2025 科学素养测评对相关伦理道德的评价能力要求，提高学生的科学责任感。

（三）积极建构学生科学身份

PISA 2025 认为，青年人对科学技术的兴趣、重视科学的态度以及科学的思维方式是通过科学身份建构来体现的。"科学身份"与"态度"同样关注学生的科学参与，但"科学身份"不限于"态度"所包含的对科学技术的兴趣、环境意识及对科学探究方法的重视等内容，它同时关注学生科学知识的储备程度，解决问题时倾向于使用科学探究方法的态度，以及采取适当的、有科学依据的行动的意愿等，其中对学生的包容精神和基本的社会伦理道德要求贯穿始终。学生科学身份的建构能够促进其决策和行动能力的发展。虽然我们无法期待所有人都能成为科学家，但科学身份的建构对大众来说至关重要，人们可以借由科学的参与提升科学素养。这意味着更多的人能够理解和评估科学信息，可以针对科学问题表达自己的观点并参与科学决策的过程，确保科学发展与社会需求及价值观保持一致，以此加强科学与社会的互动。科学身份的建构促使学生采用科学思维看待问题和解决问题。运用科学方法能帮助学生采用客观的、基于证据的方式来分析和解决问题，而不仅仅凭借个人观点或偏见。《关于加强新时代中小学科学教育工作的意见》提出的"培养学生'献身科学'精神"虽然在表述上与 PISA 2025 科学素养测评框架中的"科学身份"有所差异，但在总的目标上异曲同工。《新课标》提出的"态度责任"核心素养对学生社会责任感的培养也做出了相应的要求。在学校科学教育过程中，可以分阶段和有针对性地对学生进行评估，针对每一位学生目前的"态度责任"素养发展程度，提出个性化的建议和引导，进一步帮助他们构建科学身份。例如，在评价"推动生态文明建设和可持续发展的责任感"方面，教师可设计生态文明和可持续发展知识类的开放性题目，评估学生目前的发展是处于简单知识的掌握阶段，还是处于对科学感兴趣的阶段，或是已经自觉使用科学的方法解决问题或会主动为解决问题提出建议的阶段。根据学生"态度责任"素养的发展程度，制订进一步的身份建构计划或开展有针对性的科学教育。

参考文献

伍远岳、郭元祥：《中学生科学学习的性别差异与课程应对——基于 PISA 2015 中国四省市的数据分析》，《华东师范大学学报》（教育科学版）2019 年第 5 期。

姜言霞：《中学生科学核心素养影响因素模型的构建及实证研究——应用多维分析的方法》，《教育科学研究》2020 年第 6 期。

中华人民共和国教育部：《义务教育小学科学课程标准》，北京师范大学出版社，2017。

姚昊、蒋帆：《家庭背景、学校教师质量如何影响学生学科素养？——基于 PISA 2018 的实证分析》，《教育经济评论》2022 年第 5 期。

测评跟踪研究篇

B.2

2021～2022年广州市第四中学（逸园）
学生科学素养测评跟踪报告

邓 田　陈 隆　陈文娟*

摘　要： 科学素养测评是衡量学生理解科学概念、科学方法和科学情感态度的重要工具，通过科学素养测评可以提升科学教育的质量和效果。根据广州市第四中学（逸园）在2021年、2022年参加的广州智慧阳光评价·科学素养测评的结果，本文对学生的科学知识、科学能力、科学情感态度等各指标数据进行跟踪研究，深入解读性别、学习投入、学生自身发展、教师教学方式、学校文化对科学素养的影响，由此提出构建跨学科科技教育体系，打造科技教育品牌、深化科学教学研究与实践，助力科学教学效能提升、开展科技活动，强化学生学校认同感、构建家校社协同育人机制，共筑科学教育生态的发展建议，促进学生科学核心素养发展。

关键词： 科学素养测评　科学教育　广州市

———————————————
＊ 邓田，广州市第四中学一级教师，主要研究方向为教育评价、中学英语教育；陈隆，广州市第四中学副校长，一级教师，主要研究方向为教育管理、教学评价、中学数学教育；陈文娟，广州市第四中学一级教师，主要研究方向为信息科技教育。

一 研究背景

为加强学生科学教育并提高其科学素质，教育部等十八个部门于2023年共同颁布了《关于加强新时代中小学科学教育工作的意见》，明确提出了"做好科学教育加法"的要求①。为响应号召，广州市第四中学（逸园）积极参与了广州智慧阳光评价·科学素养测评。该测评通过科学且系统的评估体系，全面深入了解学生的科学素养水平。本报告对比了2021年与2022年学生在测评中的多维表现，涵盖科学知识、内容、能力及态度等方面，以及其他相关指标的结果。通过对比分析，期望掌握影响学生科学素养发展的相关因素，探究两年内学生科学素养的变化趋势。这些数据分析将为教育工作者提供有力支持，优化科学教学方法并制定更具针对性的提升策略，从而更有效地提升学生的科学素养。

二 研究设计

（一）研究对象

学校分别于2021年抽测八年级2个班95人，2022年抽测九年级2个班95人参与测评，男女生占比一致（见表1）。

表1 参测学生基本信息

单位：人，%

年份	调查对象	参测人数	男生人数	男生比例	女生人数	女生比例
2021	2020届八年级4、5班学生	95	48	51	47	49
2022	2020届九年级4、5班学生	95	48	51	47	49

① 《教育部等十八部门关于加强新时代中小学科学教育工作的意见》，中国政府网，https://www.gov.cn/zhengce/zhengceku/202305/content_6883615.htm，最后检索时间：2024年6月29日。

（二）研究工具

广州科学素养测评采用 PISA 的科学素养结构模型作为理论支撑，并结合国家教育政策，通过大数据、云计算等新一代信息技术，构建了中小学科学素养评价指标体系。该测评工具从"科学知识""科学能力"和"科学情感态度"三个方面进行评估，并将能力水平划分为 6 个级别（A–F 级）。

（三）研究方法

1. 问卷调查法

设计问卷，以了解学生的科学学习态度、兴趣、动机等主观因素，以及他们在实际生活中应用科学知识的情况。

2. 统计法

对收集到的数据进行处理和分析，以揭示学生科学素养水平的变化和趋势。具体内容包括：计算各项指标的平均值、标准差、最大值、最小值等，以描述学生科学素养的整体水平。对比不同年份、不同班级、不同性别学生在各项指标上的得分，以分析学生科学素养水平的变化和差异。分析学生科学素养各维度之间的相关性，以及它们与学习成绩、学习态度等其他因素的相关性。

三 学校学生科学素养整体表现分析

通过追踪同一批学籍号的学生，监测 2021 年与 2022 年学生的科学素养得分发现：2021 年（八年级）学生科学素养均值为 565.97 分，2022 年（九年级）学生科学素养均值为 621.11 分，上升 55.14 分，增幅明显；八年级学生科学素养均值分别高于市 67.03 分、区 58.42 分；九年级学生科学素养均值分别高于市 121.18 分、区 91.52 分（见图 1）。

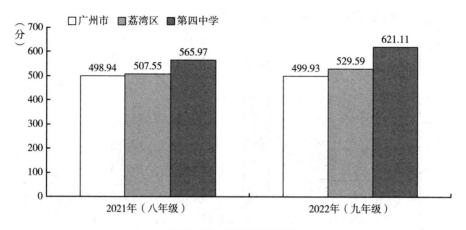

图1　科学素养得分情况

对比八、九年级学生科学素养等级水平发现：八年级学生高等级占比为11.46%，分别高于市5.25个百分点、区4.34个百分点；九年级学生高等级占比为29.74%，分别高于市23.56个百分点、区20.00个百分点，九年级学生较八年级学生高等级占比增加18.28个百分点，增幅明显；八年级学生中等级占比55.21%，分别高于市26.42个百分点、区23.65个百分点；九年级学生中等级占比为65.26%，分别高于市29.80个百分点、区19.91个百分点；九年级学生较八年级学生中等级占比增加10.05个百分点，增幅明显；八年级学生基础等级占比为33.33%，分别低于市31.46个百分点、区27.94个百分点；九年级学生基础等级占比为5.26%，分别低于市53.09个百分点、区39.65个百分点，九年级学生较八年级学生基础等级占比下降28.07个百分点，降幅明显（见图2）。

相较于2021年，2022年学校学生在科学素养等级方面呈现积极的发展趋势：高等级和中等级的占比均有所上升，而基础等级的占比出现了下降。这一变化明确地反映出学校学生的科学素养水平正在整体向好的方向发展。

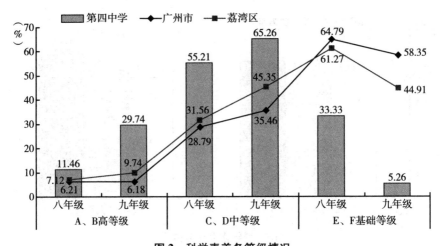

图2 科学素养各等级情况

四 学校学生科学素养具体表现分析

（一）科学知识表现

内容性知识方面：八年级学生得分均值为72.50分，分别高于市14.94分、区13.04分；九年级学生得分均值为48.97分，分别高于市10.34分、区8.24分；九年级学生较八年级学生的内容性知识得分下降23.53分，降幅明显。

认知性知识方面：学校八年级学生得分均值为34.24分，分别高于市1.25分、区1.94分；九年级学生得分均值为57.94分，分别高于市21.38分、区16.13分；九年级学生较八年级学生的认知性知识得分提升23.70分，增幅明显。

程序性知识方面：学校八年级学生得分均值为52.08分，分别高于市14.64分、区13.12分；九年级学生得分均值为52.58分，分别高于市17.85分、区14.31分；九年级学生较八年级学生的程序性知识得分上升

0.50分，增幅不明显。

综合分析 2021 年、2022 年数据，学校学生在内容性知识、认知性知识和程序性知识三个方面的得分，均稳定地高于市、区平均水平。同时，通过横向对比分析，学校在这三方面的得分与市、区的差距正在逐步扩大。这一趋势反映出学校科学知识的掌握整体呈现稳步上升的状态（见图3）。

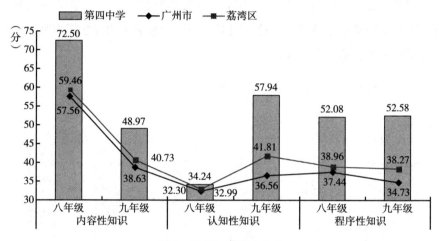

图3　科学知识得分情况

（二）科学能力表现

探究科学问题方面：八年级学生得分均值为 58.48 分，分别高于市 13.71 分、区 11.97 分；九年级学生得分均值为 67.37 分，分别高于市 24.53 分、区 19.30 分；九年级学生较八年级学生探究科学问题的得分上升 8.89 分，增幅明显。

解释科学现象方面：八年级学生得分均值为 53.13 分，分别高于市 8.86 分、区 7.86 分；九年级学生得分均值为 49.29 分，分别高于市 14.15 分、区 10.99 分；九年级学生较八年级学生解释科学现象的得分下降 3.84 分，降幅微弱。

运用科学数据和证据方面：八年级学生得分均值为 52.26 分，分别高于市13.87分、区11.87分；九年级学生得分均值为54.72分，分别高于市19.75分、区15.22分；九年级学生较八年级学生运用科学数据和证据的得分上升2.46分，增幅微弱。

综合分析2021年、2022年数据，学生在探究科学问题、解释科学现象以及运用科学数据和证据三个方面的得分均明显高于市、区学生的平均水平。同时，通过横向对比八、九年级学生的得分情况，学校学生的得分与市、区的差距基本维持稳定。这一结果反映出学校学生的科学能力整体保持着稳定的发展态势（见图4）。

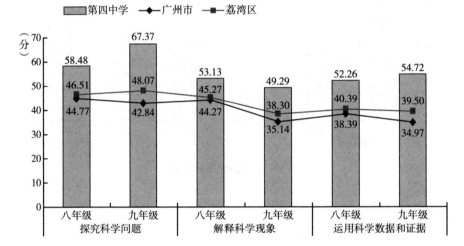

图4　科学能力得分情况

（三）科学情感态度表现

科学兴趣方面：八年级学生得分均值为74.42分，分别高于市3.43分、区3.86分；九年级学生得分均值为71.47分，分别高于市1.98分、区1.64分；九年级学生较八年级学生的科学兴趣得分下降2.95分，降幅微弱。

科学信心方面：八年级学生得分均值为76.71分，分别高于市4.57分、区5.21分；九年级学生得分均值为76.12分，分别高于市4.91分、区4.98分；九年级学生较八年级学生科学信心的得分下降0.59分，降幅不明显。

综合分析 2021 年、2022 年数据，学生在科学兴趣和科学信心两个方面的得分均显著高于市、区的平均水平。然而，通过横向对比分析八、九年级学生的得分情况，学生的得分与市、区的差距正在逐渐缩小。这一现象反映出学校学生的科学情感态度虽然整体保持稳定，但略有下降趋势，需要学校进一步关注和引导（见图 5）。

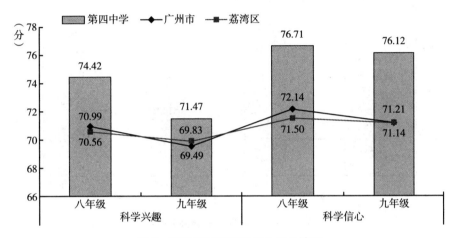

图 5　科学兴趣与科学信心得分情况

五　学生科学素养影响因素分析

（一）性别差异

八年级男生科学素养得分均值为 575.19 分，分别高于市 82.82 分、区 73.30 分；九年级学生得分均值为 632.04 分，分别高于市 137.68 分、区 106.97 分；九年级男生较八年级男生的得分上升 56.85 分，增幅明显。

八年级女生科学素养得分均值为 556.76 分，分别高于市 50.46 分、区 42.60 分；九年级女生得分均值为 609.94 分，分别高于市 104.02 分、区 75.1 分；九年级女生较八年级女生的得分上升 53.18 分，增幅明显。

综合分析 2021 年、2022 年数据，学校男、女生科学素养得分均高于市、区平均水平，男女生之间的科学素养得分差距不大，说明性别对科学素养得分不存在显著相关。值得注意的是，学校在男女生科学素养水平方面呈现与市、区不同的特点，市、区普遍呈现女生科学素养水平整体高于男生的趋势，而学校则是男生科学素养水平整体高于女生（见图6）。

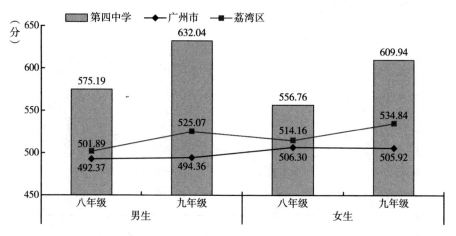

图6 男女学生科学素养得分情况

（二）学习投入

八年级学生完成科学作业花费时间在31~60分钟的学生科学素养成绩表现最优，在90分钟以上的学生科学素养成绩表现较弱。没有科学作业的学生占3.13%；完成作业在30分钟以内的学生占60.42%；在31~60分钟的学生占27.08%；在61~90分钟的学生占3.13%；在90分钟以上的学生占6.25%。

九年级学生完成科学作业花费时间在30分钟以内的科学素养成绩表现最优，在90分钟以上的学生科学素养表现较弱。完成作业在30分钟以内的学生占48.84%，在31~60分钟的学生占38.37%，在61~90分钟的学生占8.14%，在90分钟以上的学生占4.65%。

综合分析2021年、2022年数据，学校学生在科学作业时间投入与科学素养得分上呈现不同特点，八年级学生花费时间在31~60分钟的科学素养成绩最优，九年级学生花费时间在30分钟内的科学素养成绩最优。两个年级花费时间在 90 分钟以上的学生科学素养表现较弱，表明随着完成科学作业时间到达 90 分钟后继续延长，科学素养得分呈下降趋势（见图7）。

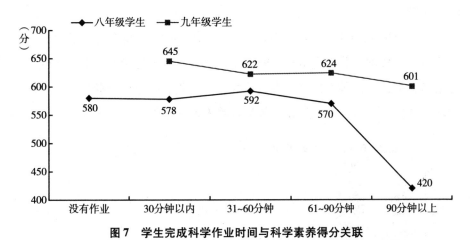

图 7 学生完成科学作业时间与科学素养得分关联

（三）学生自身发展

学生学习能力方面：八年级学生得分均值为 56.81 分，分别高于市 3.48 分、区 3.29 分；九年级学生得分均值为 59.81 分，分别高于市 4.77 分、区 4.17 分；九年级学生较八年级学生的学习能力得分上升 3.00 分，升幅微弱。

学生学习策略方面：八年级学生得分均值为 51.67 分，分别高于市 1.72 分、区 2.61 分；九年级学生得分均值为 53.20 分，分别高于市 3.37 分、区 4.00 分；九年级学生较八年级学生的学习策略得分上升 1.53 分，升幅微弱。

学生学习动机方面：八年级学生得分均值为 50.58 分，分别高于市 1.45 分、区 1.62 分；九年级学生得分均值为 52.00 分，分别高于市 3.86 分、区 3.67 分；九年级学生较八年级学生的学习动机得分上升 1.42 分，升幅微弱。

学生学业负担方面：八年级学生得分均值为 48.41 分，分别低于市

2.04 分、区 2.28 分；九年级学生得分均值为 48.54 分，分别低于市 3.57 分、区 3.27 分；九年级学生较八年级学生的学业负担得分上升 0.13 分，升幅不明显。

综合分析 2021 年、2022 年数据，学校学生在学习能力、学习动机、学习策略上与科学素养表现呈现正向关联，学生自身学习能力、学习动机、学习策略水平越高，科学素养表现就越好；而学业负担与科学素养表现呈负向关联，学生学业负担水平越高，科学素养表现就越差（见图 8）。

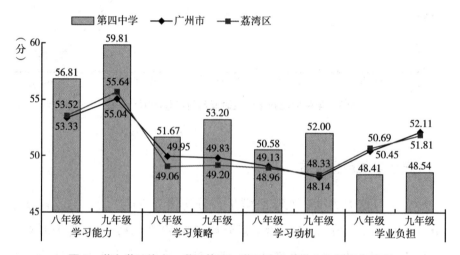

图 8 学生学习能力、学习策略、学习动机、学业负担得分情况

（四）教师教学方式

教师主导教学方面：八年级学生得分均值为 83.42 分，分别高于市 7.61 分、区 7.10 分；九年级学生得分均值为 84.88 分，分别高于市 11.14 分、区 8.05 分；九年级学生较八年级学生的教师主导教学得分上升 1.46 分，增幅微弱。

师生双向反馈方面：八年级学生得分均值为 71.94 分，分别高于市 2.79 分、区 3.49 分；九年级学生得分均值为 58.21 分，分别低于市 4.68 分、区 4.38 分；九年级学生较八年级学生的师生双向反馈得分下降 13.73 分，降幅明显。

适应性教学方面：八年级学生得分均值为 74.91 分，分别高于市 2.73 分、区 2.92 分；九年级学生得分均值为 69.57 分，分别高于市 0.88 分、低于区 0.29 分；九年级学生较八年级学生的适应性教学得分下降 5.34 分，降幅明显。

探究实践方面：学校八年级学生得分均值为 77.91 分，分别高于市 5.15 分、区 5.44 分；九年级学生得分均值为 70.69 分，分别高于市 2.60 分、区 1.85 分；九年级学生较八年级学生的探究实践教学得分下降 7.22 分，降幅明显。

综合分析 2021 年、2022 年数据并横向对比，教师课堂上"教师主导教学"得分连续两年升高，"师生双向反馈""适应性教学""探究实践"得分连续两年下降，反映学校教师在教学方式上要适当调整，需要随时关注学生的学习状态，重视教与学之间反馈信息的双向性和及时性，适时采取适应性教学方式，指向高阶思维的训练（见图9）。

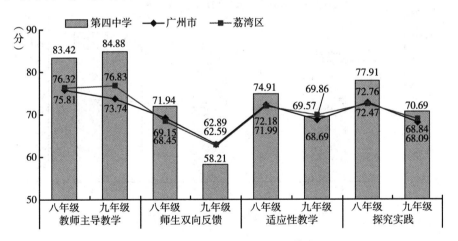

图 9　教师教学方式使用得分情况

（五）学校认同

学校八年级学生学校认同得分均值为 49.88 分，分别高于市 0.60 分、区 0.60 分；九年级学生得分均值为 50.91 分，分别高于市 2.49 分、区 2.41 分；九年级学生较八年级学生的学校认同得分上升 1.03 分，升幅微弱（见表2）。

表 2 学校认同得分情况

单位：分

区域	八年级	九年级
广州市	49.28	48.42
荔湾区	49.28	48.5
第四中学	49.88	50.91

综合分析 2021 年、2022 年数据，学校学生的认同水平得分均高于市、区。同时横向对比 2021 年与 2022 年学校学生的认同水平，呈上升趋势。从图 10 分析看，学校认同与科学素养表现存在正向关联，对学校越认同，学生科学素养表现就越好。

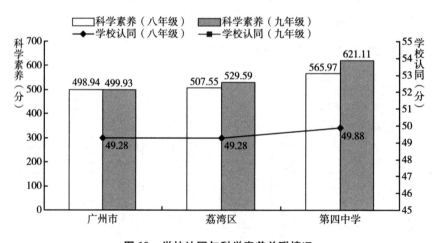

图 10 学校认同与科学素养关联情况

六 发展建议

综上研究，学生的科学素养与多重因素紧密相关。其中，学习投入时间、学习能力、学习动机、学习策略以及学校认同感均对科学素养的提升有积极影响，而学业负担的加重则可能对科学素养产生不利影响。考虑到这些因素，以及当前教育环境中存在的问题，如师生互动不足等，需要采取针对性的措施来优化教学环境和方法。

（一）构建跨学科科技教育体系，打造科技教育品牌

在当今快速发展的科技时代，跨学科科技教育的重要性日益凸显。为了培养学生的综合素养和创新精神，学校应积极构建跨学科科技教育体系，进而形成独特的科技教育品牌。

首先，跨学科科技教育体系的构建是教育创新的关键一环[1]。传统教育往往侧重于单一学科知识的传授，而现代社会对人才的要求已经转向多元化、创新性。因此，教师要敢于突破单一学科壁垒[2]，实现数学、物理、化学、生物及信息技术等多学科的有机融合。这种融合不仅有助于学生建立全面的知识体系，更能培养他们的创新思维和问题解决能力。

其次，精心设计与开发的科技教育课程和活动是构建该体系的核心。学校应推出一系列融合"普及提高+活动竞赛"的科技课程，旨在全面培养学生学习能力、学习动机、学习策略，从而提升其科学素养。这些课程应结合学生兴趣，注重实践性和探究性，让学生在动手操作中学习知识，提升能力。同时，通过丰富多彩的科技活动，如科技竞赛、科技创新项目等，进一步激发学生的创新精神和团队合作意识。

再次，发展特色鲜明的科技类校本课程也是重要一环。学校应根据自身资源和条件，开发出具有地方特色、符合学生发展需求的科技校本课程[3]。这些课程应紧密结合当地产业发展和社会需求，让学生在学习过程中更好地了解社会、服务社会。

最后，增强学生的参与感是跨学科科技教育体系成功的关键。学生不仅是教育的接受者，更应是教育过程的参与者。因此，在构建科技教育体系

---

[1]　陈方结、林长春：《国际科学教育跨学科概念研究的现状与启示——基于近 10 年 WOS 期刊载文之的分析》，《中国科技教育》2024 年第 4 期。

[2]　李平沙：《跨学科背景下的环境教育创新与实践》，《环境教育》2024 年第 6 期。

[3]　胡毅：《融入家国情怀的科技教育》，《现代教学》2023 年第 23 期。

时，应充分考虑学生的需求和兴趣，让他们积极参与到课程的设计、实施和评价中。例如，可以定期组织学生座谈会，收集他们对科技教育的意见和建议；开展"我的科技创意"等活动，鼓励学生提出自己的科技项目或产品设想，并由教师和专业人士进行指导，共同将创意变为现实。这样不仅能提升学生的科学素养，还能培养他们的主人翁意识和团队合作精神以及学校认同感。

（二）深化科学教学研究与实践，助力科学教学效能提升

在快速变化的教育环境中，深化科学教学研究与实践显得至关重要。这不仅关系到学生的科学素养培养，更影响着国家未来的科技创新和发展。以下发展建议，旨在通过细化行动措施，实现科学教学效能的显著提升。

首先，针对学生需求进行深入研究是提升教学效能的基础。通过精心设计的调查问卷和定期的学生座谈会，可以更准确地把握学生对科学教学的期望和反馈。这一举措的理论基础在于，教学应以学生为中心，满足学生学习需求和兴趣，从而提升学习效果。

其次，更新教学理念是提升科学教学效能的关键。通过订阅教育类期刊、杂志，教师能够及时了解并掌握最新的科学教育理论。同时，定期的教师读书会和研讨会则为教师们提供了一个交流、讨论和学习的平台，有助于将新的教学理念融入实际教学中。

在教学实践中，强化实验教学、应用信息技术以及开展跨学科合作是提升科学教学效能的重要途径。实验教学能够帮助学生更直观地理解科学原理[1]，加强信息技术应用开发或采购适合科学教学的互动软件或应用能增强课堂的互动性，激发学生的学习兴趣[2]。跨学科融合，实现"科学+X学科"，比如科学教育工作者与数学、语文等其他学科的教师共同设计课程项目，如"科学与文学"或"科学中的数学"，有助于培养学生的学习策略和

---

[1] 张忠梅：《强化实验教学实效，提高学生综合能力》，《中学生物教学》2022年第12期。

[2] 张远平：《基于H5的多媒体教学课件开发与实践应用》，《通信与信息技术》2023年第5期。

综合思维能力以及创新能力①。

最后，为提高学生科学素养，建议完善评价与反馈机制。建立多元化评价体系，不仅考察知识掌握情况，还要关注技能应用、学习态度与习惯。同时，引入学生间的同行评审，培养批判性思维②。教学活动后，及时进行小测验或问卷调查，快速了解学生学习效果，并根据反馈调整教学计划。此外，教师间应加强协作与分享，定期组织教研活动，共建科学教学案例库，共同促进学生科学素养的全面提升。

（三）开展科技活动，强化学生学校认同感

随着教育的不断进步，提升师生对学校的认同感已成为促进学校整体发展的重要因素。为此，应通过科技活动来加强学校文化教育，并以此为桥梁，有效提升师生对学校的认同感。

首先，学校文化是学校精神风貌和教育理念的体现，对于塑造师生的价值观和行为准则具有关键作用。一个积极健康的学校文化能够激发师生的归属感和荣誉感，进而促进学校的整体发展。因此，加强学校文化教育是提升师生学校认同感的基础。

其次，科技活动作为现代教育的重要组成部分，具有实践性强、参与度高等特点。通过科技活动，学生可以将所学知识与实际应用相结合，不仅锻炼了实践能力，还能在参与过程中深刻感受到学校对科技创新的重视。这种亲身参与和体验的过程，能够增强学生对学校文化的理解和认同，从而提升对学校的认同感。

最后，教师的参与和引领也是关键。通过组织和指导科技活动，教师可以与学生共同探索、实践，不仅能增进师生之间的互动和了解，还能让教师更加深入地了解学校文化，并将其融入教学活动中。这将有助于提升教师对学校的认同感，进而影响到学生，形成良性的循环。从逻辑上分析，加强学

---

① 郝志军、杨清、刘晓荷：《中小学跨学科课程融合的问题与对策》，《课程·教材·教法》2022年第10期。
② 王元昊：《初中科学课堂教学评价的有效策略研究》，《中学课程辅导》2025年第5期。

校文化教育和开展科技活动是相辅相成的。学校文化为科技活动提供了精神支持和价值导向，而科技活动则是学校文化教育的生动体现和实践平台[①]。两者共同作用，能够有力提升师生对学校的认同感。

（四）构建家校社协同育人机制，共筑科学教育生态

随着社会的进步和科技的发展，传统的教育模式已经难以满足当代学生的全面发展需求。为此，构建家校社协同育人机制成为教育改革的必然趋势。这一机制的建立，旨在整合家庭、学校和社会的教育资源，共同为学生创造一个更加全面、科学、人性化的教育环境，进而促进学生的综合素质提升。

协同育人的核心在于以学生为中心，明确培养全面发展的学生的目标[②]。全面发展不仅仅是知识的积累，更包括品德的修养、情感的丰富、实践能力的提升等多方面。为了实现这一目标，家庭、学校和社会必须形成紧密的教育联盟，确保每一个教育环节都能为学生的成长提供有力的支撑。家校社协同育人机制的基石是有效的沟通与合作。[③] 搭建起一个高效的沟通平台，可以确保三方之间的信息交流畅通无阻。通过定期的家长会、社区教育论坛以及在线教育工具，家长、教师和社区工作者可以实时分享学生的成长情况，及时发现并解决学生在成长过程中遇到的问题。这种沟通方式不仅增强了彼此之间的理解与信任，更使得教育资源得到了最大化、最优化的配置。利用社区资源，如科技馆、博物馆等，为学生提供科学学习的第二课堂。与当地科研机构或企业建立合作关系，为学生提供实习或参观的机会。

同时，不能忽视家长在科学教育中的重要角色。家长是学生的启蒙老师，其言传身教对学生产生深远的影响。因此，提升家长在科学教育中的参与度，使其成为学校教育的有力补充，是协同育人机制中的重要一环。通过

---

① 王飞：《搭建学科实践平台，培育学生核心素养》，《新课程》2024 年第 8 期。
② 王晓宇、刘丹琦：《美国学校健康教育的体系建构及经验启示——基于 WSCC 模式的解析透视》，《上海教育科研》2020 年第 7 期。
③ 孙夕礼：《学校在家校社协同育人方面如何作为》，《人民教育》2021 年第 8 期。

组织家长课堂、亲子科学实验等活动，增强家长的教育意识，提高他们的教育能力，从而更好地配合学校教育，共同促进学生的健康成长。

教师队伍的建设也是协同育人机制中不可或缺的一部分。在新时代背景下，教师需要具备更高的专业素养和教育能力，以适应日益复杂多变的教育环境。为此，应加大对教师的培训力度，提供更多的实践机会，帮助教师掌握先进的教育理念和教学方法，从而更好地进行跨学科整合，培养出既具备扎实知识基础又具备创新精神的学生。

参考文献

宋志强：《"双减"背景下教育质量监测中的数据统计》，《教学与管理》2022年第8期。

王清涛：《新时代我国中小学科学教育的发展路向——以PISA 2025科学测评框架为鉴》，《课程·教材·教法》2024年第1期。

姚昊、蒋帆：《家庭背景、学校教师质量如何影响学生学科素养？——基于PISA 2018的实证分析》，《教育经济评论》2022年第5期。

李长毅：《新时代小学生科学素养培养的实践探究》，《中国教育学刊》2020年第S2期。

B.3

2020~2022年广州市海珠区逸景第一小学科学素养测评跟踪报告

汤汉强　陈慧迎　覃荔嘉　高晓曼　云 耘*

摘　要： 教育质量综合评价是教育发展的核心环节，是教育发展的重要指引，也是推进素质教育的必然要求。借助广州智慧阳光评价·科学素养测评数据，本文对连续3年参与科学素养测评的学生进行追踪分析，发现科学素养总体指标水平存在波动情况。通过深入解读性别、学习时间投入、科学信心与兴趣、学习动机、学习策略及学习能力对科学素养的影响，建议加强科学教师队伍建设，开发校本课程和拓展课外资源，将5E教学法充分运用在课堂教学中，以此促进学生科学素养的全面发展。

关键词： 科学素养　科学教育　广州市海珠区逸景第一小学

一　研究背景

2022年10月，党的二十大报告首次将教育、科技、人才进行统筹部署、整体谋划，从基础性、战略性支撑的角度强调教育、科技、人才一体化发展。2023年2月，中共中央总书记习近平在主持中共中央政治局第三次

---

* 汤汉强，广州市海珠区逸景第一小学校长，高级教师，主要研究方向为德育与教育管理；陈慧迎，广州市海珠区逸景第一小学副校长，高级教师，主要研究方向为教育评价、小学英语教育；覃荔嘉，广州市海珠区逸景第一小学教导主任，一级教师，主要研究方向为小学语文教育；高晓曼，广州市海珠区逸景第一小学副教导主任，一级教师，主要研究方向为小学数学教育；云耘，广州市海珠区逸景第一小学科学二级教师，主要研究方向为小学科学教育。

集体学习时强调，要在教育"双减"中做好科学教育加法，激发青少年好奇心、想象力、探求欲，培育具备科学家潜质、愿意献身科学研究事业的青少年群体①。这一讲话强调了加强青少年科学素养培养的重要性和紧迫性。当前，国内的科学素养研究大多聚焦学校教师因素、学生因素与家庭因素对学生科学素养的影响，较少深入探讨科学课程开发、科学资源利用、科学课堂教学改革对学生科学素养的影响。为此，本研究运用2020~2022年连续三年获取的广州智慧阳光评价·科学素养测评数据，探究课程开发、资源利用、课堂教学对学生科学素养的影响效应，从而为提升学生科学素养提供实践建议。

二　研究设计

（一）研究对象

学校2020~2022年参与了广州智慧阳光评价·科学素养测评（以下简称"测评"），参与测评的学生为2020年三年级1班、3班、7班的同一批学籍号学生。其中，2020年的参测人数为124人（女生59人），2021年的参测人数为123人（女生59人），2022年的参测人数为132人（女生63人）。

（二）研究工具

本报告重点关注广州智慧阳光评价·科学素养测评的模块内容以及相关因素。测评围绕科学知识、科学能力和科学情感态度三方面展开。科学知识从认知过程角度进行测评，涵盖了内容性知识、认知性知识、程序性知识三方面；科学能力涵盖了探究科学问题、解释科学现象、运用科学数据和证据的能力；科学情感态度则包含了科学兴趣和科学信心。科学素养测评采用常

---

① 《习言道 | 在教育"双减"中做好科学教育加法》，中国新闻网，http://www.chinanews.com.cn/gn/2023/02-24/9959677.shtml，最后检索时间：2023年5月24日。

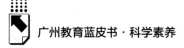

模参照测验，学生的科学素养分数代表学生在参照群体中的相对位置，以区分学生的不同水平。此外，本报告还关注了与科学素养相关的若干因素，包括性别、学习时间投入、学习动机、学习策略、学习能力、教师支持行为和教学方式。

（三）数据分析方法

首先，对所有参加三年追踪测评的学生进行科学素养的整体和各项指标的分析；其次，通过比较各班级的科学素养平均水平和离散程度分析学校学生科学素养校内均衡表现；最后，通过考察学科素养与其他因素的关联，深度挖掘可能影响学生科学素养的因素，从而为提出提高学生科学素养的方法奠定数据支撑基础。本报告的数据分析和结果可视化利用 SPSS 26 和 Python 3 完成。

三　结果分析

（一）科学素养表现

1.科学素养得分分析

测评显示，广州学生的科学素养分数平均值为 500 分，标准差为 100。由图 1 可知：通过追踪同一批学籍号的小学生，2020~2022 年学校三~五年级学生的科学素养得分在 250~750 分，其中大多数集中分布在 450~600 分。总体上，随着年级的升高，学生的科学素养水平逐步提升。三年级学生的得分主要集中在 500~600 分，四年级学生的得分主要集中在 450~600 分，五年级学生的得分同样主要集中在 450~600 分。学校学生三~五年级科学素养得分峰值在 500~550 分，说明学校学生的科学素养水平与广州市的平均水平接近，尤其是四年级时，峰值超过了广州市的平均水平。学校四年级和五年级的高分段人数相比三年级时更多，表明随着年级的提升，学校大部分学生的科学素养水平有所提高。

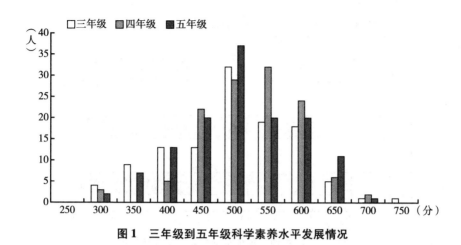

图1　三年级到五年级科学素养水平发展情况

2.科学素养等级分析

根据学生在测评中的表现，把学生分为六个水平（A级－F级）和三种等级（高、中、基础）。其中，达到高等级（A级、B级）的学生能够熟练掌握知识点或技能，独立进行分析和推理，并在生活场景中将知识点灵活运用；达到中等级（C级、D级）的学生基本能够掌握知识点或技能，在一定条件下可以进行分析或推理，能够将部分知识或技能应用在生活场景中；达到基础等级（E级、F级）的学生尚未掌握或仅掌握部分知识点或技能，无法在生活中运用相关知识点或技能。由图2可知，从三年级到五年级，学校高等级学生占比不断提高，从6.01%提高至18.19%，基础等级学生占比不断下降，从35.17%下降至29.11%。这意味着随着年级的升高，学校不仅绩优生的比例不断增加，而且学生的整体科学素养水平也在不断提升。

3.科学知识表现分析

科学知识表现由程序性知识、内容性知识、认知性知识三个模块组成。程序性知识评估学生运用推理、分析等方法得出结论，使用证据和科学理解来分析、综合和概括，将结论扩展到新领域的能力；内容性知识评估学生对事实、关系、过程、概念和设备方面的掌握程度；认知性知识评估学生将科

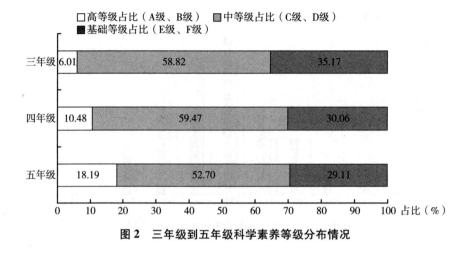

图2 三年级到五年级科学素养等级分布情况

学知识与特定环境结合生成解释、解决实际问题的能力。

由图3可知：学校学生在程序性知识上的得分在三年级时最高，为50.14分，四年级下降至49.18分，五年级进一步下降到39.5分。这意味着学校学生在程序性知识的掌握上有所欠缺，需在教学工作中给予重点关注。例如，可以通过动手实验和项目式学习来帮助学生提高程序性知识。内容性和认知性知识上的得分具有相似的发展特征，四年级的得分分别为63.64分和62.29分，相比三年级的47.70分和52.17分均有显著提升，但在五年级时分别下降到58.11分和50.10分，尤其是认知性知识，得分下降到低于三年级的水平，表明学校学生在内容性和认知性知识掌握上具有波动性，需要教师注意加以引导和帮助。例如，内容性知识可以通过多样化的学习资源和教学手段来巩固，认知性知识可以通过引导学生进行批判性思考和实际应用来加强。五年级学生在三个知识模块上的得分率都出现下降情况，这可能与该阶段学业难度加大有关，因此需要学校注意评估学生在不同知识模块上的掌握情况，及时调整教学策略，以确保学生在各个方面均衡发展。

4. 科学能力表现分析

科学能力表现由探究科学问题、解释科学现象、运用科学数据和证据三个模块组成。探究科学问题能力评估学生探究科学问题与非科学问题，对科

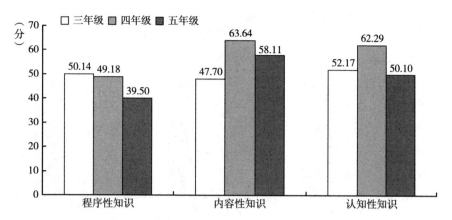

图3　三年级到五年级学生科学知识得分情况

学问题进行检验、论证并提出改进意见的水平。解释科学现象能力评估学生在特定情况下应用科学知识，科学地描述或解释现象，进行预测的水平。运用科学数据和证据能力评估学生解释科学结论、理解结论背后的假设和推理、反思科学技术发展给社会带来的意义的水平。

由图4可知：在探究科学问题上，三年级得分最高，为57.22分，四年级得分最低，为51.15分。在解释科学现象上，四年级得分最高，达到了66.36分，明显高于三年级的53.26分和五年级的50.18分。在运用科学数据和证据上，三年级的得分最低，为39.61分，四年级得分最高，为56.45分。

值得注意的是，三年级学生在运用科学数据和证据方面得分最低，表明他们在分析和使用证据方面相对较弱，可能由于这一能力需要更高的认知和实践水平，因此针对三年级应加强证据运用训练。四年级学生在解释科学现象方面表现突出，应当巩固优势。五年级学生在三个方面的得分率相对均衡，表明五年级学生科学能力较为全面和均衡，建议在此基础上对学生进行个性化辅导，确保学生在不同科学能力上取得均衡和全面的提升。

5.科学兴趣和科学信心分析

由图5可知，学校学生的科学兴趣在四年级时最高，达到了82.93分，

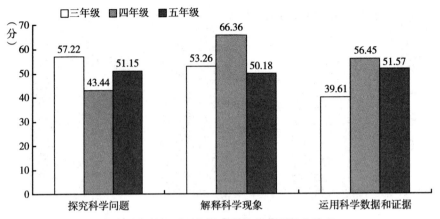

图4 三年级到五年级科学能力表现得分情况

在五年级时降低至 76.31 分，这可能是升学的压力导致了学生的学习兴趣整体降低。尽管如此，学校学生从三年级到四年级的科学兴趣均高于广州市与海珠区的平均水平。这表明相较于同龄人，学校学生具有较为浓厚的科学兴趣。因此，教师应改进教学方法，增加互动式和探究式教学，最大程度地激发学生的兴趣，从而提高学生的科学素养水平。

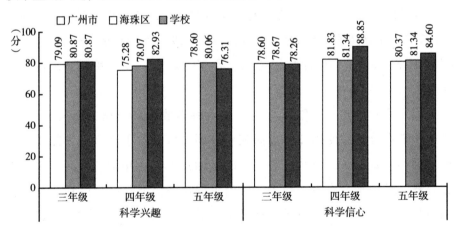

图5 三年级到五年级科学兴趣和科学信心水平

科学信心方面，学校学生在三年级时的平均得分为 78.26 分，四年级时明显升高至 88.85 分，五年级时降低至 84.60 分，虽然有所下降，但仍高于广州市与海珠区的平均水平。表明相较于同龄人，学校学生具有较高的科学自信。因此，教师应抓住这一优势，不断提升师资水平，增加科学教育资源，同时关注学生心理，进一步帮助提升学生的科学信心。

（二）校内均衡表现

1.科学素养得分等级情况

为评价科学素养的校内均衡表现，本研究比较了不同班级科学素养各等级人数占比的差异。由图6可知，三年级1班、3班、7班的科学素养等级情况有明显差异，存在明显的校内不均衡。其中，7班的高等级学生占比6.98%，中等级学生占比81.39%，明显高于学校平均水平，而基础等级学生占比明显低于学校平均水平，表明该班级的科学素养水平在三个班级中最高；1班各等级的学生人数占比都与学校整体水平接近，在三个班级中处于中等水平；3班高等级学生占比为4.55%，中等级学生占比为36.36%，基础等级学生占比为59.09%，均明显低于学校平均水平，表明该班级的科学素养水平在三个班级中最差，需要给予重点关注和支持。

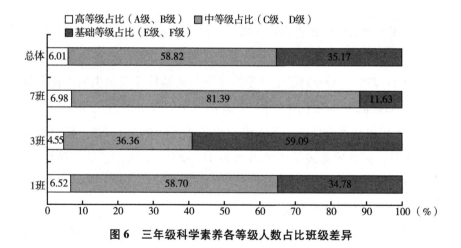

图6　三年级科学素养各等级人数占比班级差异

由图7可知，到四年级时，学校高等级学生占比从6.01%提高至10.48%，同时学校不同班级的科学素养各等级人数占比的差异明显缩小，达到良好的校内均衡状态。其中，1班高等级学生的占比高于学校平均水平，3班和7班与学校平均水平接近。值得注意的是，3班成为三个班级中表现最好的班级，其基础等级学生的占比为25%，明显低于学校平均水平，这与三年级时该班级落后于学校平均水平相比表现出了明显的进步，表明学校对该班级实施的支持政策取得了显著的成效。

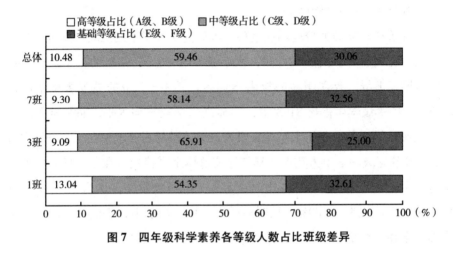

图7 四年级科学素养各等级人数占比班级差异

由图8可知，学生在进入五年级后，再次出现科学素养水平的班级间差异，存在一定的校内不均衡。3班的领先优势再一次扩大，高等级学生的占比提高至27.27%，明显高于学校平均水平，而基础等级学生的占比降低至20.45%，明显低于学校平均水平；7班在三个等级上的占比与学校平均水平接近；1班出现落后情况，高等级学生的占比降低至8.7%，明显低于学校平均水平，而基础等级学生的占比为41.30%，明显高于学校平均水平，亟需学校提供帮助。

2. 科学素养得分分布情况

我们从各班级学生科学素养得分的分布情况进一步评价学校科学素养在班级层面的均衡表现。由表1可知，三年级时，1班和3班的科学素养得分相对较低，平均值分别为509.60分和497.61分，且标准差较高，分别为91.94分和99.49分，表明这两个班级的学生科学素养水平不集中，班级内部差异较

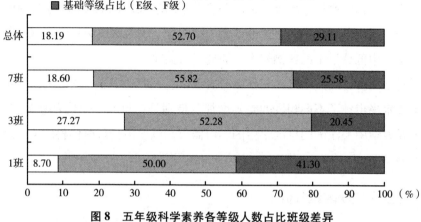

图8　五年级科学素养各等级人数占比班级差异

大。相比之下，7班的平均分最高为569.76分，标准差最低为62.71分，表明7班学生科学素养水平整体较高且较为集中，班级内部差异较小。

表1　科学素养得分在各班级分布情况

单位：分

参测班级	三年级		四年级		五年级	
	平均值	标准差	平均值	标准差	平均值	标准差
1班	509.60	91.94	556.90	79.39	508.43	79.02
3班	497.61	99.49	553.22	69.15	549.52	83.16
7班	569.76	62.71	539.88	71.15	542.61	81.59

　　四年级时，1班的平均分为556.90分，在三个班级中最高，但其标准差为79.39分，表明1班学生科学素养得分较为分散，内部差异较大；3班的平均分为553.22分，标准差为69.15分，显示该班学生科学素养水平较高且相对集中；7班的平均分为539.88分，标准差为71.15分，虽然平均分最低，但标准差适中，表明学生间水平差异相对较小。

　　步入五年级后，3班和7班的科学素养平均分较高，分别为549.52分和 542.61 分，但标准差也较高，分别为 83.16 分和 81.59 分，表明随着学业难度和负担的增加，班级内部的差异在不断增大；1 班的平均分为 508.43 分，低于学校平均水平，且标准差为 79.02 分，表明该班级科学素养整体显著下降，中低分学生的比例较大，需要重点关注。

总结来看，虽然 7 班在三年级时表现出色，但到了五年级时各班级的科学素养水平出现了不同程度的差异增加，特别是 3 班和 7 班内部差异扩大，需要在教学中关注不同层次学生的学习需求，以促进全班整体科学素养水平的均衡发展。

（三）关联因素分析

1. 性别

从三年级到五年级，学校学生在科学素养整体水平发展上差异不大。由图 9 可知，总体来讲，男生与女生都呈现先上升后下降的发展趋势。其中，女生的平均成绩在三年级时高于男生，到四年级时男女科学素养平均成绩相当，到五年级时，女生科学素养平均水平再次略高于男生。这表明女生在早期科学教育阶段具备优势，随着年级的上升，男女之间的差异逐渐缩小，但女生依然保持了一定的持续优势。

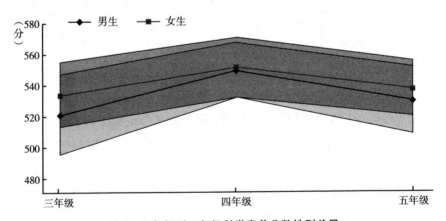

图 9 三年级到五年级科学素养分数性别差异

2. 学习时间投入

由图 10 可知：整体上看，学校三年级到五年级学生对科学学习的时间投入逐渐增多，反映出高年级阶段科学学习的要求增加，学生需要更多的时间来应对。其中，基础等级（E 级、F 级）的学生虽然在三年级时学习时间投入最多，达到了 5.07 小时，但在四年级（4.47 小时）和五年级（5.50 小时）没有明显变化，这反映出该等级学生的学习动力不足，建议通过激励措施和兴趣培养提升该等级学生的学习兴趣。

高等级（A 级、B 级）和中等级（C 级、D 级）的学生从三年级到五年级学习时间投入逐渐增多，高等级学生在三年级、四年级和五年级的学习时间分别为 3.00 小时、4.86 小时和 5.29 小时，而中等级学生在三年级、四年级和五年级的学习时间分别为 3.69 小时、5.15 小时和 5.84 小时，这是面对学业难度和学业压力同时增加的正常表现。但值得注意的是，高等级学生的学习时间投入在所有学段都不是最高的，在三年级时甚至是所有等级中最低的，这表明学习时间与学习成绩之间并不是时间投入越多成绩就越好的正向关系。学校应注重教授学生科学的时间管理方法，提高学生的学习效率，使其学习时间投入获得最大的产出。

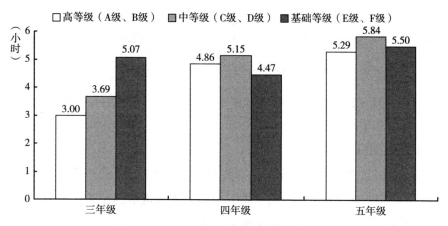

图 10　三年级到五年级不同等级学生学习时间投入

3. 科学信心与兴趣

学生对科学学习的兴趣会在一定程度上影响学生的科学素养发展。由图11可知，对于四年级和五年级的学生，科学素养分数与科学信心的相关性更强，而对于三年级的学生，科学素养分数与科学兴趣的相关性更强，这表明学生的自我效能感和对自己学习能力的信任是关键因素，随着年级的升高，学生对科学的兴趣逐渐转变成学习动力。因此，对于低年级的学生，可以通过成功体验、积极反馈和激励措施，进一步增强其科学信心，鼓励他们相信自己的学习能力。对于高年级的学生，则可以通过提供如科学竞赛、探究项目等丰富多样的科学活动来增加科学课程的趣味性，通过挑战性任务和成功体验来帮助学生获得成就感，激发和保持其学习科学的兴趣。

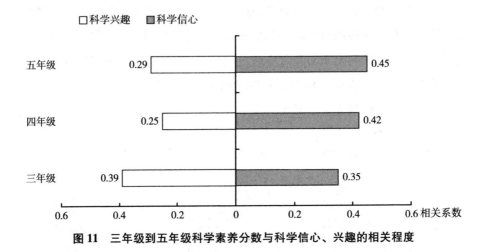

图11　三年级到五年级科学素养分数与科学信心、兴趣的相关程度

4. 学习动机

学习动机主要包括害怕失败、求知进取、自我效能、丧失学习动机四个方面。由图12可知，三年级科学素养分数与求知进取的相关性更强，表明在这一阶段，学生对知识的渴望和学习的积极性是提升科学素养的主要原因。五年级的科学素养分数与自我效能的相关性更强，表明在这一阶段，学生对自己学习能力的信心和自我效能感是影响他们科学素养的重要因素，因此应当重视并鼓励学生对自己学习能力的信心。四年级的科学素养分数与四种学习动机的相关性程度相当，表明这一阶段学生科学素养受到多种因素的综合影响，未表现出某一特定动机的主导作用，这时则需要综合分析学生的学习环境、家庭背景以及个体差异。

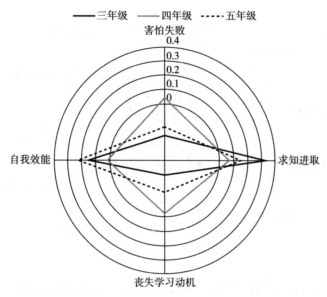

图12 三年级到五年级科学素养分数与学习动机相关程度

5.学习策略

学习策略可以分为认知策略、元认知策略和资源管理策略三个部分。其中认知策略包含组织策略、理解策略、精细加工策略；元认知策略包含元认知计划、元认知调控和元认知监控；资源管理策略包含时间管理、努力管理、社会资源利用和物资资源利用。由图13可知：四年级学生的科学素养分数与努力管理以及物资资源利用呈现一定的相关性，但相关性较弱。三年级和五年级学生科学素养分数与时间管理、努力管理以及理解策略相关，这表明低年级学生较为关注如何有效地管理学习时间和资源，并且在理解科学概念和知识上展现出一定的策略性。

值得注意的是，三年级到五年级科学素养分数与学习策略的相关性逐渐减弱，这可能反映了学生在学习过程中逐渐形成了自己的学习风格和策略，开始更多地依赖于个体的学习能力和自主学习的能力，而不是简单地依赖特定的学习策略。

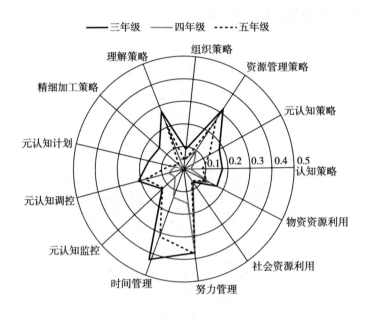

图13　三年级到五年级科学素养分数与学习策略相关程度

6.学习能力

学习能力可以分为注意力、工作记忆、视觉空间能力、言语理解和推理能力五个部分，其中工作记忆包含听觉工作记忆和视觉工作记忆，推理能力包含图形推理和数字推理。由图14可知：三年级和四年级学生的科学素养分数与言语理解和推理能力相关，这表明在这一阶段，学生的科学素养水平可能更多地依赖其基本的认知能力。五年级科学素养成绩则与注意力、工作记忆、视觉空间能力、言语理解和推理能力五个方面都有关，表明高年级学生在复杂的科学信息接收和任务处理中将综合运用多种能力。对于教育者来说，强调全面发展和提升学生的各种学习能力尤为重要。

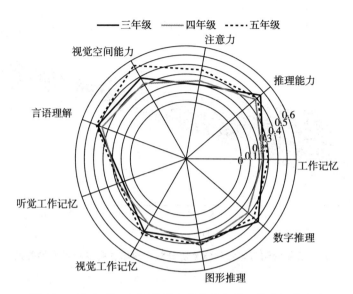

图 14   三年级到五年级科学素养分数与学习能力相关程度

7. 教师支持行为

由图 15 可知：三年级到五年级的科学素养成绩都与科学教师支持行为相关，学生感知到的教师支持行为越多，其科学素养成绩就越好。这种相关性在四年级学生中最为明显，三年级和五年级的水平相当。因此，教育者可以考虑如何增强和优化教师对学生的支持以及改善师生相处模式，以促进学生的素养发展。

8. 教学方式

教学方式主要分为探究实践、适应性教学、师生双向反馈、教师主导教学四种类型。由图 16 可知：三年级科学素养成绩与适应性教学呈现负相关，与探究实践有一定的相关性。相对于其他教学方式而言，四年级科学素养成绩与探索实践和师生双向反馈具有较强的相关性。五年级科学素养成绩与探究实践和教师主导教学有较强的相关性。该结果表明探索实践在三年级到五年级都是一种较为优秀的教学方式，在低年级阶段，师生双向反馈能够帮助学生提高科学素养，进入高年级后教师主导教学则发挥更大的作用，在所有学段中，适应性教学都是效果较差的一种教学方式。

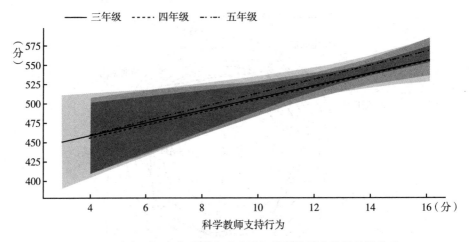

图15 三年级到五年级科学素养分数与科学教师支持行为的关系

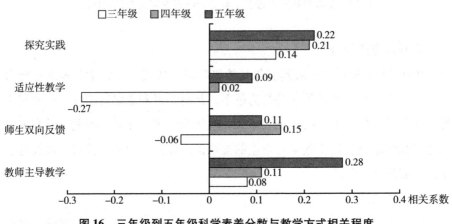

图16 三年级到五年级科学素养分数与教学方式相关程度

四 总结与原因分析

1.科学情感态度水平优于区均值，对学生的科学素养有积极影响

测评表明，对于四年级和五年级的学生，科学素养分数与科学信心的相关性更强，而对于三年级的学生，科学素养分数与科学兴趣的相关性更强。

学校学生科学兴趣比较强是由于学校的科学教学主要采用5E教学法，能更好地激发学生的学习兴趣；学校学生的科学信心比较强是因为学校的科学教师会根据《义务教育科学课程标准（2022年版）》的要求及课堂内容，设计有趣的实践性作业，并定期予以展示。

2. 科学知识水平高于市均值，亟须关注程序性知识发展水平

测评表明，学生的内容性知识和认知性知识发展水平较高，学习动机和能力也较强，不过学生的程序性知识水平在三年内呈下降趋势，表明学校学生在程序性知识的掌握上有所欠缺，需在教学工作中给予重点关注。原因是学生在面对科学问题时欠缺主动性，习惯于使用现成的知识和方法，缺乏批判性思维和主动探索的精神，教师在课堂教学中开展动手实验和深度学习不足。

3. 科学素养班级间差异显著，需要关注学生内部的差异情况

测评显示，学校不同班级间的科学素养水平不均衡，三年来，3班的进步较为明显，1班出现落后。三年内，3班和1班都更换过科学教师，但两个班始终是同一个教师任教，因此，2个班科学素养表现不同的原因在于课堂的达成效果不同；到高年级后，学生的内部差异逐渐变大，可能是由于学业难度和学业负担加大，部分孩子的学习习惯欠佳、学习能力跟不上，教师应该及时关注学生的学习情况，并针对不同的孩子在课堂中予以不同的指导。

五　对策与建议

1. 加强科学教师队伍建设

教育部等部门下发《关于加强新时代中小学科学教育工作的意见》《关于加强小学科学教师培养方向的通知》等一系列文件，从各方面反映了培养小学科学教师专业素养的重要性。因此，学校应准确把握"强教必先强师"的实践逻辑，将科学教师专业化建设视作科学教育高质量发展的核心动力。

学校主要通过创新教师研修模式来提升教师的专业素养。例如，创新研修活动，学科青年教师通过主题式、课程化、系列化的研修活动，以解决教学实际问题为主要目的，创新地形成一套适合自己的发展模式，深度推进学科研修。又如，构建多层级的研修机制，从区域内的整体研修，到学区的联动研修，再到校际合作研修，最终到校本研修以及教师个人自我研修，实现由区域逐级辐射到学校和教师个人。再如，创建了多维度、多样态的研修载体。以课程实施与课堂教学为目的，立足于教研、科研和教师培训的三维目标，创建研、训、教一体的内容载体。

2. 开发校本课程和拓展课外资源

学校结合地域特色可以开发更深入的科学知识课程，进一步提升学生的内容性知识和认知性知识水平。例如，开设课外科学兴趣小组，定期邀请科学家或专家进行讲座和互动，拓宽学生的科学视野。通过这些措施，可以确保学生的科学素养持续提升，巩固现有的教学成果。

拓展科学教育渠道，探索校内与校外的教育资源融合，为学生打开科学教育学习的空间。例如，可以充分利用校外资源，建立丰富的校外科学教学实践基地，如广东科学中心、广东博物馆等。把教育的触角由校内延伸向校外，实现校内教育和校外实践有效连接，组织学生走出学校，走进博物馆、科学中心，拓展教学资源。

3. 落实5E教学法的推广与应用

5E教学是基于建构主义教学理论的教学模式，5个E分别代表了Engage（参与）、Explore（探究）、Explain（解释）、Elaborate（迁移）和Evaluate（评价）。参与环节，教师一般会通过引入引人入胜的实例、问题或现象，吸引学生的注意力，激发他们对科学的兴趣；探究环节鼓励学生亲身参与实验、观察和探索，通过实践来发现科学规律和原理，培养学生的实验和观察能力；解释和迁移环节，教师可以帮助学生理解实验结果和科学概念，并引导他们将所学知识应用到新的情境中，加深对科学原理的理解；评价环节可以帮助学生巩固所学知识，通过课堂练习、课后探究性练习题或实际应用来评估学生的学习成果，促进他们对科学知识的深入理解和掌握。

因此利用5E教学法进行科学教学可以更好地激发学生的兴趣，培养他们的科学探究能力，促进他们对科学知识的深入理解和应用。学校会继续结合实际情况和学生特点强化5E教学法的推广与应用，形成更加高效、更有针对性的教学方式。

参考文献

王光明、卫倩平、赵成志：《核心素养视角下的跨学科能力测评研究》，《中国教育学刊》2017年第7期。

皮连生主编《教育心理学》（第四版），上海教育出版社，2011。

叶澜、王枬：《教师发展：在成己成人中创造教育新世界——专访华东师范大学叶澜教授》，《教师教育学报》2021年第3期。

吴颖惠：《构建以"育人"为核心的课程体系》，《中国教师报》2019年3月6日。

B.4
2020~2022年广州市番禺区
市桥富都小学科学素养测评跟踪报告

林莉丹　梁君杰　黎东明*

摘　要: 1958年,科学素养这个词被正式提出,逐渐成为世界各个不同国家科学教育的核心目标,提高学生的科学素养逐渐成为学校科学教育永恒的主题。本研究基于学校144位学生的智慧阳光评价数据,运用调查法、访谈法、定量分析法、文献研究法等方法,跟踪研究学校近三年科学素养的发展情况。研究发现学校的科学素养处于中等水平。存在场室限制、教学方式单一、教学方法不够创新等问题。基于以上问题,学校通过建立家校社科普教育协同机制、融合现代信息创新技术和建立新型评价体系促进学生科学素养的提升,为学校未来科学教育的发展奠定坚实基础。

关键词: 科学素养测评　科学教育　广州市番禺区市桥富都小学

一　研究背景

2021年6月,国务院印发的《全民科学素质行动规划纲要(2021-2035年)》强调了科学素养在推动高质量发展、构建新发展格局中的重要作用。2023年5月,教育部办公厅颁发的《基础教育课程教学改革深

---

* 林莉丹,广州市番禺区市桥富都小学科学科组长,二级教师,主要研究方向为科学教育;梁君杰,广州市番禺区市桥富都小学科学教师,二级教师,主要研究方向为科学教育;黎东明,广州市番禺区市桥富都小学总务处主任,一级教师,主要研究方向为科学教育。

化行动方案》提出了科学素养提升行动，包含了深化中小学科学教育改革等内容，旨在提升学生的科学素养水平。科学教育在国家教育体系中占据着重要地位，不仅是学校教育的重要组成部分，更对培养科技创新人才有着重要作用。科学素养测评能够有效促进学生科学能力的发展，为科学教育的实施提供一定的借鉴。2020~2022年，市桥富都小学连续3年参与广州智慧阳光评价·科学素养测评，获得了大量学生学习与教师教学的客观数据，旨在全面提升中小学生的科学素养，培养具有创新精神和实践能力的新时代人才。

二　研究设计

（一）研究对象

本次研究的数据来自学校2020~2022年广州智慧阳光评价·科学素养测评（以下简称"广州科学素养测评"）数据。选取的研究对象为连续三年参加测评的同一批次学生（2020年为三年级、2021年为四年级、2022年为五年级），共144名。

（二）研究工具

广州科学素养测评主要借鉴PISA的整体理念和模式作为科学素养结构模型的理论支撑，构建小学科学素养评价指标体系，设计科学素养测评工具。

（三）研究方法

本研究主要使用调查法、访谈法、定量分析法、文献研究法四种研究方法。

三 结果分析

（一）科学素养得分分析

从整体上看，2020~2022 年，学校学生的科学素养平均得分呈上升趋势。由图 1 可知，2022 年的学校科学素养得分比 2020 年的科学素养得分高21.13 分。2020 年学校与区之间的差值为 26.92 分，2022 年学校与区之间的差距减少到 2.55 分。学校科学素养平均水平与区平均水平之间的差距越来越小，且部分班级的得分甚至超过区平均水平。

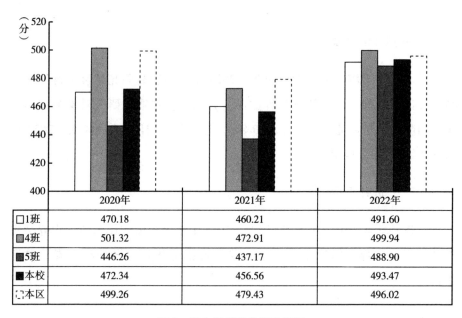

（分）	2020年	2021年	2022年
□1班	470.18	460.21	491.60
▨4班	501.32	472.91	499.94
▩5班	446.26	437.17	488.90
■本校	472.34	456.56	493.47
⬚本区	499.26	479.43	496.02

图 1 学生科学素养得分情况

（二）科学素养等级分析

由图 2 可知，2020~2022 年，学校学生的科学素养等级水平具有波动性，学生整体的科学素养发展趋势向好。2020 年基础等级的学生占51.13%，2021 年基础等级的学生占 71.33%，2022 年基础等级的学生占45.77%，与 2020 年相比较，基础等级的学生数量占比呈下降趋势。2020 年中等级的学生占 45.86%，2021 年中等级的学生占 27.27%，2022 年中等级的学生占 46.48%，与 2020 年相比较，中等级的学生数量占比整体持平。2020 年高等级的学生占 3.01%，2021 年高等级的学生占 1.40%，2022 年高等级的学生占 7.74%，与 2020 年相比较，高等级的学生数量占比呈现上升趋势。说明学校在 2022 年采取了提升科学素养的措施，这些措施的有效落实，进一步提升了学生的科学素养，促进了高等级学生数量的增长，减少了基础等级学生的数量。

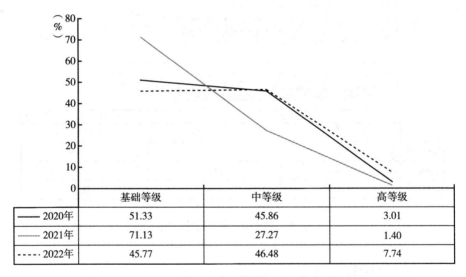

	基础等级	中等级	高等级
—— 2020年	51.33	45.86	3.01
—— 2021年	71.13	27.27	1.40
---- 2022年	45.77	46.48	7.74

图 2 学生科学素养等级水平情况

（三）科学素养发展水平分析

1. 科学知识对比分析

科学知识从认知过程角度进行测评，涵盖了内容性知识、认知性知识、程序性知识三方面。通过图 3 数据发现，2020 年学校学生在认知性知识上得分较高，为 39.47 分，而在程序性知识上得分最低，为 38.85 分。2021年学校学生在内容性知识上得分较高，为 42.34 分，而程序性知识得分最低，为 31.69 分。2022 年学校学生在内容性知识上得分较高，为 50.53 分，程序性知识得分最低，为 29.79 分。2020~2022 年，学校学生认知性知识和内容性知识呈逐步上升的趋势，程序性知识连续三年的得分都比较低，呈逐步下降的态势。进一步研究发现，学校与番禺区在科学知识上的差距逐渐缩小。

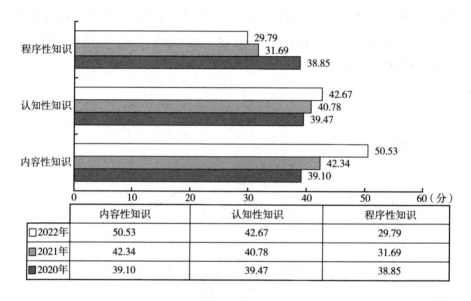

	内容性知识	认知性知识	程序性知识
□2022年	50.53	42.67	29.79
▨2021年	42.34	40.78	31.69
■2020年	39.10	39.47	38.85

图 3　学校科学知识得分情况

2. 科学能力对比分析

科学能力对科学实践具有重要意义，如归纳推理和演绎推理、系统性思维、批判性决策、信息转换（用原始数据创建表格或图表）等都是科学能力的体现。

通过比较发现（见图 5），2020 年，学校学生运用科学数据和证据的水平是最弱的，只有 33.75 分，而探究科学问题的水平是最强的，达到 44.96分。学生在解释科学现象以及运用科学数据和证据上都呈现上升趋势，而到

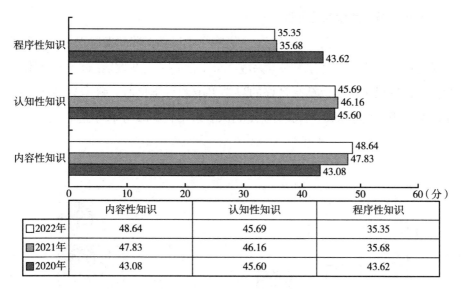

	内容性知识	认知性知识	程序性知识
□2022年	48.64	45.69	35.35
▨2021年	47.83	46.16	35.68
■2020年	43.08	45.60	43.62

图4　番禺区学生科学知识得分情况

了 2022 年，学生探究科学问题的能力、解释科学现象以及运用科学数据和证据的水平都有了显著进步，说明学校学生的科学能力在不断发展。

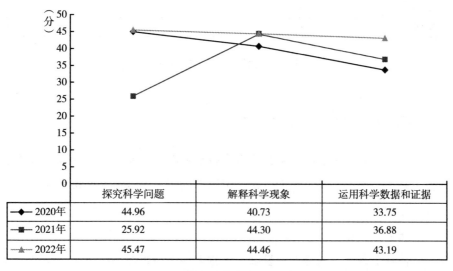

	探究科学问题	解释科学现象	运用科学数据和证据
◆ 2020年	44.96	40.73	33.75
■ 2021年	25.92	44.30	36.88
▲ 2022年	45.47	44.46	43.19

图5　学生科学能力水平分析

3.科学情感态度对比分析

学生的主观态度在一定程度上会影响学生科学素养的发展水平，本测评将学生的科学情感态度分为科学兴趣、科学信心（自我效能感）。根据图6，我们可以发现学校学生具有良好的科学兴趣和科学信心。科学兴趣在2021年略微下降，但在2022年基本恢复到原有水平，2022年科学信心最强，为78.51分。

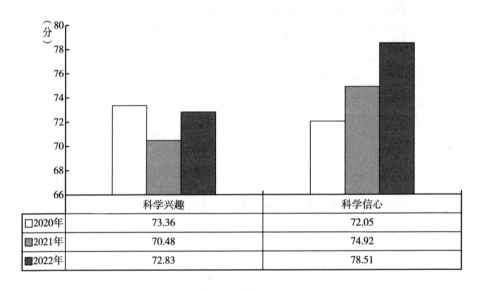

	科学兴趣	科学信心
□2020年	73.36	72.05
▨2021年	70.48	74.92
■2022年	72.83	78.51

图6　学生科学情感态度分析

（四）科学素养影响因素分析

外界因素在一定程度上会影响学生科学素养的发展水平。本研究选择课堂教学方式、投入时间、性别、科学情感态度四个因素作为关联因素，进行了对比分析。

1.课堂教学方式

结合科学课学习的特点，教师在课堂上会使用教师主导教学、师生双向反馈、适应性教学、探究实践等教学方法。

通过图7，我们发现2020~2022年，教师的课堂教学方式呈现多样化的态势。教师课堂教学方式从2020年以"师生双向反馈""探究实践"为主的方式，过渡到2021~2022年"教师主导教学""师生双向反馈""适应性教学""探究实践"四种课堂教学方法并用，且使用率显著提高。

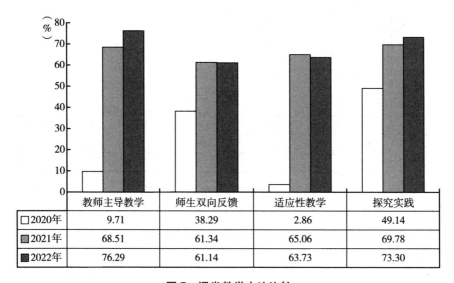

	教师主导教学	师生双向反馈	适应性教学	探究实践
□2020年	9.71	38.29	2.86	49.14
2021年	68.51	61.34	65.06	69.78
2022年	76.29	61.14	63.73	73.30

图7　课堂教学方法比较

2.投入时间

学生完成作业的时间投入长短一定程度上能够反映作业量，学生的专注力是有限的，过长的投入时间会影响学生学习的质量。通过图8和图9，我们发现2021年学生完成作业投入时间在"30分钟以内"和"没有作业"的人数合计超过80%，需要30分钟以上才能完成科学作业的学生占了15.6%。2022年学生完成作业投入时间在"30分钟以内"和"没有作业"的人数合计占了88.73%，需要30分钟以上才能完成科学作业的学生占了11.27%。小学阶段学生专注时间约为30分钟，过长的时间会负向影响学习效率，这也反映在2021年学校学生科学素养综合得分下降的现象上。2022年选择"90分钟以上"的学生比例下降至2.11%，说明书面作业量减少，

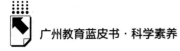

所以 2022 年学校学生科学素养综合得分开始提升，印证了高时间投入反而负向影响学生的学习这一结论。

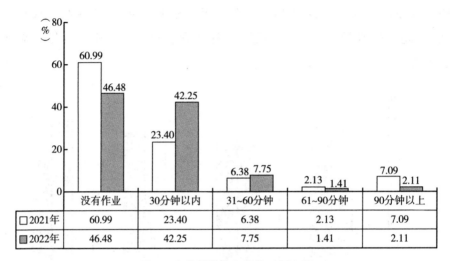

	没有作业	30分钟以内	31~60分钟	61~90分钟	90分钟以上
2021年	60.99	23.40	6.38	2.13	7.09
2022年	46.48	42.25	7.75	1.41	2.11

图8　完成科学作业花费时间比较

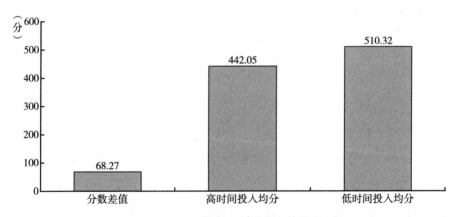

图9　不同学习时间投入与科学素养得分比较

综上所述，根据学生注意力维持的时间，每次 30 分钟以内的短时间探究性作业有利于学生科学素养的综合提升，但内容过多、投入时间过长的书面课后作业会对学生科学素养起到负面的作用。

3. 性别

心理学研究表明，男女各项能力在发展速度和水平上是有着性别差异的。科学是综合性学科，学习时需要用到不同的能力，不同的学习内容也对不同的能力有所侧重。

由图10可知，2020~2022年科学素养综合得分性别指标对比，男生优于女生。2020年和2021年男女生分数之间的差距不大。但是在2022年，男女生的差距逐渐拉大，分值差距达到了10.22分。从两组数据中可知，男女生在小学阶段学习科学的时候具有一定的差异，有一定的波动性。

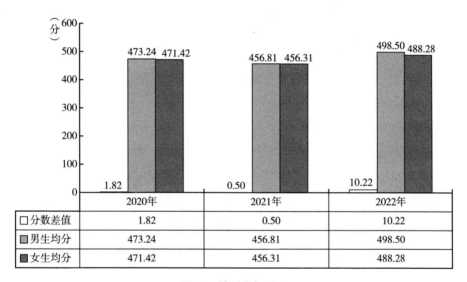

	2020年	2021年	2022年
□分数差值	1.82	0.50	10.22
■男生均分	473.24	456.81	498.50
■女生均分	471.42	456.31	488.28

图10　性别指标对比

4. 科学情感态度分析

图11反映了"学习动机"与"学习能力"两个指标都对学生的学业（科学素养水平）发展具有重要的影响意义，其中"学习能力"指标在2021年与2022年均占比超过70%，说明"学习能力"影响更具意义。通过数据对比，可以发现"学习动机"与"学习能力"对学生科学素养水平的提升有重要意义，相较于2021年，2022年学生的学习动机增强了，说明了学习动机的提升对于学生的科学素养提升具有一定的作用。

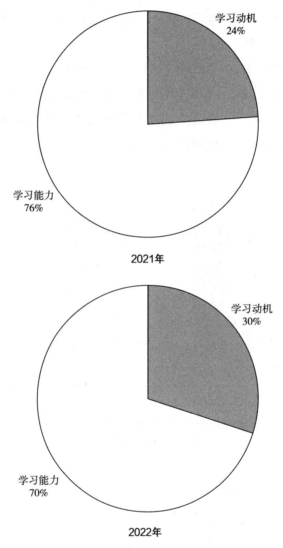

2021年

2022年

图11 学习动机、学习能力与学业相关度

四　结论与分析

（一）结论

从 2020~2022 年的广州阳光测评数据得出，学校学生学习能力整体处于中等水平。其中注意力为自身优势能力，推理能力为自身相对弱势能力；在言语理解能力、视觉空间能力、注意力上均高于区均值，在推理能力、工作记忆上均低于区均值。学生对组织策略、元认知计划、元认知监控、元认知调节的应用能力逐步上升。学生在科学知识和科学信心上表现较好，但在科学能力上仍需进一步提升。学生的科学素养不断提升，与区的差距逐渐缩小。测评结果体现了学校"培养创造型学生，造就科研型教师，催生民主型领导，打造学习型学校"的办学思想，也说明了学校在长期的培养学生科学素养工作探索中落实了相关的举措，并取得了一定的成效。

（二）优势分析

1. 基于"研学后教"模式，融合智慧阅读显成效

番禺区提出了"研学后教"升级版理念下的小学科学课堂教学新模式，积极推进学生科学思维的发展。学校积极推进智慧阅读平台的使用，将智慧阅读和"研学后教"结合起来，创建高效课堂。以《神奇的小电动机》为例，图 12 是本节课的构思思路（见图 12）。

（1）前置阅读，任务驱动。学生课前根据老师推荐书目进行阅读，对要学的知识提前了解。带着课前智慧阅读中的问题听课，容易激发学生好奇心和求知欲，调动学习积极性，并培养他们的自学能力和独立思维能力。

（2）课中阅读，交流合作。根据中高年级的学生特点，适度在教学环节中引入智慧阅读内容，可以采取 ppt 演示方式让学生在课堂上进行相关资源学习和阅读。因为高年级已经具备一定的阅读和理解能力，老师不用再像低年级时经常进行讲解和提示。学生进行课堂阅读，能及时有效地对刚学的

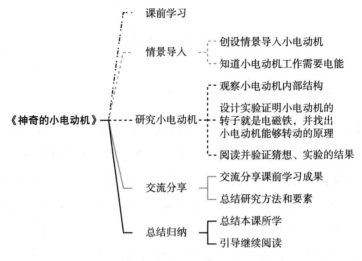

图 12　《神奇的小电动机》课例思维导图

知识进行理解和巩固，提高学习效率，并养成独立思考的学习习惯，提高科学素养。

（3）课外阅读，巩固提高。对于课堂学习知识的有效巩固，课后进行智慧阅读是很好的方法，通过及时回顾和进一步加深阅读，必能加深对知识的理解和记忆，从而提高知识的掌握程度。

在此模式下，学生自主学习和小组学习解决问题的能力都得到了显著提升，从而提高学生的科学素养。

2. 立足多样化实践活动，激发学生科学兴趣

习近平总书记强调，要在教育"双减"中做好科学教育加法，激发青少年好奇心、想象力、探求欲，培养具备科学家潜质、愿意献身科学研究事业的青少年群体。学校积极开展科学探究活动，在老师和家长的带领下，组织学生到植物园、公园等场所进行科学探究活动，让学生自主绘制自然观察笔记，体验生物学家的乐趣，在活动中他们不仅近距离地观察植物和记录植物信息，还培养了自身科学观察和科学记录的能力，增强了珍稀植物物种的意识，这是遵循教育教学规律，培养学生科学素养和科学能力的重要举措。

此类型的活动也让学生在实践中学会学习，在学习中培养了学生尊重自然和热爱自然的情感。

3. 数字教材与学科整合应用模式

科组老师遵循五育并举、科学育人的理念，让学生在探究课程中经历"提出问题—做出假设—设计实验—实验操作—分析现象—总结讨论"的完整探究过程，通过课前铺垫、课中构建和课后拓展的教学过程，演绎科学概念构建的完整思路，从而有效构建科学概念。教师熟练地运用信息平台——粤教翔云平台进行备课和上课，充分融合信息技术，让科学课堂在信息技术的支持下焕发魅力，具体做法如下。

（1）利用数字化平台创建云教案。完成云教案创建后，在不同地方可方便地使用教学资源。在上课期间，先打开资源导航图，根据上课环节依次点开资源，让老师把非线性操作变成简单线性操作，简化了课堂资源调用，为老师减负。

（2）利用数字平台互动工具增强课堂趣味性。如《小苏打和白醋的变化》研学案观察小苏打和白醋的特点，在数字平台上可以用互动工具归类题进行小组汇报，增加了趣味性。

（3）运用讨论板及时收集学生学习成果。备课模块里面可以添加环节及资源板块，通过添加讨论板并发送，教师就可以利用移动终端对小组研讨过程进行拍摄，实时投屏，方便进行小组汇报和评价。

学校还基于数字教材和学科整合开发了一个课题研究，也就是基于智慧阅读平台的小学科学项目式学习实践研究专题研究活动。

（三）不足分析

1. 学校科创氛围欠缺，学生的探究意识普遍不强

在校园文化建设上，学校内部的科创氛围缺乏，学校的科学教师紧缺，再加上近两年新冠疫情的缘故，科技节等科创活动没有开展起来。后续通过调查发现，大部分学生的探究意识不强，很多学生一味地接收信息，不懂思考其中的原因，这对于孩子科学思维的发展是不利的。

2. 教师教学方式单一，不利于学生学习程序性知识

程序性知识是关于"如何做"的知识。它涉及如何解决问题、解决问题的步骤，以及如何做得更好，学生在这些方面还有待加强。进一步研究发现，教师丰富自身的教学方式在一定程度上可以提升学生对程序性知识的理解。

2022年之前，大多数教师使用单一的教学方式。结合2020~2022年学校学生科学素养综合得分分析，四种课堂教学方法的使用率与科学素养成正比。2022年学生与教师有了四种教学方法的心理准备和经验积累，在四种教学方法使用率全面提升的情况下，学校学生科学素养综合得分呈现上升态势。这一现象证实了四种教学方法的有效使用有助于学校学生科学素养的提升。

3. 信息与学科缺乏整合，不利于学生科学素养的进步

学校积极提倡数字平台的使用，但在科学学科上，部分教师的信息素养和学科素养不足，还需要将现有的信息技术进行深度整合。目前来看，学生在课堂上容易出现以下问题，科学实验操作不够规范；科学器材不足；教师教学方式单一，学生对科学课的兴趣下降。

五 对策与建议

（一）建立家校社科普教育协同机制，共创科普校园

1. 善于运用家校社资源，促进学校科普氛围的提升

为落实《基础教育课程教学改革深化行动方案》中深入开展科普教育的思路。学校可以推送国家中小学智慧教育平台的科普教育资源给家长，让家长和孩子一起观看。为了合理运用本土资源，使科普的作用最大化，学校可以邀请家长来共同构建科普教育的机制，共创科普校园。据了解，学校的地理位置较好，孩子父母的职业多种多样，有大学教授、生物研究所工作者、医务工作者等。为此，可以依托家长丰富的资源，通过家校平台，开展

家长进课堂、校外科普志愿队、同看一本科普书籍等活动，共享科普资源，以此提升学生的科学素养。定期开展校内科技节、科技小发明、科普读书等活动，培养学生的科学创新精神，提升学生科学素养。积极开展校园"科学公开课"活动，邀请各类专家院士来学校进行授课。

2. 合力推动实验室建设，开展实验探究活动

《基础教育课程教学改革深化行动方案》对中小学实验室建设的方式和途径作出详细说明，提出要"推动地方加强中小学实验室建设，支持探索建设学科功能教室、综合实验室、创新实验室、教育创客空间等，鼓励对普通教室进行多功能技术改造，建设复合型综合实验教学环境"①。通过这种资源共享机制，充分利用高校的实验室资源，为中小学提供实验教学支持。如北京师范大学科学教育研究院在朝阳区教委支持下开展"小小科学家"活动，学生可以利用周末和假期等课余时间，走进中国科学院、大学实验室等，接受指导进行小组合作并承担相关课题，开展基于兴趣和任务驱动的探究实践活动。帮助学生深入了解科学家的科研生活，树立科学志向。针对学校实验室建设困难的现状，可以向政府申请相关支持，改造实验室，使其具有一定的功能性，打造创客型实验室，推动学校学生科学探究能力和实践能力的发展，也有助于学生日常学习活动和课后社团活动的开展。

（二）融合现代信息创新技术，打造创意课堂

随着互联网的普及，信息技术越来越广泛地应用于教育，如可以进行互动交流的 AI 机器人，利用 VR、3D 搭建模拟实验平台等。作为新时代教师，我们需要深刻思考如何把信息技术巧妙地应用于教育教学中，以增强实际教学效果，更好地适应现代社会的发展。

我们可以利用传感器增强实验的信息化和趣味性。如在防治噪声的一课中，学生通过制作简单的隔音装置，探究不同材料和结构的降噪效果，但仅

---

① 教育部办公厅：《基础教育课程教学改革深化行动方案》，2023 年 5 月。

凭耳朵去判断效果不太精确，这时就可以采用声音传感器技术下的分贝仪来进行辅助①。学校教师在"水结冰了"实验中，将温度传感器引入了实验中，便于学生观察试管温度，使得结果可视化。在"温度与水的变化"实验中，教师可以用温度传感器代替温度计，运用软件将数据在线转化为可视化的图表，让学生及时了解实验的变化情况，还可以借助软件对数据的情况进行分析。在《热在水中的传递》一课中，我们可以将五个温度传感器加入水槽，以此来记录热在水中的传递过程。

（三）建立新型评价体系，提升学生科学自信

《基础教育课程教学改革深化行动方案》提到了评价的重要性，应当发挥评价的导向、诊断、反馈作用，丰富创新评价手段，注重过程性评价，实现以评促教、以评促学，促进学生全面发展。小学科学课程理念的第一条是"面向全体学生，立足素养发展"，最后一条是"重视综合评价，促进学生发展"，可想而知评价对于学生学习的重要性。

针对新课标和"双减政策"，学校应当建立一套新型的评价机制，结合番禺区教学评一体化的教学策略，提升学生的科学自信心，并促进学生科学素养的发展。如在过程中采取定性评价、定量评价，自评、他评、师评等不同评价维度，诊断性评价、过程性评价、结论性评价等。可以利用自主学习单、随堂记录卡、反思记录卡、自我评价表全面评价学生。我国科学教育的变革逻辑是要处理好拔尖创新人才培养与全纳教育之间教育质量与教育公平的关系，不仅要面向少数有特殊天赋的学生，更要面向全体学生，实现抓"关键少数"和"面向全体"的有机统一。

综上所述，此次的阳光测试评价，充分发挥了学校的育人功能，也为促进学校科学教育的发展、积极推进中小学教育质量综合评价改革提供了新思路。通过构建科普校园、融合信息技术、丰富评价手段三项行动，构建区域

---

① 路虹剑：《巧用传感器突破科学教学难点促进学生素养发展》，《中小学数字化教学》2022年第7期。

内科学教育的良好氛围，从而提升小学生的科学素养，落实立德树人的根本任务，培养出一批批具有科学素养的未来人才。

参考文献

郑永和、杨宣洋、苏洵：《大科学教育新格局：学段一体化建构与实施路径》，《远程教育杂志》2024年第2期。

史加祥：《人工智能时代背景下小学科学教育的变革与坚守》，《课程·教材·教法》2020年第4期。

钱佳、崔晓楠、代薇：《指向高质量发展：科学教育评价的价值取向和路径优化》，《中国教育学刊》2024年第4期。

吴国荣：《小学生科学"四项学力"增值评价校本化实践》，《教学与管理》2024年第8期。

侯怀银、刘璐瑶：《新时代科学教育学学科建设探讨》，《云南师范大学学报》（哲学社会科学版）2024年第2期。

B.5

2021～2023年广州市白云区永兴小学科学素养测评跟踪与干预报告

陈玉梅　张丽琼　黄瑞华*

摘　要：　本文基于广州市白云区永兴小学 2021～2022 年参加广州智慧阳光评价·科学素养的测评结果，发现学生科学素养整体水平及具体表现均弱于区、市平均值。进一步分析发现学校存在教师专业能力不足、教学方法单一、作业设计不合理、学生科学兴趣和信心低以及学生科学能力弱等问题，于是采取了加强教师队伍建设、做好探究实践、营造科学学习氛围、开展生活化作业设计等策略进行教学改进。经过实施后，2023 年参与测评的学生科学素养水平得到了全方位的提升。

关键词：　科学素养测评　科学教育　广州市白云区永兴小学

一　研究背景

2023 年 2 月，《教育部等十八部门关于加强新时代中小学科学教育工作的意见》（教监管〔2023〕2 号）指出通过 3～5 年的努力，使中小学科学教育体系更加完善，提升科学教育质量，加强师资队伍建设，拓展科学实践活动，全面提高学生科学素质。

---

* 陈玉梅，广州市白云区永兴小学数学教师，小学一级教师，主要研究方向为科学、数学教育；
张丽琼，广州市白云区永兴小学数学教师，小学二级教师，主要研究方向为科学、数学教育；
黄瑞华，广州市白云区永兴小学数学教师，小学一级教师，主要研究方向为科学、数学教育。

2020 年 10 月，中共中央、国务院印发的《深化新时代教育评价改革总体方案》指出经过 5~10 年努力，完善立德树人落实机制，健全教师评价制度，促进学生德智体美劳全面发展。

科学素养是中小学生综合素质的重要组成部分，是科学思维方式和创新能力的体现。广州市白云区永兴小学（以下简称学校）于 2021~2023 年参加广州市智慧阳光测评，本文通过分析 2021~2022 年测评结果，旨在提出改进措施，为一线教师优化科学教学方法提供依据，提升学生的科学素质，推进科学教育改革，提高教育教学质量。

二　研究设计

（一）研究对象

2021 年监测的学生有 134 人，其中男生 72 人、女生 62 人；2022 年监测的学生有 134 人，其中男生 72 人、女生 62 人；2023 年监测的学生有 134 人，其中男生 76 人、女生 58 人。

（二）研究工具

科学素养测评采用国际 PISA 评价模式，结合大数据、云计算等新一代信息技术，构建了一套科学、系统的中小学科学素养评价指标体系，实现对学生科学素养的全面高效测评。

科学素养测评通过科学知识、科学能力、科学情感态度三个方面，根据学生成功完成的科学任务，将学生能力水平分为三个水平六个级别（A～F级），从而区分学生科学素养等级水平情况。

（三）研究方法

本研究采用定量与定性相结合的研究方法，具体包括问卷调查、数据统计、文献研究法。

三 2021年与2022年测评结果分析

（一）科学素养整体表现

1.科学素养得分情况分析

由表1可知，2022年学校学生均值较2021年提高2.57分。2021年校均值较市均值低66.67分，较区均值低23.33分；2022年校均值较市均值低64.1分，较区均值低24.82分，校均值与市、区均值的差距仍未明显缩小。

表1 科学素养平均成绩情况

2021 年			2022 年		
科学素养	学生均值（分）	离散系数	科学素养	学生均值（分）	离散系数
广州市	499.99	0.44	广州市	499.99	0.36
白云区	456.65	0.44	白云区	460.71	0.36
学校	433.32	0.34	学校	435.89	0.34

2.科学素养等级水平情况分析

根据学生成功完成的科学任务，可以分为A-F六个等级。其中，A、B等级属于高水平；C、D等级属于中等水平；E、F等级属于基础水平（见表2）。

由表3可知，校内纵向比较，2022年科学素养高、中等级学生占比较2021年增加了21.64个百分点，基础等级学生占比减少了21.64个百分点。学校与区、市横向对比，高等级和基础等级学生占比方面仍有较大的差距，基础等级学生是后续重点关注对象。

表2 科学素养测评等级标准

水平	该水平最低分数		达到该水平的学生能够做什么
	2021年	2022年	
A级	697	681	A级学生可以从物理、生命、地球和空间科学中汲取一系列相互关联的科学思想和概念,并使用内容、程序和认知性知识,为新的科学现象、事件和过程提供解释性假设或作出预测;在解释数据时,可以区分基于科学理论、证据的论点和基于其他考虑的论点;能够评估复杂的科学实验、进行实地研究或模拟设计
B级	632	615	B级学生可以使用抽象的科学思想或概念来解释不熟悉或更复杂的现象、事件;能够利用理论知识解释科学信息或作出预测;可以评估科学探索的方法,识别数据解释的局限性,解释数据中不确定性的来源和影响
C级	567	548	C级学生可以使用更复杂或更抽象的知识,解释生活中的事件和过程;可以在受约束的环境中进行科学实验,能够证明实验设计的合理性;可以解释从实验中提取的数据,得出适当的科学结论
D级	502	481	D级学生可以利用中等复杂的科学知识来识别或解释生活中熟悉的现象;在不太熟悉或更复杂的情况下,可以用相关的提示来构建解释;能够利用科学知识进行简单的实验;能够辨别科学问题和非科学问题,找出简单的支持科学主张的证据
E级	437	414	E级学生能够运用科学知识或数据解决简单科学实验中的问题;可以利用基本的或日常的科学知识,从简单的图表或数据中得出一个有效结论
F级	248	203	F级学生在支持下,可以进行不超过两个变量的结构化科学调查;在科学问题中能够识别简单的因果关系、解释简单的图形或数据;无法使用科学知识对简单科学现象做出解释

表3 科学等级水平情况

单位:%

2021年				2022年			
科学素养	高等级占比	中等级占比	基础等级占比	科学素养	高等级占比	中等级占比	基础等级占比
广州市	11.48	32.94	55.58	广州市	12.24	43.11	44.64
白云区	3.26	22.08	74.65	白云区	4.35	34.96	60.70
学校	—	8.21	91.79	学校	1.49	28.36	70.15

（二）科学素养具体表现

1.科学知识分析

科学知识包括内容性知识、认知性知识、程序性知识三方面。由表4可知：①在学生内容性知识方面，2021年校均值较区均值低2.51分，较市均值低11.65分；2022年校均值较区均值低3.5分，较市均值低9.83分。②在认知性知识方面，2021年校均值较区均值低5.98分，较市均值低16.08分；2022年校均值较区均值低5.03分，较市均值低11.48分。③在程序性知识方面，2021年校均值较区均值低6.79分，较市均值低14.54分；2022年校均值较区均值低1.87分，较市均值低8.14分。

表4 科学知识测评情况

单位：分

2021年				2022年			
区域	内容性知识	认知性知识	程序性知识	区域	内容性知识	认知性知识	程序性知识
广州市	51.65	50.18	40.73	广州市	49.76	46.08	36.31
白云区	42.51	40.08	32.98	白云区	43.43	39.63	30.04
学校	40.00	34.10	26.19	学校	39.93	34.60	28.17

2.科学能力分析

科学能力涵盖探究科学问题、解释科学现象、运用科学数据和证据三方面。由表5可知：①在探究科学问题方面，2022年校均值较2021年提高10.94分，其中2021年校均值较区均值低5.24分，较市均值低13.57分；2022年校均值较区均值低5.25分，较市均值低12.19分。②在解释科学现象方面，2022年校均值较2021年低4.39分，其中2021年校均值较区均值低3.85分，较市均值低13.21分；2022年校均值较区均值低3.34分，较市均值低9.26分。③在运用科学数据和证据方面，2022年校均值较2021年提高4.84分，其中2021年校均值较区均值低6.49分，较市均值低15.92分；2022年校均值较区均值低4.82分，较市均值低11.67分。

表5 科学能力测评情况

单位：分

2021年				2022年			
区域	探究科学问题	解释科学现象	运用科学数据和证据	区域	探究科学问题	解释科学现象	运用科学数据和证据
广州市	37.38	53.57	45.16	广州市	46.94	45.23	45.75
白云区	29.05	44.21	35.73	白云区	40.00	39.31	38.90
学校	23.81	40.36	29.24	学校	34.75	35.97	34.08

3. 科学情感态度分析

科学情感态度分为科学兴趣、科学信心（自我效能感）两方面。根据表6可知：①在科学兴趣方面，2021年校均值较区均值低0.03分，较市均值低4.14分；2022年校均值较区均值低1.45分，较市均值低4.72分。②在科学信心方面，2021年校均值较区均值低0.91分，较市均值低5.92分；2022年校均值较区均值低4.97分，较市均值低8.29分。

表6 科学情感态度测评情况

单位：分

2021年			2022年		
区域	科学兴趣	科学信心	区域	科学兴趣	科学信心
广州市	75.28	78.26	广州市	76.30	80.37
白云区	71.17	73.25	白云区	73.03	77.05
学校	71.14	72.34	学校	71.58	72.08

四 2021年和2022年结果不理想的原因分析

综合分析2021年和2022年学校学生科学素养的测评结果，发现均低于区、市的平均水平，进一步探究发现主要原因如下。

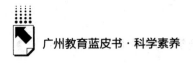

（一）教师专业能力不足

随着科学教育的快速发展和教学要求的不断提高，小学科学课堂所涵盖的知识越来越广泛，教学的难度也日益增大。在专业知识方面，小学科学课堂涉及物理学、地理学和化学等多个学科知识，要求教师必须具备扎实的跨学科知识，能够深入、准确地理解各个学科的基本概念和基本原理。然而，学校却没有专业的科学教师，都由其他学科教师兼职，专业知识和专业技能明显不足，难以满足复杂多变的科学教学要求，最终将直接影响课堂的教学效果。

（二）教师课堂教学方式单一

从 2021 年和 2022 年测评情况可知（见表 7），尽管学校教师在课堂上运用探究实践频率较高，但与区、市相比，仍存在一定差距。特别是"师生双向反馈"和"教师主导教学"这两种方式的运用频率相对偏低，导致教师在课堂上的引导作用未能充分发挥，这种情况容易使学生在学习科学的过程中产生知识上的混乱，进而降低学习兴趣。若教师在课堂教学中未能及时关注和了解学生的学习情况，对学生的错误不能及时纠正和引导，学生的探究就不会朝着正确方向进行。随着科学技术的不断发展，小学科学的教学内容也在不断更新和丰富。教师若不更新教学方式，就难以适应这些变化，也难以将最新的科学知识传授给学生。

表 7　教师教学方式测评情况

单位：%

2021 年					2022 年				
区域	教师主导教学	师生双向反馈	适应性教学	探究实践	区域	教师主导教学	师生双向反馈	适应性教学	探究实践
广州市	73.07	68.51	69.40	74.15	广州市	76.68	70.10	70.66	76.49
白云区	65.01	64.08	66.31	68.82	白云区	69.15	65.51	67.26	70.31
学校	60.90	63.20	64.80	65.76	学校	61.78	58.55	60.21	63.85

（三）作业设计不合理

从表8可知，学校大部分学生认为科学没有作业，选择没有作业的学生占比较区、市高，这可看出教师作业时间设计不合理。教师应设计既能照顾潜能生又能关注优等生的实践性作业。合理的科学作业设计不仅有助于巩固和深化课堂知识，还可以激发学生的好奇心和求知欲，促使他们主动探索科学问题，培养科学思维和解决问题的能力。

表8 完成作业时间测评情况

单位：%

区域	2021 年					区域	2022 年				
	没有作业	30 分钟以内	31~60 分钟	61~90 分钟	90 分钟以上		没有作业	30 分钟以内	31~60 分钟	61~90 分钟	90 分钟以上
广州市	31.96	51.85	9.56	3.50	3.12	广州市	25.28	60.75	10.53	1.90	1.55
白云区	42.14	37.76	10.32	4.93	4.85	白云区	31.37	51.39	11.75	3.18	2.31
学校	44.36	37.59	12.03	6.02	—	学校	40.60	40.60	13.53	4.51	0.75

（四）学生的科学兴趣低、基础能力弱

综观 2021 年和 2022 年的数据，学生对科学的兴趣和信心得分均低于区均值，究其原因：一是教师在课堂上采用单一的教学方式，使得科学课堂变得单调、乏味，吸引不了学生的学习兴趣。二是学校缺乏足够的科学实验器材和科学实验场地，使得学生无法进行实践操作或实验探究，限制了他们科学学习的体验，从而降低了对这门学科的兴趣。三是受教师专业知识和专业技能影响，加上学生对科学学习缺乏兴趣，学习态度消极，学生不愿意花足够的时间和精力去学习和理解科学知识，导致他们解释科学现象、探究科学问题以及运用科学数据和证据的能力较弱，连续几年得分都低于区均值。

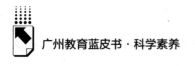

五 基于2021年和2022年测评结果的教学干预

（一）加强教师队伍建设，提升专业能力

小学科学是一门基础性、实践性、综合性的课程，要求任教老师具有扎实的专业知识和技能。学校科学教师均是兼职教学，专业素养不高。为了提高执教教师的专业素养，学校鼓励教师"走出去"，多听各级教研课，参与各级培训，为了实现培训进修效益最大化，教师将学习进修获得的教育新理论、新方法在科组教研活动中进行汇报，促进同科组教师快速成长。在科组教研活动中，教师相互交流在平时教学活动中如何有效融入科学的核心素养，把探究实践落实在学生的科学学习中，不断创新课堂教学模式，如开展项目化学习模式，通过灵活调整教学方式，提升课堂教学质量。

（二）多种教学方式相结合，提高课堂质量

探究和实践是科学学习的主要方式。小学科学课程教学内容实验操作性强，但学生动手能力有限，将探究实践活动充分落实有一定难度。根据测评结果反映的教师课堂教学方式单一这一问题，教师可以在科学教学中开展项目化学习模式，以问题解决为目的，以自主建构式学习为方式，根据学情和课标对教材进行合理的拓展和提升，有助于实现教材的校本化、生本化，从而将知识导向的教学转为素养导向的教学，实现超越学科、分工合作、展示交流的周期性学习活动。如在四年级《食物中的营养》教学中，基于学生午餐浪费比较严重这一问题，教师设计了"我是小小营养师"的项目式学习，在项目实施的过程中，先明确整个实施过程，然后成立项目小组，制定实施方案，最后根据呈现的项目成果做一个简单的评价。教学中应把科学探究落实到位，每一节课根据教材内容和学生的实际，选取某一个或几个要素，重点展开，让学生学得扎实有效。如在《美丽的化学变化》教学中，设计了紫甘蓝与白醋、水的对比实验，学生通过观察初步得出结果，接着进

一步完成紫甘蓝与酸性溶液、碱性溶液、中性溶液的对比实验，学生亲眼见证了化学变化的神奇，对化学变化产生了更深的认识。

（三）优化作业设计，加强学科知识整合

作业承载着巩固知识、提升能力、检验学习效果等多重功能，"双减"政策下部分教师走向一个极端，不布置作业，但没有作业就不能保障校内学习的有效性。学校提出优化作业设计，作业量按要求合理控制，完成作业的时间控制在 30 分钟以内，真正做到减负增效。教师要重视引导学生通过探究实践解决真实的问题，新课标强调学科核心素养是学生在积极的实践活动中积累、建构并在真实的语言运用情境中表现出来的。如以"桥"为主题，设计一系列跨学科任务。学生通过探桥之秘、画桥之美、造桥之趣等，从课内拓展到课外的桥梁，从文本拓展到实物，从个人自主学习拓展到集体交流分享，提升语言文字运用水平，提升语言沟通能力，提升创作能力，注重实践的积累，在实践中体会综合运用多学科知识解决问题的好处。实现了知识的拓展和深化，提高了学生的科学素养，进一步推进了科学教育。

（四）营造科学学习氛围，激发学生学习兴趣

为了营造良好的科学学习氛围，本校以科普书籍为媒、用阅读打开科学的大门，深入推进全科阅读。教师分别对低中高三个年段的学生进行了各个年段科学阅读指导。例如低年段的学生，指导选择绘本类，或者是字少的科学类书籍，如《蚯蚓的日记》《一粒种子的旅行》等。通过观看微课，引导学生阅读书籍后把自己看到的、想到的、发现的，用自己的语言讲述给爸爸妈妈听，或模仿书本中的情节演一演，如小蚯蚓是怎么运动的？提出每天阅读的时间，建议孩子和自己的爸爸妈妈约定一个打卡计划，学生通过阅读步入神奇的科学世界。学校除了给学生提供良好的阅读空间外，还给学生搭建了展示、交流的平台，如设立班级的"小农田"，开展"制作科学读书卡报""小汽车的比赛""纸质滑坡

车""种植与养殖科学观察日记""制作科学学具大赛"等活动，使探究实践延伸到课外，极力营造一个读科普、爱科普、做科普的校园学习氛围。

六 教学干预成效分析

通过对学校 2021 年和 2022 年学生科学素养评价数据进行详尽地剖析，明确了存在的问题以及产生这些问题的原因，并在 2023 年制定和实施了多项有针对性的教学改进措施，提升了学生的科学能力和学习科学的兴趣及信心，缩小了科学素养的群体差异，学生的科学素养得到了提高。

（一）学生的科学能力显著提升

2023 年的数据显示，学生在探究科学问题、解析科学现象及运用科学数据和证据这三方面的得分均较 2021 年和 2022 年高。其中，"探究科学问题"与区均值相差 4.13 分，探究"解释科学现象"与区均值相差 2.89 分，探究"运用科学数据和证据"与区均值相差 6.22 分（见表 9）。这些数据都可以看出 2023 年三年级的学生无论在探究科学问题，还是运用科学数据和证据对科学现象进行分析、归纳和推理的能力上都有显著提升。

表 9 2023 年广州科学素养测评学生科学能力得分情况

单位：分

分类	探究科学问题	解释科学现象	运用科学数据和证据
广州市三年级	56.67	61.90	41.92
白云区三年级	55.24	59.98	38.63
学校三年级	51.11	57.09	32.41
1 班	50.56	55.56	32.70
2 班	55.00	63.52	36.19
4 班	47.78	52.08	28.25

（二）学生的科学兴趣、科学信心明显提高

观察 2021 年和 2022 年学生的科学情感态度测评数据，我们可以发现，学生科学兴趣和科学信心的得分都低于区均值。2023 年经过实施一系列的改善措施后，学生的科学兴趣和信心明显提高，均高于区、市均值，说明本届学生对科学的兴趣越来越浓，对学习科学的信心也越来越强（见表 10）。

表 10　2023 年广州科学素养测评学生科学情感态度得分情况

单位：分

分类	科学兴趣	科学信心
广州市三年级	78.43	74.93
白云区三年级	76.94	72.57
学校三年级	81.35	76.11
1 班	79.48	73.26
2 班	87.19	81.96
4 班	77.39	73.11

（三）学生科学素养的群体差异缩小

在 2021 年和 2022 年的测评中学生科学素养平均分分别为 433.32 分和 435.89 分，其中男生的科学素养均高于女生。通过采取相关措施，2023 年学校学生科学素养平均分为 462.47 分（见表 11），比 2022 年高 26.58 分，比 2021 年高 29.15 分，大大缩小与市、区的均分距离，男女生的科学素养差距也得到了进一步缩小。

表 11　2023 年广州科学素养测评男女生得分情况

单位：分

分类	男生平均分	女生平均分
广州市三年级	501.4	498.13
白云区三年级	490.57	484.8
学校三年级	464.81	459.37

续表

分类	男生平均分	女生平均分
1 班	471.81	452.97
2 班	492.58	480.77
4 班	428.63	445.13

七　结语与启发

本文深入分析了学校学生科学素养的现状，从学生的科学素养等级水平、科学知识、科学能力、科学情感态度等多个维度进行综合评价分析。通过两年的数据分析，我们发现大部分学生处于基础等级，由于科学能力的欠缺，他们对科学学习的兴趣和信心均低于区、市均值。经过各方面的教学干预，虽有进步，但仍存在一定差距。这提示我们在未来的教育教学中，应以增强核心素养为导向，整合课内外优质教学资源，建构高效、有活力的科学课堂。同时，还应着重培养学生的动手实践能力，引导他们运用所学知识解决生活中的问题，鼓励他们敢于提问、勇于探索，并能根据自己的设想设计科学实验，能运用相关的科学实验数据分析问题、归纳结论，最终解决问题。

参考文献

侯怀银、刘璐瑶：《新时代科学教育学学科建设探讨》，《云南师范大学学报》（哲学社会科学版）2024 年第 2 期。

钱佳、崔晓楠、代薇：《指向高质量发展：科学教育评价的价值取向和路径优化》，《中国教育学刊》2024 年第 4 期。

邓舒：《德国中小学科学教育发展的举措与启示》，《教学与管理》2024 年第 16 期。

张懿、迟翔、郭淑琼等：《单元作业助力学生科学素养提升》，《基础教育课程》2024 年第 4 期。

2020~2022年广东第二师范学院番禺附属初级中学学生科学素养测评跟踪报告

翁晓彤 曾凡样 钟沛华*

摘 要： 科学素养对个人发展及社会进步都至关重要。本文通过对广东第二师范学院番禺附属初级中学连续三年参加广州智慧阳光评价·科学素养测评的学生进行追踪研究，从科学素养水平整体情况、科学知识、科学能力、科学情感态度四个维度分析，发现学校学生科学素养存在水平偏低、水平下降、均低于区平均水平等问题。其原因主要在于学校科学教育资源投入不够、教师日常科学教育渗透缺乏、家长科学教育支撑不足。基于以上分析，从学校、教师和家庭角度提出相应改进措施，以提升学生科学素养水平。

关键词： 科学素养 智慧阳光测评 广东第二师范学院番禺附属初级中学

一 研究背景

科学教育是提升国家科技竞争力、培养创新人才、提高全民科学素质的重要基础。2023年5月，教育部等十八个部门联合印发《关于加强新时代中小学科学教育工作的意见》，系统部署习近平总书记所强调的"要在教育'双减'中做好科学教育加法"①。党的十八大以来，借力创新驱动发展战略，

---

* 翁晓彤，广东第二师范学院番禺附属初级中学二级教师，主要研究方向为中学教育、智慧教育；曾凡样，广东第二师范学院番禺附属初级中学一级教师，主要研究方向为智慧教育；钟沛华，广东第二师范学院番禺附属初级中学二级教师，主要研究方向为中小学语文教育。

① 中华人民共和国教育部：《科学教育新课标发布一年多来，多地积极探索——做好科学教育加法 提升科学育人水平》，教育部官网，http://www.moe.gov.cn/jyb_xwfb/s5147/202307/t20230714_1068807.html。

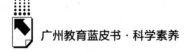

科学教育迈入新的发展阶段。经过不懈努力，中小学生科学教育水平及科学素质持续提升。但是，我国科学教育还存在许多问题和不足，加强新时代中小学科学教育工作至关重要。

为了解学生的科学素养发展水平，自2020年起，广东第二师范学院番禺附属初级中学（以下简称"学校"）连续三年参加广州智慧阳光评价·科学素养测评（以下简称"广州科学素养测评"）。本文试图以2020～2022年获取的测评数据为研究样本，通过跟踪对比分析，探讨学校初中学生科学素养发展状况及存在的问题，并提出相应的发展建议，为促进学校学生科学素养的提升提供参考。

二 研究设计

（一）研究对象

本研究资料来源于2020～2022年获取的学校参与的广州科学素养测评数据，将参与测评项目的2023届学生（2020年入学）作为研究对象。本届学生从七年级起，随机选择1、5、9三个班级作为测评班，具体参测情况如表1所示。

表1 学校参与广州科学素养测评的学生人数统计

年份	性别	人数(人)	所占比例(%)	总人数(人)	备注
2020	男	66	56		1人未测
	女	51	44		
2021	男	66	56	117	1人未测
	女	51	44		
2022	男	56	48		15名学生转学
	女	46	39		

（二）研究工具

广州科学素养测评遵循国际公认的 PISA 研究中使用的评估框架，包括科学知识、科学能力、科学情感态度三方面（见图1）。

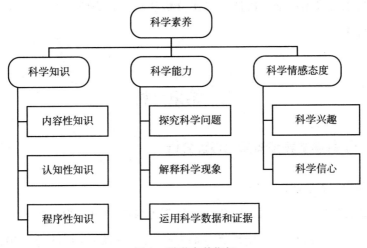

图1　科学素养指标

科学知识从认知过程角度进行测评，涵盖了内容性知识、认知性知识、程序性知识三方面。科学能力涵盖了探究科学问题、解释科学现象、运用科学数据和证据的能力。而学生的主观态度在一定程度上也会影响学生科学素养的发展水平，本测评将学生的科学情感态度分为科学兴趣、科学信心（自我效能感）。

广州科学素养测评试题的形式包括单选题和多选题，学生可以从四个选项中选择一个或几个答案。根据学生在素养测评上的表现，将学生分为六个水平（A级-F级）和三种等级（高、中、基础等级）。达到最高等级（A级、B级）的学生能够熟练掌握知识点或技能，独立进行分析和推理，并在生活场景中将知识点灵活运用；中等级（C级、D级）的学生基本能够掌握知识点或技能，在一定条件下可以进行分析或推理，能够将部分知识或技能应用在生活场景中；基础等级（E级、F级）的

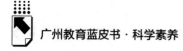

学生尚未掌握或仅掌握部分知识点或技能，无法在生活中运用相关知识点或技能。

（三）分析方法

本文主要采用数据分析法、对比分析法对学校 2020～2022 年的数据进行统计分析。

三 结果分析

（一）科学素养整体情况跟踪分析

1. 科学素养总体得分分析

表 2 为学校学生 2020～2022 年科学素养成绩均值。2020 年学校成绩均值为 434.1 分，2022 年成绩均值为 415.67 分，下降了 18.43 分。2020 年学校成绩与区均值相差 86.72 分，2022 年与区均值相差 82.41 分，差距缩小了 4.31 分，但三年均没有超过区均值。

表 2 2020～2022 年科学素养得分情况

年级	科学素养	学生均值（分）	离散系数①
2020 年七年级	学校	434.1	0.17
	番禺区	520.82	0.16
2021 年八年级	学校	435.82	0.46
	番禺区	490.01	0.41
2022 年九年级	学校	415.67	0.41
	番禺区	498.08	0.36

---

① 离散系数是测量样本内个体差异大小的相对统计量，主要用于比较不同样本量的离散程度。离散系数越大，说明数据样本内的个体差异性越大。离散系数=样本标准差/样本均值

个体差异性方面，由表2可见，2020年学校学生科学素养得分离散系数为0.17，2022年离散系数为0.41，对比上涨了0.24，说明学生个体差异性增大。2020年学校离散系数与区均值差距为0.01，2022年与区均值差距为0.05，差距稍有扩大。

总的来说，学生科学素养总体水平在三年内有所下降，个体差异性总体增加。值得注意的是，学生科学素养在八年级时表现最好，在九年级时明显大幅降低。

2. 科学素养等级水平分析

表3和图2为学校学生2020~2022年科学素养成绩各等级数据和对比情况。

表3 2020~2022年科学素养等级水平情况

单位：%

年级	区域	科学等级水平		
		高等级占比（A级、B级）	中等级占比（C级、D级）	基础等级占比（E级、F级）
2020年七年级	学校	0.94	37.74	61.32
	番禺区	13.24	68.25	18.51
2021年八年级	学校	1.85	12.96	84.26
	番禺区	3.83	25.96	70.04
2022年九年级	学校	0	10.14	89.86
	番禺区	3.83	35.43	60.74

学校科学素养高等级学生在2020年占比为0.94%，2022年占比为0，下降了0.94个百分点，高等级学生数量减少。科学素养中等级学生在2020年占比为37.74%，2022年为10.14%，下降了27.6个百分点，中等级学生数量减少。科学素养基础等级学生在2020年占比为61.32%，2022年为89.86%，增加了28.54个百分点，基础等级学生数量增多。

与区的学生科学素养等级水平相比，高等级学生占比与区的差距在2020年为12.3个百分点，2022年为3.83个百分点，缩小了8.47个百分点；中等级学生占比与区的差距在2020年为30.51个百分点，2022年为

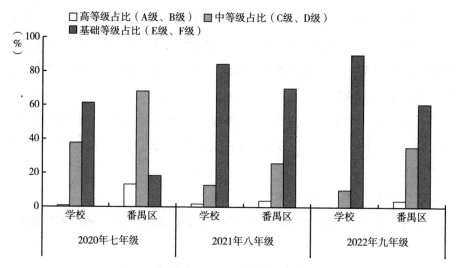

图2 2020~2022年科学素养等级水平对比情况

25.29个百分点，缩小了5.22个百分点；基础等级学生占比与区的差距在2020年为42.81个百分点，2022年为29.12个百分点，缩小了13.69个百分点。由此可见，虽然学校连续三年高、中、基础等级学生占比都没有达到区的平均值，但差距在不断缩小。

跟踪发现，三年内高、中等级学生数量减少，基础等级学生数量增多，学生总体水平下降。但值得一提的是，高、中、基础等级学生数量与区的差距在不断缩小，且学生在八年级时科学素养水平有所提升，具体体现为高等级学生数量增多。

（二）科学素养发展水平具体分析

1.科学知识分析

在内容性知识方面，2020年学校得分为26.92分，2022年得分为32.06分，提高了5.14分。在认知性知识方面，学校2020年得分为31.97分，2022年得分为21.01分，下降了10.96分，降幅明显。在程序性知识方面，2020年得分为16.04分，2022年为30.79分，提高了14.75分，增幅明显。

与区的科学知识得分进行比较，在内容性知识方面，学校2020年落后区均值15.04分，2022年落后区均值6.84分，减少了8.2分，差距明显缩小；在认知性知识方面，学校2020年落后区均值12.45分，2022年落后区均值14.3分，增加1.85分，差距变化不大；在程序性知识方面，学校2020年落后区均值9.19分，2022年落后区均值3.51分，差距缩小了5.68分（见表4、图3）。

表4　2020~2022年学生科学知识得分情况

单位：分

年级	科学知识	内容性知识	认知性知识	程序性知识
2020年七年级	学校	26.92	31.97	16.04
	番禺区	41.96	44.42	25.23
2021年八年级	学校	41.54	30.67	28.72
	番禺区	55.76	30.40	35.11
2022年九年级	学校	32.06	21.01	30.79
	番禺区	38.90	35.31	34.30

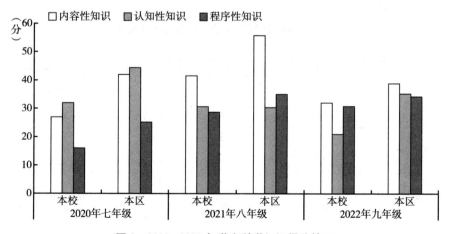

图3　2020~2022年学生科学知识得分情况

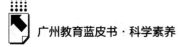

综合三年的数据来看，学生对内容性知识的掌握，即理解和陈述事实、关系、概念方面的表现有所提升；对认知性知识的掌握，即用科学知识解释信息方面有所退步；对程序性知识的掌握，即运用科学方法解决问题得出结论方面逐年进步。

2. 科学能力分析

在探究科学问题方面，2020 年学校得分为 31.70 分，2022 年得分为 31.77 分，提高了 0.07 分，变化不大。在解释科学现象方面，学校 2020 年得分为 34.91 分，2022 年得分为 28.10 分，下降了 6.81 分，降幅明显。在运用科学数据和证据方面，2020 年得分为 24.21 分，2022 年得分为 22.27 分，下降了 1.94 分。

与区的科学能力得分情况进行比较，在探究科学问题上，2020 年学校低于区均值 15.26 分，2022 年低于区均值 10.2 分，三年内差距缩小了 5.06 分；在解释科学现象上，2020 年学校低于区均值 16.6 分，2022 年低于区均值 6.98 分，三年内差距缩小了 9.62 分；在运用科学数据和证据上，2020 年学校低于区均值 10.09 分，2022 年低于区均值 11.11 分，三年内差距增加了 1.02 分，变化不大（见表 5、图 4）。

表 5　2020~2022 年学生科学能力得分情况

单位：分

年级	科学能力	探究科学问题	解释科学现象	运用科学数据和证据
2020 年七年级	学校	31.70	34.91	24.21
	番禺区	46.96	51.51	34.30
2021 年八年级	学校	35.24	35.33	27.63
	番禺区	42.74	42.50	35.96
2022 年九年级	学校	31.77	28.10	22.27
	番禺区	41.97	35.08	33.38

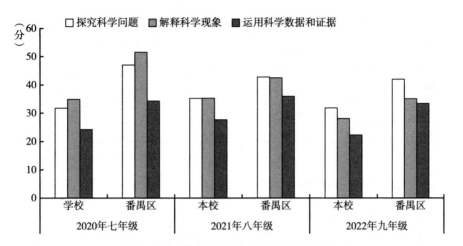

图4 2020~2022年学生科学能力得分情况

综合三年的数据来看，学生探究科学问题的能力有所提升，与区的差距缩小；解释科学现象的能力有所下降，但与区的差距缩小；运用科学数据和证据的能力与区的差距变化不大。

3. 科学情感态度分析

在科学兴趣方面，2020年学校学生得分为72.00分，2022年为69.75分，下降了2.25分。在科学信心方面，2020年得分为67.25分，2022年为71.21分，三年内持续上升了3.96分。

与区的科学情感态度得分情况做比较，在科学兴趣方面，从2020年学校低于区均值2.46分，到2022年相差0.14分，三年内差距缩小了2.32分。在科学信心方面，从2020年学校低于区均值3.94分，到2022年相差0.33分，减少了3.61分，差距明显缩小（见表6、图5）。

表6 2020~2022年学生科学情感态度得分情况

单位：分

年级	科学情感态度	科学兴趣	科学信心
2020年七年级	学校	72.00	67.25
	番禺区	74.46	71.19

续表

年级	科学情感态度	科学兴趣	科学信心
2021 年八年级	学校	67. 72	68. 17
	番禺区	72. 27	73. 59
2022 年九年级	学校	69. 75	71. 21
	番禺区	69. 89	71. 54

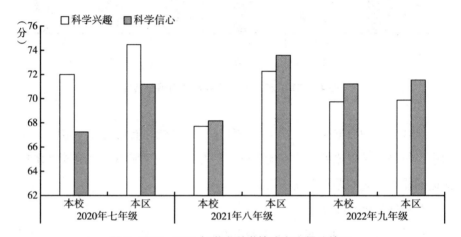

图 5 2020~2022 年学生科学情感态度得分情况

总体来说，经过三年的学习，学校学生在科学学习方面的兴趣和信心有所提升，科学信心不断提升，且两者与区的差距均缩小，基本与区水平持平。

四 研究结论与原因分析

（一）研究结论

一是总体得分明显下降，且与区的得分差距并未明显缩小；二是大部分学生处于基础等级水平，科学素养偏低，这表明学生在科学知识、能力及态度方面还有较大的提升空间；三是科学知识有所提升，学生能知道"是什么"和"怎么做",但在解释"为什么"的层面上能力下降;四是科学能力有所减退,解释科学现象的能力下降,分析数据和阐释结论的能力及进行科学探究的能力无明显提升;五是科学学习的兴趣和信心均有所提升,基本与区水平持平。

总体而言,学校学生科学素养存在水平偏低、水平下降、均低于区平均水平等问题。

(二)原因分析

1. 学校科学教育资源投入不够

学校作为乡镇学校,学校科学教育意识不足,在科学教育方面投入资源较少。一是缺乏对校本化科学课程的投入。学校初一年级有设立化学启蒙活动,但缺乏进一步资源投入,没有将其发展为科学校本课程。二是对校园科学教育文化、环境的投入不够,科学知识的常态化科普力度不足,校园科普氛围不够浓厚,科学实践活动偏少,缺乏科学长廊等硬件设施配备。三是专业师资配备不足,初中阶段没有配备专门的科学老师,对学生科学素养的教育主要依赖生物、地理、化学、物理等老师。四是缺乏校外专业指导,与高校或科研院所的科学专家合作不够密切。

2. 教师日常科学教育渗透缺乏

落实科学教育,需要各科教师在日常教学中有意识地渗透科学知识,激发学生对科学探索的积极性。然而,学校教师采用的教学方式主要为教师主导教学和适应性教学,使用探究性教学方式相对较少,课堂未能充分激发学生的科学探究性和批判性思维;教师教学中的跨学科融合及项目式学习不足。课堂教学偏重单一学科教授,没有充分挖掘教材内容中的科学因素,较少以问题为导向,驱动学生在项目或单元内进行持续探究与实践;教师偏重成绩导向,忽视整体科学素养导向。教师日常教学中侧重考点,对学生的科学知识与能力的提升不够重视。

3. 家长科学教育支撑不足

家庭教育对学生科学素养的提升也有一定的影响。首先,调查发现,学校家长的文化程度普遍不高，大部分为中学或大专水平，本科率较低。受家长整体综合素质影响，部分家庭对学生进行科学启蒙的难度较大。其次，由于学校学生大部分来自乡镇地区或积分入学，家庭经济水平有限，家长对学生的科学教育投入不足。再者，受前两点的影响，家长对科学素养的重要性缺乏正确的认识，对科学教育的重视程度偏低，轻视对学生科学素养的培养和提升，学生课余时间很少去少年宫、科技馆等地方参观学习，接受科学教育的启蒙和熏陶。

五　改进举措

作为典型乡镇薄弱学校，基于以上原因分析，学校、教师和家庭都需要在教育教学上做出改变。学校要增加对科学教育的资源投入，营造科学学习氛围；教师要提高科学教育意识，强化跨学科融合教学和项目式教学；家长要加强与学校的沟通，重视学生的科学教育启蒙与发展。通过多方合力，培养学生科学知识、科学能力和科学情感态度，以提升学生的科学素养水平。

（一）增加学校科学教育资源投入

第一，学校可以利用综合课和校本课程，联合生物、地理、化学、物理等学科，结合番禺区和新造镇的乡土特色，开发科学校本课程资源。学校还可以将每学期的物理和化学活动周拓展为物理和化学社团，增设生物、地理等科学类学科社团，结合课程资源与生活实践，策划组织多样的主题活动，突出学生的主体地位，渗透科学育人氛围[1]。第二，联合多个社团，设立科学角和科技节，结合社会热点，开展科普宣传讲座和科学实验展演活动。学校还可以增加对科学教学的经费投入，在校园内增设科学实验室和科学长廊

---

① 李法瑞：《基于跨学科协同实践的科学社团构建——以上海市延安中学"科学技术联盟"为例》，《现代中小学教育》2020 年第 7 期。

作为学生科学活动基地。第三，开展科学实践活动需要有活跃的科学思维、新颖的构思和实践经验，学校可加强与高校或科研院所的合作，邀请专家进行活动指导，从主题设想、方案设计到活动实施，为学生的自主构建提供帮助①。学校还应组织学生定期到省、市、区的科普基地进行参观和学习，增加学生的科学探究实践活动，激发学生对科学的好奇心和探索欲，从而提高学生的科学素养。

（二）提高教师科学教育意识

教师要认真研读《义务教育科学课程标准（2022年版）》和学习国家对提升科学教育重要性的相关文件，强化科学教育理念，提高探究实践意识。在日常教学中，教师要有意识地渗透科学教育，进行跨学科融合教学。例如，在语文、英语阅读教学中增加科学类文本的选择②，充分挖掘文本中的科学因素，帮助学生掌握科学知识，锻炼学生的科学思维，培养正确的科学情感态度与充分的责任意识。

教师要积极采用单元整体教学，围绕单元育人目标提出一系列任务群和问题链③，从发现和提出问题，到分析和解决问题，引导学生深入思考，锻炼学生的逻辑思维，促进学生高阶思维的发展。结合项目式学习，注重创设真实的教学情境，驱动学生在持续探究和实践中通过积极思考和探索进行深度学习，培养解决实际问题的能力④。结合综合性评估和多元评价体系，落实对学生科学知识、科学能力和科学情感态度的培养，提升科学教育水平。

物理、化学、生物、地理等科学相关学科的课堂教学，不应局限于中考，除了重视概念性知识和实验操作知识外，更应进一步引导学生领会科学

---

① 陈超宇、傅悦、方响亮：《基于提高生物科学素养的生物社团活动实施策略探讨》，《中学生物教学》2023年第18期。

② 吕锡锋：《关于语文教学中培育科学素养的思考》，《教育研究与评论》2024年第9期。

③ 朱群霞：《大单元问题化教学策略与实施》，《中小学管理》2023年第1期。

④ 桑国元、叶碧欣、黄嘉莉等：《构建指向中国学生发展核心素养的项目式学习标准模型》，《中国远程教育》2023年第6期。

精神，形成跨学科概念。教师要挖掘真实的探究素材，以问题为导向，倡导学生开展多角度深度探究[1]，将课本知识和生活实践相结合，培养学生解释科学现象的能力及实践能力，形成结构化知识体系，完成对知识的迁移与运用。

（三）贯彻落实家校合作

家庭是人生的第一所学校，家长对科学的认识和态度对学生的成长有着重要的影响。学校要落实家校合作，通过邀请家长进校、进课堂，参加科学社团活动、科技节、科普讲座等，提高家长对科学素养教育的认识，鼓励家长参与科学教育，创设良好的家庭学习环境，协助学生进行日常生活中的科学探究实践。

结　语

2023年，教育部校外教育培训监管司负责人曾表示，"基础教育阶段是'孵化'学生科学精神、创新素质的决定性阶段，中小学校的科学教育质量对培养学生科学素质至关重要。"广州科学素养测评有助于了解学生现有科学素养发展水平，为学生科学素养发展提供精准指引和建议，为学校科学教育教学的及时改进提供方向和路径。学校要重视每年的科学素养测评结果，分析数据，找出当前在科学教育上存在的问题，有针对性地改进教育教学的观念和方式，多渠道提升学生科学素养，缩小与城区学校的差距，为学生的终身学习和全面发展打下坚实的基础，为国家培养具备科学素养的高质量未来人才。

---

[1] 陈海深、余金涛、宋善炎：《基于科学探究素养的深度学习与实践探索——以"沙漏的浮沉"项目学习为例》，《物理教师》2023年第4期。

参考文献

胡卫平：《在探究实践中培育科学素养——义务教育科学课程标准（2022年版）解读》，《基础教育课程》2022年第10期。

苏永平、杨军峰：《核心素养视域下化学项目式学习的研发路径与设计逻辑》，《中学化学教学参考》2023年第4期。

叶宝生、董鑫：《〈义务教育科学课程标准（2022年版）〉核心素养中科学观念的内涵与落实——基于自然辩证法思想的理论分析与实践对策》，《课程·教材·教法》2023年第2期。

比较研究篇

B.7
华阳小学和棠下小学科学
素养测评比较报告

李家贤　余　惠　聂文芳*

摘　要： 本研究基于2023年广州智慧阳光评价·科学素养测评数据，进行比较分析，探究影响华阳小学和棠下小学学生科学素养差异化的原因。研究发现影响学生科学素养发展的因素有学生学情、教师教学、学校建设、家庭教育等。为此，本文从强化学校科学教育资源保障、打造专业化科学教师队伍、构建家校社携手育人机制、发展学生科学思维与学习内驱力等方面提出改进措施，从而提升学生的科学素养。

关键词： 智慧阳光评价　科学素养　科学教育　华阳小学　棠下小学

* 李家贤，广州市天河区棠下小学二级教师，主要研究方向为科学教育、科技创新教育；余惠，广州市天河区华阳小学二级教师，主要研究方向为科学教育、科技创新教育；聂文芳，广州市天河区华阳小学科学教师，主要研究方向为科学教育实践。

一 研究背景

科学教育是科技强国的根基。2023 年，习近平总书记在中共中央政治局第三次集体学习时强调，要在教育"双减"中做好科学教育加法。[1] 青少年的科学素质水平决定了一个国家或地区公民的科学素质水平。科学素养测评对促进学生科学素养提升、推动科学教育体系高质量发展以及科技强国建设都将产生深远影响。[2] 2021~2023 年，华阳小学参与了广州智慧阳光评价·科学素养测评（以下简称智慧阳光评价）。为了进一步探究华阳小学与棠下小学在科学教育上的优势与不足，本研究基于 2023 年智慧阳光评价进行数据对比分析，并提出相应的解决对策。

二 研究设计

（一）研究对象

本次研究对象为两所学校随机各抽取的 3 个三年级班级，学生人数各为 127 人（见表 1），共产生 254 份调查问卷。

表 1 研究对象的基本情况

单位：人，%

性别	华阳小学	棠下小学
男	65	68
女	62	59
合计	127	127
参与率	100	100

---

[1] 《全面提升中小学生科学素质——教育部等十八部门联合印发〈关于加强新时代中小学科学教育工作的意见〉》，《科普研究》2023 年第 3 期。

[2] 李川：《PISA 2025 科学素养测评框架的新动向及启示》，《科普研究》2022 年第 1 期。

（二）研究工具

1. 科学素养

本次研究以智慧阳光评价为载体，通过测评学生的科学知识、科学能力和科学情感态度，构建出学生科学素养整体情况，并体现学生的科学素养水平。其中科学知识由内容性知识、认知性知识和程序性知识组成。科学能力由探究科学问题、解释科学现象、运用科学数据和证据的能力组成。科学情感态度由科学兴趣和科学信心组成。

2. 学生学习方面

本研究通过学习动机、学习能力、学习策略3个关键性指标，反映两所学校学生不同的学习情况。其中，学习能力包括注意力、工作记忆、视觉空间、言语理解、推理能力；学习动机包括正向动机、求知进取、自我效能、负向动机、害怕失败、丧失学习动机；学习策略包括理解策略、精细加工策略、组织策略、元认知计划、元认知监控、元认知调节、时间管理、努力管理、社会资源利用、物资资源利用多方面。

3. 教师的教学模式

依据学生评价情况，本次研究中分析不同学校教师的课堂教学方式，分为教师主导教学、师生双向反馈、适应性教学、探究实践四种模式，并分析四种模式在课堂中出现的频率。

三　研究方法

对研究数据进行简单处理后，采用描述性统计与数据离散程度的统计方式，反馈各学校的科学素养情况。针对科学素养关联因素，采用对比性及可视化分析的统计方式呈现各校间的差异及各因素和科学素养的差异。

四　结果分析

（一）平均情况分析

依据科学素养测评情况，华阳小学学生科学素养平均值为 533.92 分，离散系数为 0.22；棠下小学学生科学素养平均值为 507.96 分，离散系数为 0.27（见表2）。由数据可知，华阳小学学生整体科学素养优于棠下小学。两所学校科学素养的离散系数在 0.2～0.3，表明学生间差异较小，均维持在相对均衡的范围内。

表2　华阳小学和棠下小学学生科学素养平均值和离散系数

学校	平均值（分）	离散系数
棠下小学	507.96	0.27
华阳小学	533.92	0.22

（二）等级情况分析

棠下小学学生的科学素养水平高等级人数占比 11.54%，中等级人数占比 54.62%，基础等级人数占比 33.85%；华阳小学学生的科学素养水平高等级人数占比 17.97%，中等级人数占比 64.06%，基础等级人数占比 17.97%（见表3）。由数值可知，棠下小学中高等级人数占比低于华阳小学，相对而言基础等级人数占比高于华阳小学。即华阳小学学生科学素养水平高于棠下小学。

表3　华阳小学和棠下小学学生科学素养等级情况分析

单位：%

学校	高等级人数占比（A、B等级）	中等级人数占比（C、D等级）	基础等级人数占比（E、F等级）
棠下小学	11.54	54.62	33.85
华阳小学	17.97	64.06	17.97

（三）各子维度分析

1. 科学知识方面。棠下小学学生的内容性知识（65.31 分）、认知性知识（54.33 分）、程序性知识（49.23 分）得分均低于华阳小学（71.33 分、58.30 分、53.44 分）。

2. 科学能力方面。棠下小学学生"探究科学问题"的得分为 64.81 分，与华阳小学接近（65.43 分）；棠下小学学生"解释科学现象"的得分为 65.64 分，远低于华阳小学（73.05 分）；棠下小学学生"运用科学数据和证据"的得分为 40.99 分，远低于华阳小学（44.08 分）。

3. 科学情感态度方面。棠下小学学生的科学兴趣得分为 82.63 分，高于华阳小学（81.01 分）；棠下小学学生的科学信心得分为 77.50 分，低于华阳小学（81.42 分）（见图 1）。

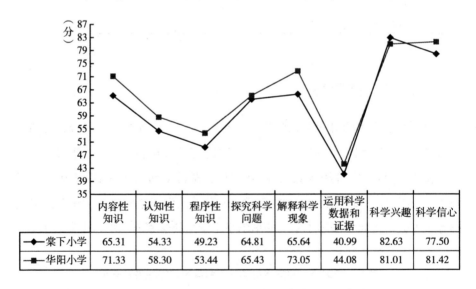

	内容性知识	认知性知识	程序性知识	探究科学问题	解释科学现象	运用科学数据和证据	科学兴趣	科学信心
棠下小学	65.31	54.33	49.23	64.81	65.64	40.99	82.63	77.50
华阳小学	71.33	58.30	53.44	65.43	73.05	44.08	81.01	81.42

图 1　华阳小学和棠下小学学生科学素养各子维度对比

五 原因分析

（一）学生素养方面

1. 学习动机

华阳小学与棠下小学学生的学习动机情况均为良好，但是华阳小学的得分高于棠下小学。其中，华阳小学的"正向动机""求进自取""自我效能"积极方面的得分均高于棠下小学。而棠下小学"负向动机""害怕失败""丧失学习动机"消极方面的得分均高于华阳小学（见图2）。相较而言，华阳小学学生的学习动机强，对知识有着强烈的渴望和追求。但是，华阳小学需要预防部分学生因过高的学习动机而产生的学习焦虑。而棠下小学存在部分学生缺乏明确的学习目标的情况，甚至会产生消极的学习动机。

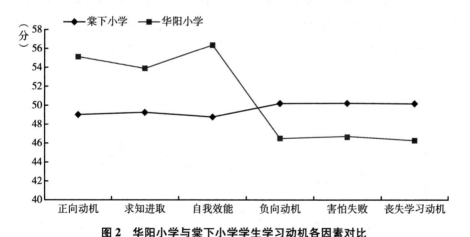

图2 华阳小学与棠下小学学生学习动机各因素对比

2. 学习能力

在"注意力""工作记忆""视觉空间""言语理解""推理能力"方面，棠下小学学生得分均低于华阳小学（见图3）。数据表明，华阳小学学生的自主学习能力较强，善于处理学习问题。

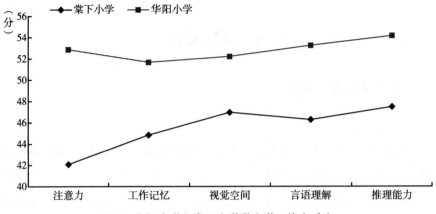

图3 华阳小学和棠下小学学生学习能力对比

3.学习策略

在"理解策略""精细加工策略""组织策略""元认知计划""元认知监控""元认知调节""时间管理""努力管理""社会资源利用""物资资源利用"方面，华阳小学得分均高于棠下小学（见图4）。数据表明，华阳小学学生自主学习意识强于棠下小学，学生能自主分析与高效解决遇到的问题。

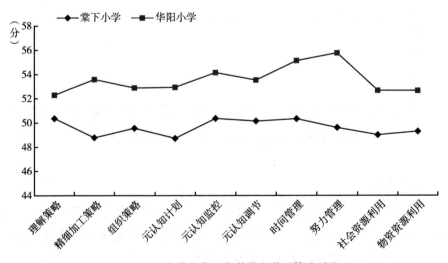

图4 华阳小学和棠下小学学生学习策略对比

（二）教师综合素质方面

1. 专兼职教师队伍配备情况

两所学校都拥有优秀的区、市科学骨干教师资源，并在骨干教师带领下，顺利开展科学教学工作。由于学校的规模与重视程度不同，两所学校师资队伍建设情况也不同。其中，华阳小学科学教师队伍专职教师占比100%，本科学历教师占比100%，而棠下小学专职教师占比50%，本科学历教师占比100%，兼职教师来源于语文、数学学科（见表4）。兼职教师存在缺乏专业学科知识、投入科学学科精力有限等问题，缺乏对科学课程的理解。兼职教师的教学模式多以传授知识为主，导致教学过程难以发挥学科特性。

表4　华阳小学和棠下小学科学教师队伍情况

单位：%

学校	专职教师占比	兼职教师占比	本科学历教师占比	兼职教师来源学科
棠下小学	50	50	100	语文、数学
华阳小学	100	0	100	无

2. 教师教育教学能力

其一，教师年轻化。随着社会各界更加注重科技的发展，科学教师团队得到加强，但是也存在教师团队年轻化的问题。年轻教师的经验相对不足，可能会导致师生之间的信息交流不够充分，教师教学过程缺乏有效互动策略或者未建立有效反馈机制。年轻教师可能过于依赖预设的教学计划和教材，不愿意或无法根据实际情况进行及时调整，容易采用"一刀切"的教学方式，这种僵化的教学方式无法满足学生的差异化学习需求。

其二，两所学校教学方式存在差异。两所学校的教师教学方式均更偏向于"教师主导教学""探究实践"，"师生双向反馈""适应性教学"得分较低。但棠下小学"教师主导教学"得分低于华阳小学（见图5）。这表明两所学校在教学过程中，教师善于通过引导激发学生好奇心和探索欲，但是缺乏有效的反馈机制，学生个体差异未得到教师的有效重视。而两所学校的差异在于，虽然两所学校按照上级部门的引领积极落实以学历案为主导大单元的教学，但是华阳小学作为大单元设计、学历案撰写的种子学校，在落实大单元教学上实施得更加成熟，形成了更加完整的"教—学—评"一体化的教学体系。

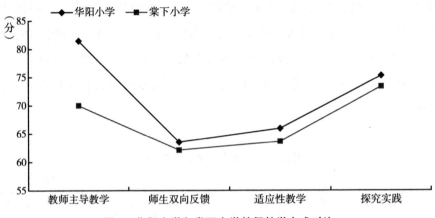

图5　华阳小学和棠下小学教师教学方式对比

（三）学校科学教育保障

1. 校内特色文化差异

学校特色文化是整个学校蕴含的独特文化和形象体现，对培养学生的兴趣和价值观有促进作用。然而，特色文化往往与学校课程建设和活动组织有紧密联系。华阳小学注重学生科技创新，将科技作为本校特色文化，并建立"少年科学院"，以科技活动和科技课程培养学生的兴趣爱好。棠下小学是一所历史悠久、革命底蕴深厚的学校，以红色文化为学校特色，弘扬红军精神，注重培养学生的家国情怀。不同的特色文化，促使学生在科学探索与家园责任意识层面形成差异化的关注倾向，产生不同的情感归属与身份认同。

除此之外，华阳小学鼓励全年级学生开展科普阅读活动，以此激发学生的探索欲与好奇心。阅读也有助于学生科学思维能力与专注力的发展。虽然棠下小学也开展航模、无线电测向、航海等科技类社团活动，但是往往覆盖面较小，更多关注学生技能方面的发展，缺乏上升至思维与精神层面的引导和教育。

2.学校课外资源

课外资源的利用也是学校科普活动重要途径之一。两所学校都积极利用各方资源，开展公益科普讲座、科技节、科普研学等活动，丰富了学生的课外生活。在2023学年，华阳小学课外活动引进共16次，而棠下小学为7次，活动覆盖范围都是全年级（见表5）。虽然两校在课外活动引进规模上存在差异，但是棠下小学近两年逐渐将关注点转移至科技教育，营造了良好的科技氛围，促进科学精神与家国情怀的融合。

表5　2023学年华阳小学与棠下小学课外活动引进情况

单位：次

学校	课外活动引进	活动范围
华阳小学	16	全年级
棠下小学	7	全年级

（四）家庭因素

1.家庭文化差异

棠下小学是位于广州市天河区城区边缘的一所学校，而华阳小学是位于广州市天河区城区中心一所学校。在受教育程度方面，华阳小学家长整体水平高于棠下小学。受教育程度的差异会影响家庭教育策略的选择。

科学的魅力在于能激发学生的好奇心与探索欲。华阳小学家庭更加善于通过各种策略鼓励与保持学生的好奇心，如购买相应的科普类书籍、观看纪录片、参观科技馆，以此来主动保持学生对科学追求的热情，最终形成价值观。学生正处于科学启蒙关键期，但部分家庭缺乏捕捉并激发学生科学兴趣的意识，错失提升学生科学学习主动性与创新潜能的最佳时机；存在科学浅显解读，仅满足于浅层科学需求，未能真正搭建学习实践平台，一定程度上阻碍学生科学素养的有效提升。

2. 家庭观念差异

棠下小学半数家庭更关注学生的作业是否完成、学生是否能够平稳度过小学等问题，忽略了学生对问题的探究意识以及学生的个性化发展，对科学方面学习或者兴趣培养的关注相对较少。反之，华阳小学家庭愿意创造更多机会支持孩子的发展，提供丰富的科技体验和学习机会，鼓励个体自由思考和尝试新事物，促使孩子在体验中提升能力素养，激发学生创造能力。

六 改进举措

为了提升学生科学素养水平，天河区棠下小学将从强化学校科学教育资源保障、打造专业化科学教师队伍、构建家校社携手育人机制、发展学生科学思维与学习内驱力等方面采取以下解决措施。

（一）强化学校科学教育资源保障

1. 营造校园科学学习氛围，激发学生科学探究兴趣

一是加强对学生科普阅读的引导与支持。按年级发布科普阅读推荐书单，助力学生推开科学学习的大门。二是开展科普讲座。将科学家和科普专家请入校园，通过科普讲座的方式将科学知识以生动有趣的形式进行传递，激发学生的好奇心和求知欲，培养学生学习动机。三是开展科普实践探究活动。结合学段科学学习内容组织实地研学活动，如在科学馆、科技馆、科普馆、博物馆等基地进行实地研学。夯实课内，拓展课外，提升学生科学探究能力，培养科学思维和创新精神。四是加强建设学校科普角。如昆虫角、宇宙角等，通过直观素材，激发学生科学探究的兴趣。五是不断完善学校的硬件设施。从物质上满足小学生对于科学课程的需求，如建设多媒体教室、建

立科普书柜等，从而方便学生与教师之间关于科学的交流，营造出良好的科学文化氛围。①

2.创建科学展示平台，促进学生树立科学信心

创建多元的科学展示平台，如科学微信公众号、科学节目展示平台、班级科学工作站等，为学生搭建科学探究、科学家精神、科技展演、科普讲解等科学展示平台，既培养了参展同学的科学信心，又能激发学生学习兴趣，增强学习动机。

（二）打造专业化科学教师队伍

1.完善师资培养，促进科学教育提质增效

作为青少年科学素养发展的奠基阶段，小学阶段是学生科学兴趣和探究习惯培养的关键时期。小学科学教师的专业素养直接影响着小学生科学学科的学习质量。② 学校应加强对科学师资的培养，一是加强专职科学教师的培养。落实科学教师职前培训、支持科学教师职后培训，如请专家、教研员进校园针对教学中存在的困惑开展讲座、职业技能培训。二是重视兼职科学教师的培养。建立校内教师研修共同体，建设优秀教学资源共享服务平台或资源库，以供兼职教师进行学习，通过师徒结对，帮助兼职教师做好科学教学常规工作。

2.借助名师工作室研修，提升教学创新能力

营造一个鼓励探索、支持创新、促进个人与集体专业成长的良好学习环境。鼓励校内骨干教师积极申报工作室，发挥名教师工作室的引领、示范、辐射作用。动员青年教师加入名教师工作室，参加工作室研修活动，如读书分享、骨干教师优质课展示、教学视频切片研讨、教学论文撰写等，提升教师创新教学能力。

---

① 陈晟明：《提高学生科学素养　培养创新后备人才》，《科普童话》2014 年第 9 期。
② 孙慧芳、王钦忠、黄瑄等：《小学科学教师队伍专业发展现状及提升策略——基于对北京市 2222 名小学科学教师的调研分析》，《中小学管理》2023 年第 6 期。

（三）构建家校社携手育人机制

1.家校社联合，拓展科学教育的广度

学生科学素养的培养不应局限于学校课内的科学课程的学习，还应利用丰富的课外教育资源拓展科学学习。[①] 一是利用校内实验室、图书馆等资源，开展科学实验和阅读活动，为学生提供实践平台，激发学生的科学兴趣。二是联合社区、企业、家长等资源开展科学实践活动。与当地科技馆、博物馆建立合作关系，组织参观学习，增加学生的实践机会，提高实践能力。三是鼓励家长充分利用身边资源进行学习，并带领孩子开展亲子科学活动，如家庭科学实验、科学阅读、科技制作、科学游戏等，为孩子搭建探索科学、发展兴趣的家庭平台。

2.搭建家校沟通桥梁，促进家庭评价观念转变

有效的沟通是家校合作的关键，搭建家校沟通桥梁，既使家长更加了解学校科学教育的内容和目标，又提高了家长的参与度和对学校的认同感。一是建立科技交流群。通过群聊进行日常沟通、信息发布和问题解答，让家长及时了解学校科学教育动态。二是开设公众号。利用媒介发布科学教育资讯、教学成果和学生作品，增加家长对科学教育的认识和兴趣。三是开展科学教育活动，如科普讲座、科技节、科技竞赛等。让家长亲身体验科学教育的魅力，帮助家长建立更科学的教育评价观念，从而重视学生科学素养的培养及科学探究能力的发展，共同促进学生科学素养的提升。

（四）发展学生科学思维与学习内驱力

1.严谨治学，塑造科学情感态度

态度是促使一个人行为的原动力。如果没有了科学情感态度，科学知识和技能都将失去价值。小学阶段，学生可以在学会怀疑、喜欢探讨、要求证

[①] 赵文喆：《整合社区资源，开辟科学教育第二课堂》，《北京教育》（普教版）2022年第7期。

实、发现乐趣等方面形成科学情感态度。引导学生对问题的现象产生怀疑，多问为什么，愿意与同伴、老师说出自己的想法，并在探讨中发展思维，能严谨、客观地用实验的方式验证想法，体会发现的乐趣。

2.永葆好奇，增强实践能力

促使学生主动增强自己的科学实践能力，培养对科学的兴趣和热情，为未来的学习和发展打下坚实基础。一是组织学生观看有趣的科学实验视频或书籍，了解实验的神奇和乐趣。二是鼓励学生进行科学探究与记录，如植物生长观察、简单的电路实验等。尝试参与实验方案的制定、实验材料的准备并开展探究实验，观察实验现象并搜集数据，分析实验数据并得出结论，感受实验的乐趣和成就感。三是指导学生利用学校图书馆或网络资源，查找科学实验的相关书籍和视频，丰富实验知识和技巧。四是组织科学实践活动，展示自己的实验成果；利用周末或假期，参观科技馆、博物馆等科学场所，拓宽科学视野。

参考文献

陈健：《如何指导与支持小学科学教师队伍专业发展》，《教育参考》2023年第6期。

郑永和、张登博、王莹莹、卢阳旭：《基础教育阶段的科学教育改革：需求、问题与对策》，《自然辩证法研究》2023年第10期。

杨超博：《馆校结合　共筑青少年科学教育共同体的实践与探索——以吉林省科技馆为例进行分析》，《馆校结合助推"双减"工作——第十四届馆校结合科学教育论坛论文集》，2022年7月23日。

B.8
广州市中小学生科学素养的
性别比较报告

周颖芊　张海水　俞雅慧　黄雪欣*

摘　要： 本研究运用 2023 年广州市科学素养测评数据，分析了广州市义务教育阶段 78540 名学生科学素养的性别差异情况。研究发现：广州市学生科学素养存在性别差异，在不同科学素养成绩分位点上性别差异表现各异，科学信心为学生科学素养重要影响因素，而科学情感态度对七年级基础组和中间组学生科学素养的积极影响存在显著性别差异。基于此，本研究建议教育教学者摒弃性别刻板印象，在科学教育中传递正确的性别观念，采取差异化教学策略，关注科学情感态度的性别效应，促进学生科学素养提升。

关键词： 科学素养　性别差异　义务教育阶段

一　问题的提出

2023 年 5 月，教育部等十八个部门发布《关于加强新时代中小学科学教育工作的意见》，其中指出要提高科学教育质量，提升中小学生科学素

---

* 周颖芊，广州市智慧阳光评价项目成员，主要研究方向为教育评价；张海水，博士，广州市教育研究院办公室主任，副研究员，主要研究方向为教育政策；俞雅慧，广州市智慧阳光评价项目成员，主要研究方向为教育评价；黄雪欣，广州市智慧阳光评价项目成员，主要研究方向为教育评价。

质，科学教育要在促进学生健康成长、全面发展和推进社会主义现代化教育强国建设中发挥重大作用①。由此可见，中小学生的科学素质与他们未来的发展、国家未来的发展息息相关。为此，学生的科学素养培养是我国教育学者越来越关注的重要议题，而其中的性别差异现象也受到众多学者关注。2012 年学者陆真和沈合君对国际学生评价（PISA）的学生科学素养表现进行了性别差异分析，发现男、女生总体科学素养差异较小②。2013 年，学者胡咏梅和唐一鹏对高中生科学素养进行性别差异分析，发现男高中生的科学素养表现更为理想，且在中等水平得分表现上最为明显③。而 2020 年，学者李川通过对中小学生科学素养水平进行性别差异研究发现，在不同学段存在不同的性别差异情况。小学阶段，男生的表现更为突出，而在初高中阶段，这种情况出现了反转，女生在初、高中阶段展现了一定的优势，表现出更高的科学素养④。

综上可知，尽管学者们对学生的科学素养性别差异现象进行了深入研究，但并没有一个统一结论，说明科学素养性别差异现象是一个复杂的议题，需要从不同学段、不同维度进行深入研究、讨论。因此，本研究将广州智慧阳光评价·科学素养测评数据，从科学素养总体情况、科学能力、科学情感态度三个方面去探讨学生科学素养的性别差异情况，从而为科学教育中的性别差异化教学提供参考建议和新思路。

---

① 《教育部等十八部门关于加强新时代中小学科学教育工作的意见》，中华人民共和国教育部网站，http://www.moe.gov.cn/srcsite/A29/202305/t20230529_1061838.html？eqid=f42ae2210004130700000000664787a8c，最后检索时间 2024 年 7 月 10 日。

② 陆真、沈书君：《科学素养培养中男女生表现差异性的分析——基于 PISA 科学素养测评的研究与思考》，《外国中小学教育》2012 年第 3 期。

③ 胡咏梅、唐一鹏：《高中生科学素养的性别差异——基于无条件分位数回归的经验研究》，《北京大学教育评论》2013 年第 4 期。

④ 李川：《中小学生科学素养水平的学段、性别和学校差异研究》，《现代中小学教育》2020 年第 11 期。

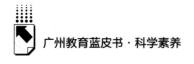

二 研究设计

（一）研究对象

本研究将广州市 11 个行政区 2023 年参测学生作为研究对象。其中小学生有 45519 人，初中生有 33021 人，共有 78540 人（见表 1）。

表 1 研究对象的基本情况

单位：人

学段	总数	性别	
		男生	女生
小学（三年级）	45519	24244	21275
初中（七年级）	33021	17481	15540
总数	78540	41725	36815

（二）变量说明

1. 科学素养概念说明

科学素养作为国际科学教育的一个基本目标，是当前的科学教育改革中普及科学和提高科学教育质量这两大目标的基石。

目前国际上有 PISA（国际学生评估组织）、TIMSS（国际数学与科学趋势研究）两个著名的科学素养测评项目可提供参照。PISA 将科学素养定义为"作为一名具有反思力的公民能够运用科学思维参与相关科学议题的能力"，并且认为拥有良好科学素养的个人应具备科学地解释现象、设计和评价科学探究、科学地阐释数据和证据三种能力，这些能力是现代科技社会对学生科学素养发展的必然要求。TIMSS 虽然没有指出科学素养的一般概念，但强调"学生在面对有关疾病治疗、气候变化和技术应用等各种问题时，应该能够在坚实的科学基础上采取行动"，以满足科技社会对人们能力和更高阶段学习的要求，并从科学内容、科学认知和科学实践三个方面对其进行评价。虽然两者对科学素养内涵的侧重点不同，但都强调科学探究与实践，重视学生科学能力的养成。

基于我国对科技人才培养的要求，结合两大测评机构对科学素养结构的划分，广州智慧阳光评价·科学素养测评将科学素养分成科学知识、科学能力和科学情感态度三大方面。本研究运用广州市科学素养测评数据，探究科学素养中的科学能力、科学知识及科学情感态度三部分的性别差异。其中科学能力主要包括解释科学现象、探究科学问题、运用科学依据三个指标；科学知识主要指内容性知识、认知性知识、程序性知识三个指标；科学情感态度主要包括科学情感态度、科学信心、科学兴趣三个指标。具体科学素养相关指标说明见表2。

表2 科学素养相关指标说明

一级指标	二级指标	三级指标	变量说明
科学素养	科学能力	解释科学现象	包括在特定情况下应用科学知识,科学地描述或解释现象,进行预测
		探究科学问题	能够探究科学问题与非科学问题,对科学问题进行检验、论证提出改进意见
		运用科学数据和证据	包括解释科学结论、理解结论背后的假设和推理、反思科学技术发展给社会带来的意义
	科学知识	内容性知识	评估学生对事实、关系、过程、概念和设备的知识。包括识别或陈述事实、关系和概念;识别特定有机体、材料和过程的特征或特性;识别科学设备和程序的适当用途;识别和使用科学词汇、符号、缩写、单位和比例
		认知性知识	评估学生将科学知识与特定环境结合生成解释,解决实际问题的知识。包括使用图表或模型演示过程或找到解决问题的方法,利用科学概念来解释文本、表格、图片和图形信息,运用科学原理观察并解释自然现象
		程序性知识	评估学生能否运用推理、分析等方法得出结论,使用证据和科学理解来分析、综合和概括,将结论扩展到新领域的知识。包括回答不同因素或相关概念的问题,测量和控制的变量,评估调查结果是否有足够的数据支持结论,证明因果关系

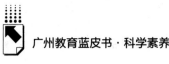
续表

一级指标	二级指标	三级指标	变量说明
科学素养	科学情感态度	科学情感态度	学生通过了解科学的特点和价值,形成坚持真理、修正错误,严谨求实的科学情感态度,形成科学价值观和成长型思维
		科学信心	学生在学习过程中,体验获得成功的乐趣,磨练克服困难的意志,建立自信心(自我效能感)
		科学兴趣	指学生积极参与科学活动,对科学有好奇心和求知欲,具备科学学习过程中的情绪和动机

2.科学素养分值说明

广州智慧阳光评价·科学素养测评分数主要运用等级水平和标准分数两种方式分析学生科学素养表现。科学素养测评分数转化过程为将原始分转换成以 500 分为平均分、100 分为标准差的标准分(T 分数);其次根据学生在素养测评上的表现,将学生分为六个水平(A~F 级)。其中 A 级和 B 级为高水平,学生能够熟练掌握知识点或技能;C 级和 D 级为中水平,学生基本能够掌握知识点或技能;E 级和 F 级学生尚未掌握或仅掌握部分知识点或技能。而科学能力(解释科学现象、探究科学问题、运用科学依据)和科学情感态度(科学情感态度、科学信心、科学兴趣)变量主要通过得分率来反映学生科学能力及相关因素的情况。

(三)分析方法

将收集到的数据导入 SPSS 27 软件后,采用描述统计分析及差异分析,探讨 2023 年小学生、初中生科学素养情况的性别差异情况,随后对三、七年级学生分别进行多元线性回归分析,探讨相关因素对男、女生影响作用的差异情况。

三 结果分析

（一）学生科学素养及能力的性别差异

1. 三年级学生

（1）学生科学素养成绩存在显著的性别差异（$p<0.001$），其中男生的科学素养成绩（$M=502.50$分）显著高于女生（$M=498.74$分），且分化程度较低。（2）科学能力方面，男、女生在解释科学现象、探究科学问题、运用科学数据和证据上的得分率表现均存在显著差异。具体表现为男生解释科学现象的能力（$M=0.63$）高于女生（$M=0.62$），但女生解释科学现象的能力分化程度较低；男生探究科学问题的能力（$M=0.58$）高于女生（$M=0.57$），但女生探究科学问题的能力分化程度较低；男生运用科学数据和证据的能力（$M=0.43$）高于女生（$M=0.42$），且男生的分化程度较低。（3）科学知识方面，男、女生的内容性知识、程序性知识的得分率表现均存在显著差异。其中男生的内容性知识（$M=0.62$）、程序性知识（$M=0.49$）均优于女生（$M=0.61$、0.47），且男生这两项知识分化程度均低于女生。（4）科学情感态度方面，男、女生的科学信心、科学情感态度存在显著差异，科学兴趣则不存在显著差异。具体表现为男生的科学情感态度得分率（$M=0.81$）高于女生（$M=0.80$），而男生的科学信心、科学兴趣与科学情感态度表现的分化程度均略高于女生（见表3）。

表3 三年级学生科学素养的性别对比分析

单位：人，分

变量	男（N=24244）		女（N=21275）		t 值
	平均值±标准差	离散系数	平均值±标准差	离散系数	
科学素养	502.50±101.16	18.92	498.74±99.88	27.27	3.990 ***
解释科学现象	0.63±0.23	52.93	0.62±0.22	44.27	2.493 *

变量	男（N = 24244）		女（N = 21275）		t 值
	平均值±标准差	离散系数	平均值±标准差	离散系数	
探究科学问题	0.58±0.27	18.31	0.57±0.27	17.81	4.250 ***
运用科学数据和证据	0.43±0.26	15.56	0.42±0.26	18.78	4.562 ***
内容性知识	0.62±0.25	39.92	0.61±0.25	40.29	3.918 ***
认知性知识	0.53±0.22	42.09	0.53±0.22	41.33	−0.955
程序性知识	0.49±0.26	52.21	0.47±0.25	54.00	8.859 ***
科学信心	0.75±0.13	16.51	0.75±0.12	14.24	−2.325 *
科学兴趣	0.78±0.13	11.97	0.78±0.12	9.70	1.067
科学情感态度	0.81±0.15	7.43	0.80±0.14	5.16	5.117 ***

注：* 代表 $p<0.05$，** 代表 $p<0.01$，*** 代表 $p<0.001$。

2. 七年级学生

（1）学生科学素养成绩存在显著的性别差异（$p<0.001$），其中男生科学素养成绩（$M = 502.19$ 分）显著高于女生（$M = 498.54$ 分），但男生的分化程度较高。（2）科学能力方面，男、女生在解释科学现象、探究科学问题、运用科学数据和证据上的得分率表现均呈现显著差异。其中，在解释科学现象和探究科学问题上，女生得分率（$M = 0.70$、0.66）均高于男生（$M = 0.69$、0.63），且分化程度较低；而在运用科学数据和证据上，男生得分率（$M = 0.39$）高于女生（$M = 0.38$），但男生的分化程度较高。（3）科学知识方面，男、女生的认知性知识与程序性知识均表现出显著差异。其中男生的认知性知识（$M = 0.49$）表现优于女生（$M = 0.49$），但分化程度略高于女生；而女生的程序性知识（$M = 0.50$）表现优于男生（$M = 0.48$），且分化程度略低于男生。（4）科学情感态度方面，男、女生科学信心、科学兴趣、科学情感态度均表现出显著差异。其中男生的科学信心、科学兴趣、科学情感态度得分率（$M = 0.69$、0.72、0.79）均高于女生（$M = 0.68$、0.69、0.78），而男生的科学信心、科学兴趣与科学情感态度表现的分化程度均略高于女生（见表4）。

表4 七年级学生科学素养的性别对比分析

单位：人，分

变量	男（N=17481）		女（N=15540）		t 值
	平均值±标准差	离散系数	平均值±标准差	离散系数	
科学素养	502.19±105.19	20.95	498.54±94.30	18.92	3.326***
解释科学现象	0.69±0.20	29.78	0.70±0.19	27.27	-3.553***
探究科学问题	0.63±0.36	56.58	0.66±0.35	52.93	-6.979***
运用科学数据和证据	0.39±0.18	46.16	0.38±0.16	44.27	6.603***
内容性知识	0.65±0.23	35.97	0.65±0.22	33.26	-0.96
认知性知识	0.49±0.17	34.51	0.49±0.16	32.29	3.08**
程序性知识	0.48±0.37	77.85	0.50±0.37	73.12	-6.114***
科学信心	0.69±0.13	19.35	0.68±0.12	18.31	11.389***
科学兴趣	0.72±0.14	18.94	0.69±0.12	17.81	20.801***
科学情感态度	0.79±0.15	19.14	0.78±0.12	15.56	4.737***

注：* 代表 $p<0.05$，** 代表 $p<0.01$，*** 代表 $p<0.001$。

（二）不同分位点上学生科学素养性别差异

从第一部分可知，三、七年级男、女生科学素养表现上存在差异，但分化程度不同，但男、女生各水平分布上具体差异情况仍未知。据此，本研究将分析不同分位点上的学生科学素养成绩的性别差异。

1. 三年级学生

由图1可知：（1）在5~10分位点上，女生的科学素养成绩略高于男生；在10~25分位点上，男、女生科学素养成绩相当；在25~95分位点上，男生科学素养成绩均略高于女生。由此表明，低水平处男生的科学素养弱于女生，中、高水平处男生的科学素养成绩优于女生。（2）从科学素养成绩分位点变动趋势来看，随着分位点的提高，男生与女生科学素养成绩的差值先逐步减小，在10~25分位点实现对女生成绩的反超，差值由负转正后逐渐增大，在75分位点处男、女生的科学素养成绩差值最大。说明随着科学素养水平的提升，男生科学素养成绩优于女生的程度持续扩大。

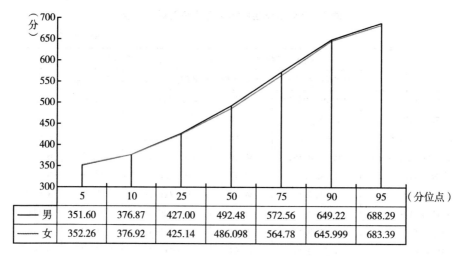

图1 不同分位点上三年级男女生的科学素养成绩

2.七年级学生

由图2可知：（1）在5～25分位点上，女生的科学素养成绩略高于男生；在25～50分位点上，男生的科学素养成绩实现反超，表现略优于女生；在50～95分位点上，男生科学素养表现均略高于女生。由此表明，中低水平处男生的科学素养弱于女生，中高及高水平处男生的科学素养成绩优于女生。（2）从科学素养成绩分位点变动趋势来看，随着分位点的提高，女生的科学素养的优势逐渐缩小，男生的科学素养优势逐渐扩大，两者成绩差值由正转负后逐步增大，在90分位点处男、女生的科学成绩差值最大。说明随着科学素养水平的提升，男生成绩优势逐步扩大，甚至反超女生。

（三）男、女生科学素养差异的回归分析

从上述研究可知，男、女生科学素养及相关因素存在差异，且不同科学素养水平的男女生成绩差异情况不同，据此猜测，不同科学素养水平的男女生的科学相关因素对科学素养成绩的作用机制也不一样，因此本研究将三、七年级男、女生按科学素养等级水平划分为三组，其中科学素养A、B等级学生为高水平组，C、D等级学生为中间组，E、F等级学生为基础组，探究

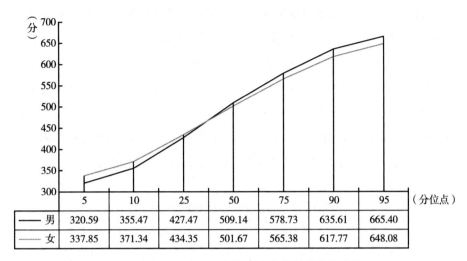

图2　不同分位点上七年级男女生的科学素养成绩

影响学生科学素养成绩的科学相关因素的作用机制及其性别差异。

1. 三年级学生

由表5可知:(1)在基础组,科学信心、科学兴趣、科学情感态度均对学生科学素养起显著的正向影响作用($\beta=0.136$、0.047、0.029,$p<0.01$),但性别与科学信心、科学兴趣、科学情感态度的交互项均不显著,说明这些影响不存在显著性别差异。(2)在中间组,仅科学信心与科学情感态度对学生科学素养起显著的正向影响作用($\beta=0.099$、0.042,$p<0.01$),且性别与科学信心、科学情感态度交互项均不显著,说明科学信心、科学情感态度的影响作用不存在显著性别差异。(3)在高水平组,科学信心、科学兴趣、科学情感态度均对学生科学素养不起显著的正向影响作用。(4)通过对比回归系数发现,科学信心对基础和中间组学生的正向影响作用最明显。

2. 七年级学生

由表5可知:(1)在基础组,科学信心与科学情感态度对学生科学素养起显著的正向影响作用($\beta=0.095$、0.105,$p<0.001$),且性别与科学情感态度的交互项显著(0.159,$p<0.001$),说明科学情感态度每提高一个单位,女生的成绩就比男生多增加0.159个单位。(2)在中间组,科学信心、

科学兴趣、科学情感态度对学生科学素养起显著的正向影响作用（$\beta=0.066$、0.045、0.042，$p<0.01$），且性别与科学情感态度的交互项显著（$\beta=0.142$，$p<0.05$），说明科学情感态度每提高一个单位，女生的成绩就比男生多增加0.142个单位。（3）在高水平组，仅科学信心对学生科学素养存在显著的正向影响作用（$\beta=0.068$，$p<0.01$），且性别与科学信心交互项不显著；（4）通过对比回归系数发现，科学情感态度对基础组学生的正向影响作用最明显，科学信心对中间组与高水平组学生的正向影响作用最明显。

表5 学生科学素养性别分组回归分析

年级		基础组		中间组		高水平组	
		标准化系数	t 值	标准化系数	t 值	标准化系数	t 值
三年级	科学信心	0.136	11.445***	0.099	8.132***	0.036	1.934
	科学兴趣	0.047	3.445**	0.015	1.064	0.02	0.965
	科学情感态度	0.029	2.221**	0.042	3.266**	0.026	1.267
	性别*科学信心	0.086	1.76	-0.029	-0.495	—	—
	性别*科学兴趣	-0.11	-1.833	—	—	—	—
	性别*科学情感态度	0.032	0.622	0.004	0.071	—	—
七年级	科学信心	0.095	7.38***	0.066	5.007***	0.068	2.599**
	科学兴趣	-0.019	-1.269	0.045	3.1**	-0.004	-0.125
	科学情感态度	0.105	7.516***	0.042	3.346**	0.021	0.878
	性别*科学信心	0.05	1.024	-0.065	-1.161	-0.098	-0.765
	性别*科学兴趣	—	—	-0.104	-1.633	—	—
	性别*科学情感态度	0.159	3.044**	0.142	2.428*	—	—

注：* 代表 $p<0.05$，** 代表 $p<0.01$，*** 代表 $p<0.001$。

四 结论与讨论

（一）男生整体科学素养优于女生，但优势随着年级升高而下降

总体来看，不论是三年级还是七年级，男女生科学素养成绩均表现出显

著差异，且男生的科学素养成绩均高于女生。其中，三年级男生科学素养成绩的分化程度相对较低，说明三年级男生的科学素养表现更为集中，优势更为明显；七年级男生科学素养成绩虽优于女生，但分化程度较高，说明七年级男生的科学素养表现更分散，学生间水平差异较大。三年级学生方面，男生的科学素养表现明显优于女生，主要表现为男生的科学素养成绩及科学能力、科学知识、科学情感态度相关维度得分基本优于女生，这一结果与以往研究一致，相关研究指出男生的大脑结构在空间想象、逻辑思维方面更具优势[1]，故使得男生在科学素养中往往取得更优异的表现。值得关注的是，在七年级学生方面，"男生绝对优势"的情况出现了变化，尽管在整体科学素养上男生仍表现较优，但从科学素养的能力与知识维度来看，女生在部分指标表现上出现了反超。这可能是因为男生尽管在逻辑能力、空间思维方面具有一定优势，但男、女生在智力发展与一般能力发展上并不存在显著差异[2]，且相关研究指出，相较于男生，女生往往在学业上付出更多的努力，自我控制能力更强[3]。由此说明，男生在科学学习上并不存在绝对的优势，甚至随着年级的升高，女生在科学学习能力与知识上也展现出了一定的优势，因此，在科学教育中需打破刻板印象，以平等的视角看待每一位学生，肯定学生的科学学习能力，让男、女生都能在科学学习中拥有足够的信心。

（二）不同水平上，学生科学素养性别差异表现不同

以上研究发现不同科学素养水平学生的性别特征表现不一。其中，在三年级方面，女生科学素养主要在前 10 分位水平上表现优于男生，而男生科学素养在 25~95 分位点上表现优于女生；在七年级方面，女生科学素养主要在前 25 分位水平上表现优于男生，而男生科学素养在 50~95 分位点上表

---

① 关丹丹、焦丽亚：《中学生科学素养的性别差异：基于 PISA2015 的实证研究》，《教育研究与实验》2017 年第 4 期。
② Caplan P. J, Crawford M, Hyde J. S, et al., *Gender differences in human cognition*, USA, Oxford University Press, 1997.
③ 许鑫凤、王骏、王洛忠：《非认知能力发展与学生表现的性别差异》，《开放教育研究》2022 年第 3 期。

现优于女生。这可能是因为在低分段的学生，往往是基础水平有待提高的学生，需要认真的学习态度和更高的积极性，帮助学生更好地掌握基础知识，在这方面女生往往比男生具有更积极的学习态度和更高的学习意志力[1]。然而高分段的学生往往对科学相关的知识点了如指掌，也能灵活运用科学相关能力解决问题，故对科学素养的提升很可能来自自身兴趣及未来的职业规划，然而相对于男生，女生易受性别观念的影响，使得其科学职业期望低于男生[2]，因此在中、高分段的表现女生常弱于男生。值得关注的是，虽然中、高分段的男生科学素养表现常优于女生，但随着年级的升高，女生的低分段优势表现有所增强，说明随着年级的升高，女生也在科学素养上渐入佳境。故在科学教育中，需要针对不同学段不同水平的男、女生科学素养情况，采取差异化教学策略和课程设计，帮助男、女生更好地掌握科学知识，提升科学能力。此外，尽管科学教育会直接影响到学生的科学素养，但非认知因素的作用也不容小觑。因此教师和家长不仅要关注学生科学教育还需要培养学生的非认知能力，这样才能更好地帮助学生成长。

（三）科学信心、科学情感态度为学生科学素养的积极影响因素，且科学情感态度影响表现出显著性别差异

由以上研究结果可知，相较于科学兴趣，科学情感态度、科学信心对三、七年级的各组别学生均有显著的积极影响作用。其中科学信心的积极影响作用最为明显，而科学情感态度的影响作用则表现出显著的性别差异，具体表现为科学情感态度对女生科学素养成绩的积极影响高于男生。由此可见，提高七年级女生的科学情感态度将有利于提升女生的整体科学素养成绩，从而减少科学素养成绩的性别差异。这可能是因为受传统的社

① 胡咏梅、范文凤、唐一鹏：《女性都去哪儿了——中学生科学能力的性别差异研究》，《湖南师范大学教育科学学报》2016 年第 4 期。
② 黄瑄、李秀菊：《我国青少年科学情感态度现状、差异分析及对策建议——基于全国青少年科学素质调查的实证研究》，《中国电化教育》2020 年第 12 期。

会期望和评价标准的影响，男生常在科学教育及科学学习中受到更多的鼓励和称赞，而女生则遭受更多的偏见，如"女生不合适学科学类科目""女生不擅长学习科学"等，久而久之男生具有更积极的科学情感态度，而本研究前部分的结果也印证了这一观点，即不论是三年级还是七年级学生，男生都比女生具有更积极的科学情感态度。因此要想缩小性别差异，提高学生科学素养，应从科学情感态度着手。如减少科学教育中的性别刻板印象，营造公平的科学教育环境；解决科学教育中的科学课程及设备所蕴含的性别歧视问题，改善科学教育课程、设备及教学方式；关注性别差异及需求等。因此教育部门、教育者需关注性别特征，从科学教育的观念、科学内容、环境建设、教学方式等多方面提高学生的科学情感态度，从而提升学生的科学素养。

五　对策建议

（一）摒弃性别刻板印象，在科学教育中传递正确的性别观念

长期以来，受传统性别刻板印象的影响，男性常被认为更适合从事科学、技术、工程和数学等领域的工作，使得男性在接受科学教育时，往往具有更积极的科学情感态度和更高的自信。相反，女性常被认为科学天赋不如男性，使得女性在接受科学教育时，常持有消极态度、信心不足。故要消除科学教育中性别偏见，就需要在科学教育过程中，摒弃性别刻板印象，传递正确性别平等观念。首先，教育部门需要加强对科学教师的培训和教育，提高科学教师的性别平等意识，助力教师在科学教育中传递正确的性别观念。其次，教育教学者需要认识到男女生在科学领域的发展潜力是相同的，不应该因为性别而限制学生的发展。最后，教育教学者应采用无性别偏见的教学方法，鼓励男女生积极参与科学学习和探究活动，帮助学生更好地开展科学学习，提升学生科学素质和能力。

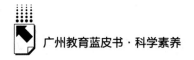

（二）针对不同水平学生的性别差异，在科学教育中采取差异化教学策略

从上述研究结果可知，不同水平男女生在科学能力的表现上有不同的特点，因此科学教学者需关注性别差异，采取差异化教学策略，从而实现科学教育提质增效。如对于低水平学生，如何引导他们参与科学学习是关键，由此教育者可根据性别的兴趣特征，如男学生可能对物理、工程等"物体定向"的学科更感兴趣，而女学生可能对生物、化学等与人相关的学科更感兴趣等，设计科学相关课程，帮助低水平学生更好地参与科学学习。对于中间水平学生，学习方法的教授往往可以帮助学生更有效地掌握科学知识，习得科学能力，故教育者可根据男、女学生的学习特征采取多样化教学方式，如针对男性学生在注意力集中和持久性方面的不足，加强自主学习方式的引导，制定明确的学习计划和任务分解；针对女性学生在自信心方面的不足，通过鼓励和表扬的方式提升其自信心，帮助她们克服自我怀疑和消极情绪。而对于高水平段的学生，可通过消除科学职业中的性别刻板印象，提高整体的科学职业期望，从而引导高水平段学生持续探索未知的科学知识领域，勇于创新实践，追求自己的科学梦。

（三）遵循性别效应，在科学教育中着重培养学生积极的科学情感态度

科学情感态度是科学素养的重要组成部分，也是科学素养的关键影响因素。故做好科学教育，提升学生科学素养，就需要从科学情感态度出发，培养学生积极的科学情感态度，同时还应关注性别特征效应，从而在科学教育中消除性别偏见，促进学生科学情感态度的发展，提升整体学生的科学素养水平。具体可从以下方面着手。一是从科学教育环境出发，营造公平的科学教学环境。如科学教师应关注每一位学生的参与与贡献，不论男女都应在课堂教学、校内课堂实验、校外科学活动中被给予同等的机会和待遇；或通过采取小组合作学习等方式，鼓励学生共同探索和发现科学知识，提升他们的

团队合作与交流能力，促进性别间的理解和优势互补。二是从科学教育资源出发，优化科学教学内容。如科学课程教材的编写者应遵循性别平等原则，在编写教材时引入更多女性科学家的案例和经验，消除"科学家"等同于"男性"的职业刻板印象。三是从科学教育理念出发，构建平等、开放的科学教育理念。如教育行政部门应做好性别平等的科学教育宣传工作，引导将性别公平的科学教育理念推行到学校、教师层面；学校、教师可在职业规划上鼓励男、女生多从事与科学有关的工作，通过讲述男、女科学家的科学成就，转变学生对科学、科学相关职业的认知，提升学生科学情感态度积极性，提高学生整体科学素养。

参考文献

罗强、于飞飞：《初中生数学成绩及个体因素影响机制的性别差异——基于 S 市初中生学业质量监测数据》，《数学教育学报》2024 年第 2 期。

王庆、姚宝骏：《中学生科学身份认同的现状及群体特征》，《教育测量与评价》2021 年第 9 期。

刘宝存、康云菲：《义务教育阶段学生的性别差距：表现·影响因素·弥合对策》，《北京师范大学学报》（社会科学版）2021 年第 2 期。

王涛、马勇军、王晶莹：《我国中学生 STEM 职业兴趣的实证研究》，《上海教育科研》2020 年第 11 期。

陈凯、陈淋、陈悦：《中学生 STEM 学习态度研究——基于江苏省六所 STEM 试点中学的调查》，《中国电化教育》2019 年第 4 期。

B.9
2023年荔湾区H校和J校
科学素养比较研究报告

肖 玲*

摘 要: 本文基于荔湾区H校和J校2023年广州智慧阳光评价·科学素养测评结果,进行科学素养整体平均成绩、等级水平、维度(知识、能力、态度)的比较分析。研究发现,两校在科学素养等级水平、科学情感态度、课堂教学方式上存在明显差异,在认知性知识、程序性知识发展水平及运用科学数据和证据能力方面需要重点关注。进一步调查分析发现,两校学生普遍在学习程序性知识和运用科学数据和证据方面存在困难,对学习内容和课堂形式等的喜好不尽相同;两校教师能基于学情分析,克服制约因素,提出开展以思维培养为核心的思维型课堂教学。基于对比研究,本文对两校科学教学提出立足学生核心素养发展实施思维型科学探究课堂教学、创设愉快的科学学科氛围持续激发学生学习内驱力两项对策和建议,促进学生科学核心素养的发展。

关键词: 科学素养测评 科学教育 荔湾区

一 问题的提出

2023年5月,《教育部等十八部门关于加强新时代中小学科学教育工作的意见》(教监管〔2023〕2号)指出主要目标是通过3~5年的努力,在教

---

* 肖玲,广州市荔湾区华侨小学翠园学校副校长,高级教师,主要研究方向为科学教育。

育"双减"中做好科学教育加法的各项措施全面落地，中小学科学教育体系更加完善，科学教育质量明显提高，中小学生科学素质明显提升。2020年 10 月，中共中央、国务院印发了《深化新时代教育评价改革总体方案》，指出充分发挥教育评价的指挥棒作用，系统推进教育评价改革，发展素质教育，引导确立科学的育人目标。

2020 年起，广州市教育局继续深化评价改革，将阳光评价体系升级为智慧阳光评价体系，通过评价，实施准确诊断，为教育质量提升把脉献策，实现评价转型，从单一的学科学业评价走向基于学生全面发展的综合评价，为促进区域教育质量优质均衡发展指明方向①。2021~2023 年荔湾区全区学校开展智慧阳光评价项目，每年发布科学素养报告，引导科学教师逐渐树立科学的质量观，关注科学素养测评中科学知识、科学能力、科学情感态度三个维度 8 项指标呈现的不同特征，为学校精准分析学情和改进教育教学提供数据支持。

荔湾区 H 校和 J 校已连续 3 年参加广州智慧阳光评价·科学素养测评，两校在学校等级、师生人数、办学规模等方面都比较接近，但地域相差较远，分属于区的南北两端。2023 年科学素养测评中，H 校平均成绩为506.21 分，J 校平均成绩为 506.65 分，数值非常接近，但在素养等级水平分布、素养维度（知识、能力、态度）和课堂教学方式等方面又存在明显不同。为此，本文开展两校比较研究，从不同方面归因分析，为两校一线科学课堂教学提出可行性建议。

二 研究设计

（一）研究对象

1. 测评对象

H 校随机抽取四年（4）班为 2023 年测评班，参测学生 36 名，男生 15

---

① 韦英哲、穗教研：《智慧阳光评价，破解"唯分数"顽疾——中小学教育质量综合评价改革的广州方案》，《广东教育》（综合版）2022 年第 1 期。

人、女生 21 人。J 校随机抽取四年（1）班为 2023 年测评班，参测学生 38 名，男生 19 人、女生 19 人。两校学生生源为同一地段户口招生，入学时分班是随机分配，该评价样本能够反映两校学生整体科学素养水平。

2. 调查对象

针对测评现状，采用随机抽样方式调查两校四年级学生，进一步对比和归因。

3. 访谈对象

开展两校科学教师的访谈，从教学层面进行归因。H 校教师为女性，46 岁，教龄 23 年，担任三至六年级科学教学工作；J 校教师为男性，54 岁，教龄 35 年，担任四年级科学教学工作。

（二）研究工具

1. 广州智慧阳光评价·科学素养测评是结合国际 PISA 评价模式，以国家教育政策为导向，以学生科学素养水平为核心测量内容，反映学生科学素养等级、科学认知、能力水平的测评工具。该评价工具的使用从多个层面和角度分析学生科学素养水平的差异，以及影响科学素养发展的相关因素，为一线教师开展科学教育改革提供重要依据。

2. 本研究中，制定学生调查问卷工具，对同年级学生科学学习主要内容、知识类型喜好的态度、自我评价科学认知行为、知识运用等方面的情况进行细化调查，对比学生真实状况，为教师教学施策提供更细化的数据支撑。

三　测评结果分析

（一）科学素养整体平均成绩对比分析

2023 年 H 校和 J 校四年级科学素养平均成绩分别为 506.21 分和 506.65 分，数值非常接近。

表1 科学素养平均成绩数据对比

H校			J校		
科学素养	学生均值（分）	离散系数	科学素养	学生均值（分）	离散系数
广州市	500.07	0.29	广州市	500.07	0.29
荔湾区	488.04	0.28	荔湾区	488.04	0.28
学校	506.21	0.2	学校	506.65	0.24

（二）科学素养等级水平对比分析

测评根据学生成功完成科学任务的情况，将能力水平划分为6个级别（A—F级），分别为高等级水平（A级和B级）、中等级水平（C级和D级）、基础等级水平（E级和F级）。

由表2可知，H校较J校学生高等级水平占比低7.46个百分点，中等级水平占比高16.09个百分点，基础等级水平占比低8.63个百分点。H校和J校学生等级水平呈现的分布状态完全不相同。

表2 科学素养等级水平对比分析

单位：%

H校				J校			
科学素养	高等级水平占比	中等级水平占比	基础等级水平占比	科学素养	高等级水平占比	中等级水平占比	基础等级水平占比
广州市	14.80	40.91	44.29	广州市	14.80	40.91	44.29
荔湾区	8.43	44.13	47.44	荔湾区	8.43	44.13	47.44
学校	8.33	55.56	36.11	学校	15.79	39.47	44.74

与市、区均值对比可知，高等级水平占比H校低于市、区均值，J校高于市、区均值；中等级水平占比H校高于市、区均值，J校低于市、区均值；基础等级水平占比H校低于市、区均值，J校高于市均值、低于区均值。

（三）科学素养维度分析

1.科学知识对比分析

科学知识分为内容性知识、认知性知识、程序性知识。由表3可知，H校较J校内容性知识得分低3.36分，认知性知识得分高0.38分，程序性知识得分高7.77分。可见，两校学生在掌握不同类型科学知识方面表现不一样。在认知性知识方面，两校得分相差不大；在程序性知识方面H校学生优势更大；在内容性知识方面，J校学生优势更大。

表3　科学知识测评数据对比

单位：分

H校			J校		
分类	内容性知识	认知性知识	程序性知识	分类	内容性知识	认知性知识	程序性知识
广州市	63.47	52.78	53.63	广州市	63.47	52.78	53.63
荔湾区	68.66	56.06	55.96	荔湾区	68.66	56.06	55.96
学校	71.11	57.29	64.35	学校	74.47	56.91	56.58

与市、区均值对比可知，两校学生内容性知识、认知性知识、程序性知识得分均高于市、区平均水平。

2.科学能力对比分析

科学能力测试涵盖探究科学问题、解释科学现象、运用科学数据和证据三方面。由表4数据可见，H校较J校探究科学问题得分高5.21分，解释科学现象得分低1.23分，运用科学数据和证据得分高0.69分。对比可知，两校学生科学能力呈现的态势不尽相同，两校在运用科学数据和证据能力方面水平相当，H校学生在探究科学问题方面优势更大，J校学生在解释科学现象方面略有优势。

与市、区均值对比可知，两校学生解释科学现象、运用科学数据和证据得分均高于市、区平均水平；探究科学问题得分方面，H校高于市、区平均水平，J校高于市平均水平、低于区平均水平。

表 4　科学能力测评数据对比

单位：分

H 校				J 校			
分类	探究科学问题	解释科学现象	运用科学数据和证据	分类	探究科学问题	解释科学现象	运用科学数据和证据
广州市	57.58	65.95	42.74	广州市	57.58	65.95	42.74
荔湾区	64.18	69.26	45.53	荔湾区	64.18	69.26	45.53
学校	68.89	72.45	48.81	学校	63.68	73.68	48.12

3. 科学情感态度对比分析

学生的主观态度对科学素养发展水平会有一定的影响。新课标中提出，科学情感态度主要体现为保持好奇心和探究热情，乐于探究和实践；有基于证据和逻辑发表自己见解的意识，严谨求实；不迷信权威，敢于大胆质疑，追求创新；尊重他人的情感和态度，善于合作乐于分享[①]。测评中，科学情感态度分为科学兴趣和科学信心两方面。

由表 5 可知，H 校学生科学情感态度明显好于 J 校。科学兴趣得分方面，H 校高于 J 校 13.16 分；科学信心得分方面，H 校高于 J 校 15.48 分。J 校教师应充分激发学生对科学学习的兴趣和信心，调动学生学习积极性，落实核心素养培养目标。

与市、区均值比较可知，H 校两项指标得分均高于市、区均值，J 校两项指标均介于市、区均值之间。

表 5　科学情感态度测评数据对比

单位：分

H 校			J 校		
分类	科学兴趣	科学信心	分类	科学兴趣	科学信心
广州市	71.91	71.11	广州市	71.91	71.11
荔湾区	78.20	78.75	荔湾区	78.20	78.75
学校	89.02	92.98	学校	75.86	77.50

---

① 中华人民共和国教育部制定《义务教育科学课程标准（2022 年版）》，北京师范大学出版社，2022。

4. 课堂教学方式对比分析

教师课堂教学会使用不同的教学方法。测评报告呈现了教师主导教学、师生双向反馈、适应性教学、探究实践四种教学方法的使用频率。

由表6可知,四种教学方法的使用频率H校均大幅度高于J校,两校课堂教学方式有明显差别。H校较J校使用教师主导教学、师生双向反馈、适应性教学、探究实践的频率分别高出26.02分、30.01分、21.30分、21.63分。两校科学教师采用适应性教学的频率都应提升,同时需注重课堂教学方式的变革。J校教师应注重在教学中采用多样的教学方式激发学生学习的欲望。

表6 课堂教学方式测评数据对比

单位:分

分类	H校				群体	J校			
	教师主导教学	师生双向反馈	适应性教学	探究实践		教师主导教学	师生双向反馈	适应性教学	探究实践
广州市	56.64	53.18	56.76	60.06	广州市	56.64	53.18	56.76	60.06
荔湾区	75.64	68.87	66.76	75.50	荔湾区	75.64	68.87	66.76	75.50
学校	97.73	94.32	83.58	95.20	学校	71.71	64.31	62.28	73.57

与市、区均值对比可见,H校使用四种课堂教学方式的频率均高于市、区均值,而J校介于市、区均值之间。

四 调查结果与分析

从两校测评结果对比分析可知,一是整体科学素养平均成绩非常接近,但等级水平中高、中等级学生占比存在明显差异;二是素养维度方面,认知性知识、程序性知识发展较弱,运用科学数据和证据能力需重点关注;三是重视主观态度对科学素养发展的影响,以往智慧阳光测评典型表现显示,科学情感态度水平越高,科学素养表现越好;四是倡导探究式、互动式、体验式的课堂教学方式，从而实现学生科学素养的提升。学科组老师根据分析，对两校学生在科学知识喜好、生活中使用科学能力解决问题的习惯、兴趣爱好等方面开展具体细化的问卷调查，试图从学习者的角度了解其真实想法，进行归因分析。本次分别在 H 校和 J 校测试的两个班发放问卷共 85 份，实际收到 85 份，回收率为 100%，有效问卷为 100%。对有效问卷结果和教师访谈进行统计分析，结论如下。

（一）学生问卷调查结果与分析

1. 对科学知识喜好的调查

调查结果表明，两校学生对科学程序性知识学习存在困难，H 校学生喜爱程度仅为 6.25%，J 校学生喜爱程度仅为 19.64%（见图 1）。因此在教学过程中，教师要想方设法提升四年级学生对科学程序性知识的喜爱程度，从而改变其发展水平较弱的现状。

2. 对运用科学数据和证据能力的调查

本研究对"在生活中，我能够通过生活现象、证据合理地进行推论，从而恰当解决遇到的问题"的自我评价开展调查。调查结果表明（见图 2），学生自评具备"运用科学数据和证据解决问题"能力分别高达 100%（H 校）和 78.57%（J 校），但测评报告显示，学生在该项得分分别为 48.81 分（H 校）和 48.12 分（J 校）。对比表明，学生对"运用科学数据和证据"自我评价结果与素养测评结果相差较大。因此，教师首先要让学生对该能力有正确认知，进而有意识地加强对解释、论证、推理、批判等能力的培养，并在真实情境解决问题中强化该项能力。

3. 对科学学习内容喜好的调查

调查结果表明，H 校学生对科学课程内容的喜爱明显高于 J 校学生（见图 3）。科学教师应通过设计内容丰富、形式多样的科学教育教学活动，持续刺激学生的兴趣点，不断保持学生对科学知识的好奇心和探究热情，激发学生学习科学的内在动力。

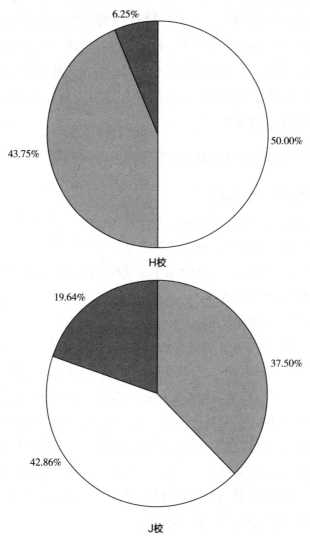

图1 对科学知识喜好的调查

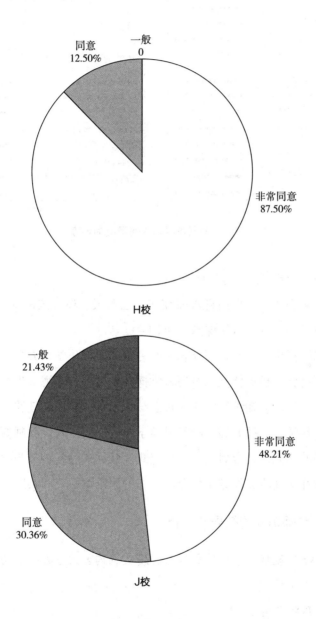

图 2 对运用科学数据和证据能力的调查

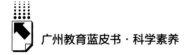

选项	小计	比例
A空气、水、金属等生活中常见物质的知识。	19	59.38%
B物质的变化，如水的三态变化以及变化所产生的现象。	16	50.00%
C电磁、力、声音、光等的相关知识。	19	59.38%
D能量的产生、存在形式、转移和转化等知识。	19	59.38%
E细胞、动物、植物、微生物等知识的学习。	24	75.00%
F动物、植物、微生物、人体维持生存的知识。	27	84.38%
G人类、动物、植物、微生物与环境之间的关系。	25	78.13%
H动物、植物、细菌、真菌、病毒等的繁殖、遗传的相关知识。	26	81.25%
I宇宙（地球、月球、太空）等的相关知识	26	81.25%
J地球的各种变化，如天气、气候、水的循环、岩石、土壤等的知识。	19	59.38%
K人类活动与环境。	23	71.88%
L技术发明，新的技术创造出新的发明，以及对人类生活的影响。	24	75.00%
M设计和创造新的物品。	22	68.75%

H校

选项	小计	比例
A空气、水、金属等生活中常见物质的知识。	25	44.64%
B物质的变化，如水的三态变化以及变化所产生的现象。	19	33.93%
C电磁、力、声音、光等的相关知识。	28	50.00%
D能量的产生、存在形式、转移和转化等知识。	17	30.36%
E细胞、动物、植物、微生物等知识的学习。	26	46.43%
F动物、植物、微生物、人体维持生存的知识。	25	44.64%
G人类、动物、植物、微生物与环境之间的关系。	21	37.50%
H动物、植物、细菌、真菌、病毒等的繁殖、遗传的相关知识。	23	41.07%
I宇宙（地球、月球、太空）等的相关知识	35	62.50%
J地球的各种变化，如天气、气候、水的循环、岩石、土壤等的知识。	23	41.07%
K人类活动与环境。	16	28.57%
L技术发明，新的技术创造出新的发明，以及对人类生活的影响。	22	39.29%
M设计和创造新的物品。	24	42.86%

J校

图3　对科学学习内容喜好的调查

4. 对科学课堂形式喜好的调查

调查结果表明，学生们喜欢探究式、互动式、体验式的课堂教学方式，并不喜欢教师一言堂的科学课堂（见图4）。

科学课标指出：倡导以探究和实践为主的多样化学习方式，让学生主动参与、动手动脑、积极体验，经历科学探究的过程；重视师生互动和生生互动，引导学生对所学知识和方法进行总结、反思、应用和迁移，促进学生自主学习与合作学习。探究和实践是科学学习的主要方式。教师要加强对探究和实践活动的研究，整合启发式、探究式、互动式等各种教与学方式的基本要求，设计并实施能够促进学生深度学习的思维型探究和实践。

（二）教师访谈的结果与分析

本文从学生现状、思维培养现状、现实制约因素三方面对两校四年级科学课教师开展了访谈。

1. 学生现状分析

与教师们访谈结果如下。①教师们认为四年级大多数学生基本能掌握知识点和技能。②在探究活动中，大约有1/3的学生具有较强的分析、推理能

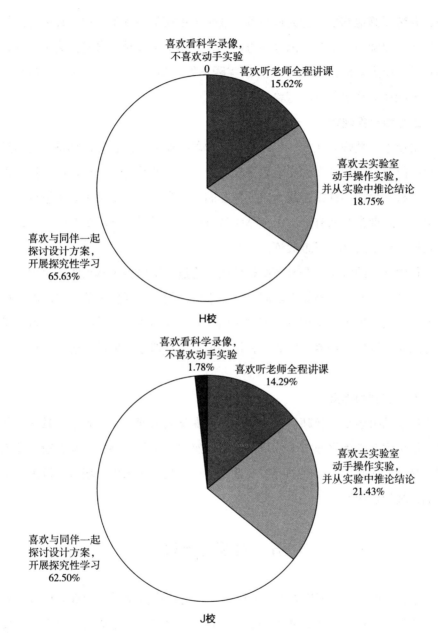

图4　对科学课堂形式喜好的调查

力，并带领其他同学一起完成任务。③学生更换不同场景运用迁移能力总体比较弱。教师们分析其原因是多方面的，一是学生接触大自然机会少，观察事物敏锐能力降低；二是学生生活实践不够丰富；三是学生思考问题浅表化，不能适应真实复杂的情境。

2.思维培养现状

访谈中，教师们认为四年级学生低阶思维能力总体较好，具备一定的高阶思维能力，但调动多种高阶思维能力存在一定的难度，如学习程序性知识和运用科学数据和证据的能力。究其原因，一是四年级学生正处于思维过渡阶段，二是课堂时间有限，引导学生理解结论、反思、分析等时间不足，学生长期缺乏范式性的思维锻炼。

科学探究的教学实践改革归根结底是通过思维培养来真正激发学生学习的主动性，实现知识与能力之间、不同学科之间、不同发展阶段之间的衔接和整合，最终促进学生核心素养的协调发展。在访谈中，教师们表示将基于测评结果，以思维培养为核心，积极创设思维型课堂，促进学生科学核心素养的发展。

3.现实制约因素

访谈结果表明，教师们认为制约一线课堂的因素有：一是探究教学开展时容易偏重对学生操作能力的培养，相对忽视思维的发展；二是新冠疫情期间，学生们在基础年级缺少探究实践机会；三是近年来中心城区生源大幅度增加，教学资源紧张。

五　对策与建议

根据2023年智慧阳光评价·科学素养测评数据及师生调查对比分析发现，两校学生虽测评成绩基本一致，均在市、区平均水平以上，具有整体发展的优势，但素养测评三个维度8项指标呈现样态不完全相同。主要存在以下劣势，一是在科学知识维度程序性知识掌握得较为薄弱，运用科学数据和证据能力较为欠缺，二是目前部分学生存在对学习科学兴趣不高、信心不足的情况。针对测评和调查反馈的问题，本文对两校科学教育教学工作提出以下对策和建议。

（一）立足学生核心素养发展，实施思维型科学探究课堂教学

2022 年版科学新课标根据核心素养发展水平，结合课程内容，整体刻画不同学段学生学业成就的具体表现特征，即学生通过一段时间的科学学习后，必须达到的基本能力水平和程度要求。教师应聚焦课堂教学，根据测评、调查反映出来的问题，尤其是学生在学习程序性知识和运用科学数据和证据能力方面较薄弱的现实表现，以学业质量标准为主要维度，对比找差距，把握好教学的深度与广度，落实学生不同阶段核心素养的发展。在教学过程中，教师应重视学生科学素养思维发展的进阶式特点，实施思维型科学探究课堂教学。

开展思维型科学探究课堂的教学，一是要注重创设能够激发学生认知冲突的情境，促进学生的主动学习，引发学生的积极思维，让学生亲身经历科学探究过程的不确定性，主动构建自己的认知。二是要注重灵活协同自主学习与合作学习，支撑探究过程中的自主构建。教师要创设适于合作交流的课堂氛围，让学生们敢于分享、乐于分享、善于听取他人意见，通过共同交流、各抒己见来构建认识。三是要注重通过迁移应用加深学生对知识的理解。只有让学生们联系实际，将解决问题的方法、程序等迁移到新情境下进行应用并解决问题，才能建立正确的科学认识和方法，核心素养才能真正形成[①]。

（二）创设愉快的科学学科氛围，持续激发学生学习内驱力

兴趣是学习的动力，是最好的老师。在教育教学活动中，教师应创设愉快的科学学科氛围，开展喜闻乐见的活动，保护学生对事物的好奇心，不断

---

① 胡卫平、刘守印主编《义务教育科学课程标准（2022 年版）解读》，高等教育出版社，2022。

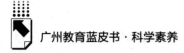

激发他们的学习兴趣、信心和内驱力。开展丰富多彩的科学活动，如科技节、科学探究、科普阅读、模型制作等，从不同的知识层面让学生对自然界和社会发展充满好奇，让拥有不同爱好的学生保持对科学的兴趣。学生通过积极参加各级各类的科学、科技比赛，在实践中体验，在体验中成长，激发他们对科学学习的内在动力。

此外，课堂作为科学知识传播的主要阵地，教师要根据学生成长个性，创设有趣的、引发学生思考的情境和问题，采用多种课堂教学方式，营造平等、互助、敢于大胆发表个人想法的学习环境，让学生们经历讨论、设计、探究、协商、归纳、总结、评价等过程，加强进阶式思维训练，提升学生的学习信心。

参考文献

王清涛：《新时代我国中小学科学教育的发展路向——以 PISA 2025 科学测评框架为鉴》，《课程·教材·教法》2024 年第 1 期。

杨晓梦：《新课标视域下中小学科学教育的发展方向与推进路径》，《中小学管理》2023 年第 6 期。

教学变革篇

B.10

"数学+科学"跨学科主题大单元内容分析与设计报告

——基于广州智慧阳光评价·科学素养测评

周甜盛*

摘　要： 《义务教育数学课程标准（2022年版）》提倡跨学科教学，本文分析广州智慧阳光评价数据，探索数学教材中科学要素与内容，进而提出改进策略。研究发现黄场小学科学和数学素养均低于区、市平均水平，需提升科学素养水平。通过跨学科大单元教学，能有效提升学生数学与科学素养，促进跨学科教学的实施和发展。本文建议通过整合数学与科学内容，促进学生全面发展。

关键词： "数学+科学"跨学科　大单元内容分析　大单元教学设计

---

* 周甜盛，广州市从化区城郊街黄场小学数学科组长，主要研究方向为中小学数学教学。

《义务教育数学课程标准（2022年版）》提倡跨学科教学，要求教师融合其他学科内容，促使学生融会贯通，构建知识体系，实现全面发展。为了更好地实现"数学+科学"跨学科主题式教学，本文基于广州智慧阳光评价·科学素养测评结果，以广州市从化区城郊街黄场小学（以下简称"黄场小学"）为例，进行小学"数学+科学"跨学科主题大单元内容分析与设计。

一 问题的提出

根据广州智慧阳光评价·科学素养测评的结果，黄场小学的科学和数学素养能力均低于从化区平均水平，也低于广州市平均水平（见表1和表2）。

表1 黄场小学与广州市、从化区学生科学素养对比（四年级）

单位：%

科学素养	高等级占比 （A、B级）	中等级占比 （C、D级）	基础等级占比 （E、F级）
广州市	14.80	40.91	44.29
从化区	14.12	46.27	39.61
学校	2.63	34.21	63.16

表2 黄场小学与广州市、从化区学生数学素养对比（四年级）

单位：%

数学素养	等级占比			
	A	B	C	D
广州市	38.64	31.71	14.59	15.05
从化区	30.02	33.58	16.13	20.27
学校	13.16	31.58	28.95	26.32

科学知识从认知过程角度进行测评，涵盖了内容性知识、认知性知识、程序性知识三方面。内容性知识：评估学生对事实、关系、过程、概念和设备的知识，包括识别或陈述事实、关系和概念；识别特定有机体、

材料和过程的特征或特性；识别科学设备和程序的适当用途；识别和使用科学词汇、符号、缩写、单位和比例。认知性知识：评估学生将科学知识与特定环境结合生成解释，解决实际问题的知识，包括使用图表或模型演示过程或找到解决问题的方法，利用科学概念来解释文本、表格、图片和图形信息，运用科学原理观察并解释自然现象。程序性知识：评估学生能否运用推理、分析等方法得出结论，使用证据和科学理解来分析、综合和概括，将结论扩展到新领域的知识，包括回答不同因素或相关概念的问题，测量和控制变量，评估调查结果是否有足够的数据支持结论，证明因果关系。黄场小学学生内容性知识、程序性知识、认知性知识得分率低于从化区均值（见表3）。

表3　黄场小学与广州市、从化区学生科学知识对比（四年级）

单位：分

群体	内容性知识	认知性知识	程序性知识
广州市	63.47	52.78	53.63
从化区	74.25	58.66	54.45
学校	68.16	53.62	40.35

科学素养不仅涵盖数学能力，还包括科学知识、科学方法和科学情感态度等方面。如果学校在科学教育方面整体投入不足，或者学生对科学的兴趣和参与度不高，那么数学素养的提升也会受到制约。因此，提高黄场小学的科学素养水平，是提升数学素养能力的关键之一。针对黄场小学数学素养能力低于区、市平均水平的现状，实施跨学科大单元教学显得尤为必要。主题式跨学科大单元教学能够打破学科壁垒，将数学和科学等学科知识有机融合，形成系统性的知识体系。这种教学方式不仅有助于学生更好地理解知识之间的联系和规律，还能培养他们的综合思维能力和创新能力。通过跨学科大单元教学，黄场小学可以更加有效地提升学生的数学素养能力，进而提高他们的科学素养水平。

二 小学数学教材中科学要素与内容分析

数学教材不仅仅要传授数学知识，更要在无形中培养学生的科学素养。传统上，我们往往更侧重于数学运算和逻辑推理的教学，而对科学类文本及其背后的科学要素重视不足。然而，随着教育改革的深入，我们逐渐认识到"数学+科学"跨学科教学的重要性。小学数学教材在内容上应当既包含基础的数学知识，又要融入科学要素，如科学知识、科学思维、科学方法和科学情感态度。这样的教材设计，不仅可以帮助学生掌握数学知识，还能在无形中培养他们的逻辑思维、观察能力和探索精神，从而提高学生的科学素养。科学知识是小学数学教材中不可或缺的一部分。通过引入一些简单的科学概念、原理和定律，可以让学生对数学有更深刻的理解。例如，在学习几何图形时，可以引入物理中的力学原理，让学生理解为什么三角形是最稳定的结构；在学习分数和小数时，可以引入科学测量中的精确度和准确度概念，让学生理解数学在科学中的应用。科学思维的培养是小学数学教育的重要目标之一。数学是一门需要逻辑思维和抽象思维的学科，而科学思维则包括观察、分类、归纳、演绎等多种思维方式。在小学数学教材中，可以通过设计一些具有启发性的问题和活动，引导学生运用科学思维去解决问题。例如，在学习统计和概率时，可以让学生观察和分析一些实际数据，从而培养他们的观察能力和数据分析能力。科学方法的传授也是小学数学教育的重要任务。科学方法是指科学研究中采用的一系列方法和技巧，包括观察、实验、假设、验证等。在小学数学教材中，可以通过设计一些实验和探究活动，让学生亲自动手去验证数学知识和原理，从而培养他们的实验能力和探究精神。科学情感态度的培养是小学数学教育的另一个重要方面。科学情感态度包括对科学的兴趣、尊重、批判和创新等。在小学数学教材中，可以通过引入一些科学家的故事和成就，激发学生对科学的兴趣和热情；同时，也要注重培养学生的批判性思维和创新精神，让他们在面对问题时能够独立思考和寻求创新解决方案。小学数学教材中的科学要素与内容分析是一个值得深入探讨的话题。通过深入挖掘教材中的科学要素并融入教学中，我们可以帮助学生更好地掌握数学知识、培养科学素养，并为他们未来的学习和生活打下坚实的基础。

小学数学人教版教材中的科学要素包括科学知识、科学能力、科学情感态度，具体如表4所示。

表4　小学数学人教版教材科学要素与内容分析

年级	科学知识	科学能力	科学情感态度
一	《认识图形》《认识人民币》《认识钟表》	《位置》《找规律》《分类与整理》	《认识钟表》《认识人民币》《找规律》
	科学认识与实践	科学实践与应用	科学实践与探究
二	《长度单位》《角的初步认识》《克与千克》《数据收集整理》	《观察物体(1)》《数学广角-搭配(1)》《图形的运动(1)》	《数据收集整理》《数学广角-推理》《克与千克》
	科学认识与实践	科学实践与应用	科学实践与探究
三	《时、分、秒》《长方形和正方形》《面积》《年、月、日》	《测量》《位置与方向(1)》《复式统计表》	《数学广角-集合》《数学广角-搭配(2)》
	科学认识与实践	科学实践与应用	科学实践与探究
四	《公顷和平方千米》《角的度量》《平行四边形和梯形》《三角形》	《观察物体(2)》《图形的运动(2)》《条形统计图》《平均数与条形统计图》	《数学广角-鸡兔同笼》
	科学认识与实践	科学实践与应用	科学实践与探究
五	《多边形的面积》《可能性》《长方形和正方形》	《观察物体(3)》《图形的运动(3)》《折线统计图》	《数学广角-植树问题》《数学广角-找次品》
	科学认识与实践	科学实践与应用	科学实践与探究
六	《圆》《圆柱与圆锥》	《位置与方向(2)》《扇形统计图》	《数学广角-数与形》《数学广角-鸽巢问题》
	科学认识与实践	科学实践与应用	科学实践与探究

数学和科学是两个紧密相连的学科，数学是科学研究的工具，科学是数学应用的领域。在跨学科的学习中，数学和科学可以相互促进，共同提高。例如，通过科学实验数据的收集和处理，可以锻炼学生的数学运算能力和分析能力；而数学模型的建立和应用，又可以帮助学生更好地理解科学现象和

规律。因此，黄场小学应重视数学和科学的跨学科学习，以提升学生的综合
素养。

三 小学"数学+科学"大单元设计——以三下第一单元《位置与方向（一）》科学实践与应用为例

小学数学人教版教材中所包含的科学要素比较多，小学低中高年级课程
都有相应的科学要素蕴含其中，想要实现在培养学生数学学科核心素养的同
时渗透科学素养的培养，实现"数学+科学"大单元教学设计是最好的路径
之一，能够很好地将小学数学教材中的"科学知识"转化为"科学素养"。
在数学学习中，通过"数学+科学"大单元教学模式的渗透与应用，可帮助
学生构建完善的知识体系，提高逻辑思维与辩证思考能力，促进"数学+科
学"核心素养的提升。

"数学+科学"大单元教学可打破学科界限，使学生将数学和科学的知识相
互融合，从而拓展学生的思维方式。学生可以利用在科学学科中学习的知识和
经验，解决数学学科的问题，为新知识的学习铺平道路。跨学科融合教学有助
于培养学生的观察、实验、推理、分析等能力，使学生能在解决实际问题时综
合运用数学和科学的知识。通过实践活动，如测量实验、制作物理模型等，学
生可以亲身体验科学与数学的应用，从而更好地理解和掌握这些知识。跨学科
融合教学能增强学习的趣味性和吸引力，激发学生对数学和科学的兴趣。通过
趣味的故事、实验和问题，可以激发学生的好奇心和求知欲，使他们更加主动
地参与到学习中来。跨学科融合教学是基于生活主题的学科融合，符合"贴近
学生，贴近社会，贴近生活"的现代教育基本原则。这种教学方式有助于提升
学生的核心素养，包括解决问题的能力、跨学科思维、创新意识等。跨学科融
合教学可以将不同学科的知识点有机地结合在一起，形成一个整体的知识结构，
有助于学生的理解和记忆。学生可以在这种整合的知识结构中，发现不同学科
之间的联系和共同点，从而更好地掌握和应用这些知识。

（一）大单元教学设计思路

大单元教学设计思路应以整合性、连贯性、实践性和深度理解为核心，通过跨学科的教学设计，使学生能够同时掌握数学和科学两个学科的知识，并理解它们之间的关联。同时，注重学生的实践体验和深度理解，培养学生的综合能力和创新思维。大单元教学设计要确定主题与目标、进行内容分析与整合、设计教学活动、制定评价方式、最后实施与调整。以三下第一单元《位置与方向（一）》科学实践与应用为例，基于"数学+科学"的跨学科大单元教学设计思路如图1所示。

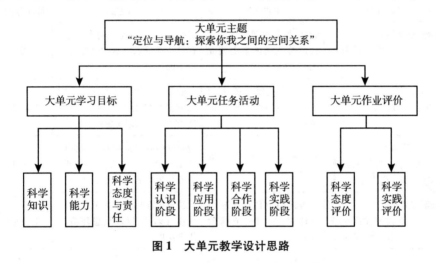

图1 大单元教学设计思路

（二）大单教学元课时安排

大单元教学课时安排的目的主要在于确保教学过程的系统性、连贯性和有效性，以满足学生的学习需求并促进他们的全面发展。以三下第一单元《位置与方向（一）》科学实践与应用为例，本单元安排5个课时，其中第一个课时设置为科学认识阶段，使学生在游戏与活动中认识东、南、西、北四个方向，理解四个方向的排列规律。第二个课时设置为科学应用阶段，使学生能够在具体情境中，正确地使用方位词。第三个课时设置为

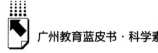

科学合作阶段，使学生在解决实际问题时运用所学的方位词，并能在合作学习中与同学有效沟通，解决问题。第四个课时设置为科学实践阶段，使学生能够综合运用方位词，解决有挑战性的问题，如在模拟的探险地图上找到目标地点。第五个课时设置为科学评价阶段，通过分享和反思，使学生理解学习方位词的重要性，体现数学与科学在生活中的重要性。提升学生的科学情感态度，从而提高学生数学素养水平。具体安排和主要内容如表5所示。

表5 大单元教学课时安排

阶段安排	主要内容	评价方式	课时分配
科学认识阶段《东南西北-方向的基本认识》	设计"罗盘游戏"，让学生通过游戏认识东南西北四个方向	评价学生在游戏中的参与度，以及小结反思中对四个方向理解的深度	1课时
科学应用阶段《探险家的地图-方位词的应用》	想象自己是探险家，利用方位词寻找地图上的宝藏	观察和评价学生在实践活动中对方位词的使用准确度，以及在反思环节的思考深度	1课时
科学合作阶段《解决挑战-方位词的实际应用和合作学习》	角色扮演，分组合作完成挑战	评价学生在挑战中对方位词的使用准确性、合作学习的效果，以及反思环节的思考深度	1课时
科学实践阶段《大冒险-大单元终结任务和方位词的综合应用》	分组运用方位词找到目标地点，从而完成探险任务	评价学生在挑战中对方位词的使用准确性，以及反思环节的思考深度	1课时
科学评价阶段《我们的探险故事-学生演讲和反思》	分享自己的探险故事，理解方位词的重要性，感受数学与科学在生活中的重要性	评价学生在分享中的语言表达能力、对故事的反思深度，以及对数学与科学的热爱	1课时

（三）大单元教学目标设计

本单元教材以"东、南、西、北"四个方向为主线，以生活实际为出发点，让学生通过直观的情境和活动，理解和掌握方向的概念。同时，教材也重视对学生的空间观念和逻辑思维能力的培养，尤其是通过一系列的实践活动，帮助学生学习和掌握方向的排列规律，提升他们的空间感和方向感。其中涉及地理位置、物理空间等领域，通过学习方位词，学会地理中的定位方法，感受物理的抽象空间想象能力，能够激发学生的探索欲望，并且能够认识到这一个单元的重要性，让学生感受其中，参与其中，通过玩中学提升学生的空间感和方向感，能够提升学生的科学思维能力和科学情感态度。

　　大单元教学目标应该指向对学生的学科素养的培养，不仅仅是知识点的堆积与扩充，还要通过科学的方法、科学的目标，培养学生用科学的眼光看待问题、看待不同的学科，用正确的科学情感态度去面对生活。综合《义务教育数学课程标准（2022 年版）》中对图形与集合的教学目标和《义务教育科学课程标准（2022 年版）》中对科学素养的要求，本单元教学目标设置如表 6 所示。

表 6　大单元教学目标设计

知识与技能	能够正确理解并掌握"东、南、西、北"四个方位词，能够科学地使用这些方位词来描述物体的基本方向，运用科学思维去理解并使用空间感和方向感
过程与方法	利用科学的学习方法和技巧，加深对方位词的理解，解决与位置和方向相关的问题
情感态度与价值观	体验到数学与科学相结合的实用性和趣味性，提高学生的学习兴趣和激情，培养学生的合作精神和科学探索精神，学会以科学眼光看世界

（四）大单元教学内容分析

　　这一单元不仅涉及数学中的基础空间位置知识，同时也涉及一些基本的地理和物理学中的方向概念。从科学角度出发，这一单元旨在引导学生初步认识位置与方向，培养他们的空间感知能力和方向感，为未来的学习和生活打下坚实基础（见表 7）。

表7 大单元教学内容分析

内容	《东南西北-方向的基本认识》	《探险家的地图-方位词的应用》	《解决挑战-方位词的实际应用和合作学习》	《大冒险-大单元终结任务和方位词的综合应用》	《我们的探险故事-学生演讲和反思》
教学内容	认识东、南、西、北四个方向及排列规律	认识平面图并能正确说出其中某个地方的方向	通过合作学习,准确运用方位词描述找到"宝藏"的路线	通过地图,在实际生活中,运用方位词,找到目标地点	分享自己的探险故事
科学知识	认识东、南、西、北四个方位词,并根据太阳位置辨认方向	运用方位词说明某个地方的具体方位	准确运用方位词描述行程路径	运用方位词在实际生活中找到目标地点	运用方位词解决探险时遇到的问题
实践应用与评价	能根据太阳位置和北极星的位置辨认方向	会看平面图,并说明每个地方的具体方位	能合作学习,并准确运用方位词描述路线	能在实际生活中,运用地图和方位词找到目标地点	能分享自己的探险故事,并认识到学习方位词的重要性

地理位置与方向的初步认识:学生将初步了解地理位置的概念,如知道某个地方的大致位置(如学校、家、公园等)。学生将学习东、南、西、北四个基本方向,并能够识别这些方向在日常生活中的应用(如日出方向为东,日落方向为西)。简单的方向感知与描述:学生将通过实践活动(如游戏、寻宝等)感知方向,学习使用简单的方位词(如前后、左右、上下)描述物体间的相对位置关系。学生将了解指南针的基本功能,并尝试使用指南针来识别方向。方向变化的简单理解:学生将初步了解地球自转导致的昼夜交替现象,并知道太阳升起和落下的方向。学生将通过观察和实践,感知到不同时间或地点方向的变化(如早上和下午太阳的位置不同)。方位知识的简单应用:学生将能够在简单的地图上识别方向,并理解地图上的方向标记(如上北下南)。学生将尝试用所学知识绘制简单的路线图,描述从一个地点到另一个地点的方向。

（五）大单元作业设计

为了提升小学生数学学科素养，促进知识水平与能力的共同提升，教师应深刻理解新课改重要内涵，遵循"减负增效"原则，整合数学知识进行大单元教学。培养学生学习数学和科学的兴趣，帮助学生梳理知识框架，激发深入探索的热情，将数学和科学知识融合并应用到现实生活当中，培养学生的数学和科学思维，使得学生学会用科学眼光看世界。将"数学+科学"跨学科大单元作业设计进行有机融合，让学生在数学中感受科学的魅力（见表8）。

表8　大单元作业设计

任务	内容	实践拓展	评价方式
基础概念探究	观察日出和日落的方向，记录并描述其变化。使用指南针，记录家中各个房间或家具相对于指南针指示的方向	解答关于方向变化的科学问题，如为什么太阳总是从东方升起	评估学生对方向概念的理解程度，是否能够准确运用方向词描述位置
方向感建立	设计一个"我是小小探险家"的活动，让学生在家中或校园内通过识别方向来完成一系列任务。利用地图或指南针，模拟一次从家到学校的路线规划，并描述方向变化	给学生一张简单的平面图（如校园、公园等），让他们用方向词描述图中各元素的位置关系	观察学生在实践活动中对方向的感知能力，是否能够准确判断方向
科学应用挑战	指导学生绘制校园地图，并使用方向词准确标注各建筑物的位置。鼓励学生在地图上设计一条从某点出发，经过多个地点，最终到达终点的线路，并描述方向变化	组织一次户外定向活动，让学生在自然环境中应用所学的位置与方向知识，找到指定的目标点	评价学生是否能够将位置与方向的知识应用到实际情境中，以及他们的创新能力和解决问题的能力

四　教学实施策略与效果分析

（一）教学目标明确与聚焦

在"数学+科学"跨学科主题大单元设计中，我们首先需要设定明确且聚焦的教学目标。这些目标不仅涵盖数学与科学的核心概念和方法，而且强

调跨学科知识的融合与实际应用。具体目标如下。

知识与技能：确保学生深入理解数学与科学的基本概念、原理，并能灵活运用这些知识解决实际问题。

过程与方法：培养学生观察、分析、推理和解决问题的能力，同时发展他们的跨学科思维，促进知识的迁移与整合。

情感态度与价值观：激发学生对数学和科学的浓厚兴趣，培养他们的探究精神、合作精神和创新精神，形成积极的学习态度和价值观。

（二）教学内容结构化与模块化

为实现教学目标，我们将教学内容进行结构化与模块化设计。每个模块围绕一个核心主题，通过有逻辑地组织相关知识点，构建完整的知识体系。

数的奥秘与科学应用：通过生活中的实例，引导学生探索数的奥秘，同时介绍数学在科学研究中的应用，如统计学在生物学研究中的应用。

几何之美与空间探索：通过观察和操作几何图形，培养学生的空间感知能力，同时探讨几何图形在建筑设计、天文学等领域的应用。

数据的力量与决策支持：引导学生学习数据收集、整理和分析的方法，了解数据在科学研究、商业决策等领域的重要性。

（三）教学方法多样化与灵活性

在跨学科主题大单元教学中，我们采用多样化的教学方法，以满足不同学生的学习需求。

情境导入法：通过创设与学生生活密切相关的情境，激发学生的学习兴趣，引导他们主动探索知识。

合作学习法：鼓励学生开展小组合作学习，通过交流与合作，共同解决问题，培养团队精神。

探究学习法：引导学生开展探究性学习，通过自主观察、实验、调查等活动，培养他们的探究精神和创新能力。

（四）主题性评价全面与深入

为了全面评价学生的跨学科学习成果，我们采用主题性评价方式。这种评价方式注重对学生跨学科知识、技能和态度的综合评价。

知识与技能评价：通过测试、作业等方式，全面了解学生对数学与科学知识的掌握情况和应用能力。

过程与方法评价：通过观察、记录等方式，评估学生在学习过程中的表现，如观察能力、分析能力、推理能力等。

情感态度与价值观评价：通过问卷调查、访谈等方式，了解学生对数学和科学的学习态度、兴趣和价值观等方面的变化，以及他们在跨学科学习中的成长与收获。

通过以上四个方面的优化，我们将确保"数学+科学"跨学科主题大单元教学的实施效果，有效提升学生的数学和科学素养，培养具备跨学科思维和创新能力的复合型人才。

参考文献

郑玉珠：《核心素养导向下的小学数学大单元教学设计分析》，《读写算》2024年第18期。

王子康：《新课标视域下的小学数学"大单元作业"设计——以"长方形和正方形的面积"单元为例》，《教育艺术》2024年第6期。

陈芷苑：《跨学科探索：数学学科助力科学学习的融通实践策略》，《教育界》2023年第31期。

周福岭：《跨学科融合视角下小学科学与数学教学的碰撞》，《天津教育》2023年第33期。

B.11

基于"教—学—评"一致性的
小学科学教学实施路径报告

——以 2023 年海珠区客村小学智慧阳光评价为例

黄绮薇　唐绍樟　陈少馨　麦日琨*

摘　要： "教—学—评"一致性是指教学活动、学习过程和评价方式的高度统一。本研究报告以 2023 年客村小学智慧阳光评价为例，总结与探讨基于"教—学—评"一致性理念提出的"以绘本支撑 5E 探究课堂"和"基于项目的探究式作业"两条实践路径能否有效提升学生的科学素养。智慧阳光评价数据显示，客村小学四年级受测班级在科学知识、科学能力、科学情感态度等方面的表现均优于市、区的平均水平。由此得出，有效的教学手段与评价方法能促进学生科学素养的培养。此外，基于评价结果，本报告提出注重课堂教学适应性促进"精准教"、通过分级策略保障"有效学"、发掘跨学科评价方式确保"科学评"等改进策略，以使教、学、评能更大程度地适应不同等级水平的学生，从而更有效地提高客村小学学生整体素养水平。

关键词： 教学评一致性　教学实践路径　广州市海珠区客村小学

---

* 黄绮薇，广州市海珠区客村小学科学二级教师，主要研究方向为科学教育实践；唐绍樟，广州市海珠区客村小学办公室副主任，小学科学一级教师，主要研究方向为科学教育实践；陈少馨，广州市海珠区客村小学副校长，中小学高级教师，主要研究方向为学科教学及教育教学管理；麦日琨，广州市海珠区客村小学办公室副主任，科学二级教师，主要研究方向为科学教育实践。

科学素养是现代社会公民必备的一项重要素质，它不仅关系到个人的全面发展，也是推动社会进步和科技创新的关键因素。因此，客村小学（以下简称客小）始终把全面发展学生科学素养摆在教育工作的重要位置，坚持以规范办学为根基，以教育创新为动力，致力于探索和实践更加适应时代需求的教育模式。

实践中发现，"教—学—评"一致性通过能确保教学活动、学习过程和评价方式之间的协调一致，有效地促进学生科学素养的提升。因此，经过不断地实践与探索，客小基于"教—学—评"一致性，提出"以绘本支撑5E探究课堂"和"基于项目的探究式作业"等实践路径，旨在通过多元化的教学手段与评价方式，全面提升学生的科学素养。从2023年客小四年级学生参加广州市智慧阳光评价情况分析得出，目前客小在培养学生科学素养方面取得了初步的成效。

一 "教—学—评"一致性的起源与理论模型

"教—学—评"一致性（Teaching，Learning，and Assessment Alignment）是指教学活动、学习过程和评价方式之间的高度一致性和协调性。这种一致性强调教学目标、学习内容和评价标准之间的紧密对应关系，确保学生在学习过程中能够明确知道他们需要学什么、如何学以及如何被评价。新修订的《义务教育课程方案（2022年版）》明确指出：教师应在教学中切实地实践"教—学—评"一致性。由此可见，"教—学—评"一致性在义务教育阶段尤其是小学教学阶段的重要性。

（一）"教—学—评"一致性的起源

"教—学—评"一致性起源于20世纪80年代，由科恩（S. A. Cohen）率先提出。他阐明"一致性"是指教学设计与预安排的教学过程以及教学结果三者的匹配度。而对"一致性"概念进行全面深入分析的是韦伯（N. L. Webb），他认为"一致性"是指两种或更多事物之间的吻合程度，即事物各个部分或要素融合成一个和谐的整体，并指向对同一概念的理解。我国崔允漷教授等结合韦伯对"一致性"的理解，将"教—学—评"一致性定义为在整个课堂教学系统中教师的教、学生的学和对学生学习的评价三个要素协调配合的程度。在这当中，三者的一致性是以目标为导向的，进而构建了三要素理论模型："学—教"一致性、"教—评"一致性以及"评—学"一致性，在目标的导向下构成有机整体①。

（二）"教—学—评"一致性的三要素理论模型

从课程的视角来看课堂教学，"教—学—评"是基于目标开展的专业实践。目标既是出发点，又是归宿，没有清晰的目标，就无所谓"教—学—评"的专业实践；没有清晰的目标，也就无所谓一致性，因为判断"教—学—评"是否一致的依据就是教学、学习与评价是否都围绕共享的目标展开。可见，"教—学—评"一致性包括在目标指引下的三种含义：一是"学—教"一致性；二是"教—评"一致性；三是"评—学"一致性。

1. "学—教"一致性

"所学即所教"强调了学生学习与教师教学之间的高度匹配，是实现"教—学—评"一致性的关键。在学校教育中，学生所学应严格依据教师根据教学目标确定的内容，确保教学目标的实现。这意味着学生的学习内容、策略与教师的指导和预设目标必须保持一致，从而确保学与教的一致性，推动教学目标的有效达成。

2. "教—评"一致性

"所教即所评"强调教师的教学内容与评价标准的一致性。教学应与评价同步，确保教的内容也是评价的依据。缺乏评价将难以衡量教学效果和学生的学习成果。教与评的不一致会导致教学目标模糊，评价失去导向作用。因此，教师在制定教学目标时需明确评价标准，设计教学内容时融入评价要

---

① 崔允漷、雷浩：《教-学-评一致性三因素理论模型的建构》，《华东师范大学学报》（教育科学版）2015 年第 4 期。

素，并在教学过程中不断收集学生学习信息，以指导教学决策。这保证了教学和评价的连贯性和有效性。

3."评—学"一致性

"所学即所评"体现了学生学习与评价之间的一致性。学习目标的实现需通过评价来验证，缺乏评价则无法确保学校教育目标的达成。评与学的不一致可能导致教学偏离目标，学生失去兴趣，影响教育质量。评价方式包括口语、纸笔、操作、表演等形成性评价，以及期中、期末的终结性评价。"评—学"一致性要求所有评价都与学习内容相符，确保评价结果用于分析、判断和反馈，以促进学生学习。

综上所述，"教—学—评"一致性是由目标导向的"学—教"一致性、"教—评"一致性和"评—学"一致性三个因素组成，它们两两之间存在一致性的关系，然后组合成一个整体，构成"教—学—评"一致性的所有含义（见图1）。

图1 "教–学–评"一致性三要素理论模型

二 "教—学—评"一致性的实践路径

经过不断地实践与探索，客小基于"教—学—评"一致性原则，分别从课堂教学、单元作业设计等方面提出实践路径，旨在综合培养学生的科学素养。

（一）实践路径一：以科学绘本支撑的探究课堂

以绘本支撑的探究课堂指的是将科普绘本融入探究课堂的教学中，使阅读与探究活动相结合，既能促进课堂阅读，又能培养动手能力。5E 模式是一种探究式教学模式，它包含五个主要环节：吸引（Engage）、探究（Explore）、解释（Explain）、迁移（Elaborate）和评价（Evaluate）。这种模式鼓励学生通过亲身体验和实际操作来学习新知识。在吸引阶段，教师通过吸引学生的注意力和兴趣来启动学习过程。在探究阶段，学生通过实验和讨论来探索问题。在解释阶段，学生尝试对探究结果进行解释和理解。迁移阶段则要求学生将新知识与已有知识联系起来，进一步深化理解，并尝试迁移应用到新的问题场景中。评价阶段则是贯穿在前面 4 个环节中，通过过程性评价与总结性评价相结合，帮助教师更全面地评估学生的学习效果。5E 模式通过这种循环往复，促进学生主动学习，培养他们的批判性思维和解决问题的能力[1]。

在"教—学—评"一致性原则的指导下，客小基于 5E 模式结合科学绘本开展探究式课堂：根据教学内容与课程标准的要求，筛选合适的科普类型绘本，与 5E 教学模式相结合，在中低学段的科学教学中进行应用（见图 2）。

1. 以绘本为指引连贯单元的"教"

教师根据科学课程标准和教学目标，严格筛选与教学内容相匹配的绘本。绘本中的故事情节、角色和插图等元素与科学概念紧密结合，帮助学生更好地理解和掌握科学知识。如客小在四年级上册《声音》单元的教学中，选取了《奇怪的声音》以及《到处都有声音》两本不同体裁的绘本（见表 1）。以故事型的绘本创设单元情境，将《声音》单元教学目标融入绘本的情节中，使学生仿佛置身于绘本的情境中，跟随着绘本角色展开一系列对"声音"的探索活动，由此提高学生的课堂参与度以及对声音知识的探究兴趣。此外，非叙事型绘本中严谨的科学语言能够作为单元知识的补充，为学生开展拓展阅读提供素材。如通过阅读绘本《到处都有声音》，学生能够了解"回声定位""声纳"等科学概念，拓展知识的广度与深度。

---

① 陆茜：《立足 5E 教学模式 培养科学思维素养》，《中学生物教学》2021 年第 21 期。

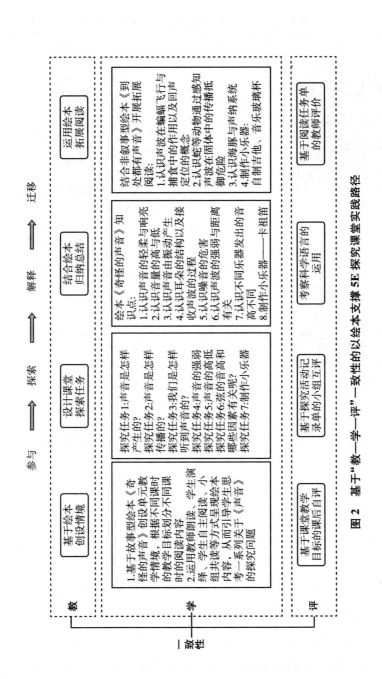

参与 ⟶ 探索 ⟶ 解释 ⟶ 迁移

图 2 基于"教—学—评"一致性的以绘本支撑 5E 探究课堂实践路径

表1　四上《声音》单元选用的绘本与知识点

绘本	绘本信息	绘本知识点
 《奇怪的声音》	作者:Mary Lawrence 出版:北京联合出版公司 类型:故事型/叙事型绘本 内容简介:蒂姆一家搬到了安静的乡村生活,但是在夜里蒂姆却一直听到奇怪的声音,这让他彻夜难眠……	1. 声音是一种能量 2. 声音的音量与音高 3. 声音传播的形式与现象 4. 声音的产生与振动有关 5. 声音在人耳中的传递 6. 噪声的概念与防治 7. 乐器与音高的关系 8. 卡祖笛的制作与使用方法
 《到处都有声音》	作者:(文)温迪·普费弗 (图)霍利·凯勒 出版:北京联合出版公司 类型:非叙事型绘本 内容简介:描述了大自然和人类活动中所发出的各种声音,说明声音是怎样传播的,以及声音如何产生变化	1. 人声由声带振动发出 2. 声音以声波的形式传递 3. 蝙蝠与回声定位的作用 4. 蛇通过声波在泥土中的传播感知危险 5. 母鲸借着声波在水中的传递确认小鲸的位置 6. 声纳的原理和应用 7. 声音的测量单位是分贝 8. 噪声的危害与防治 9. 动手做一做: (1)自制吉他 (2)音乐玻璃杯 (3)纸杯电话(土电话)

2. 围绕探究任务促进单元的"学"

在5E模式的引领下,教师设计一系列以绘本为支撑的探究任务,旨在促进学生在单元学习中的深入学习。这种教学法不仅增强了学习的趣味性,而且通过实践参与深化了学生对科学概念的理解（见图3）。

以《声音》单元为例,该单元由7个探究任务构成,每个任务都与绘本中的故事情节或内容紧密相连（见表2）。学生在教师的引导下,跟随故事的发展,逐步深入探究声音的产生和传播机制,认识声音的属性（音量和音高等）,探索人耳的结构和功能。此外,通过实践活动,如制作小乐器等,学生能够将理论知识与实际操作相结合,进一步加深对声音的科学理

图3 绘本结合 5E 模式在小学科学教学中的实践

解。这种教学策略的优势在于将绘本的情境性和探究任务的实践性相结合，为学生提供了一个多维度的学习平台。学生在吸引、探究、解释、迁移和评价的过程中，能够更加全面地理解"声音"这一科学概念。通过故事情境的引导，学生能够更加直观地感受科学现象，激发他们的好奇心和探究欲，从而更加主动地参与到学习中（见图4）。

表2 《声音》单元探究任务与对应的绘本内容

探究任务	对应的绘本内容	探究内容
探究任务 1:声音是怎样产生的?	《奇怪的声音》P6~11:艾米和蒂姆在房间准备睡觉的时候,听到从窗户外面传来奇怪的声音。通过艾米的解释,蒂姆认识到:声音的产生与振动有关	探索活动 1:橡皮筋是怎样发出声音的 探索活动 2:钢尺是怎样发出声音的 探索活动 3:观察发声时鼓面的现象 探索活动 4:观察音叉发声时的现象
探究任务 2:声音是怎样传播的?	《奇怪的声音》P12~21:艾米和蒂姆在房间听到楼梯传来"嘎吱吱"的响声、楼下传来打碎东西的声音,由此他们决定去一探究竟 《到处都有声音》P13~17:认识蝙蝠、蛇、海豚等动物如何依靠声音的传播进行生命活动	探索活动 1:真空罩中的闹钟 探索活动 2:用"土电话"听一听 探索活动 3:水槽中音叉的声音

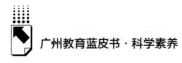

续表

探究任务	对应的绘本内容	探究内容
探究任务3:我们是怎样听到声音的?	《奇怪的声音》P10 扉页:声音的振动通过敲击鼓膜,引起鼓膜振动,从而引起听小骨振动。细小的神经将电信号传递到大脑,使我们听到声音 《到处都有声音》P18~22:认识声音的单位是分贝;认识噪声的危害与防治措施	探索活动1:认识人耳的结构 探索活动2:探究耳廓的作用 探索活动3:探究鼓膜的作用 探索活动4:认识噪声的危害与防治
探究任务4:声音的强弱	《奇怪的声音》P22~29:傍晚的时候,艾米和蒂姆听到在远处的小房子里传来奇怪的声音,原来是一位和蔼的老爷爷在练习吹奏大号。最后,他们还一起参加了乐队游行 P23插页:认识声源距离远近与音量的关系——距离声源越近,听到的声音也就越大,因为声波在声源处最强。当我们离远一些,声波就会分散开来,越变越弱——直到我们听不见为止	探索活动1:用力拨动钢尺与轻拨钢尺,听一听钢尺发出的声音,并观察钢尺是怎样振动的 探索活动2:用不同的力量拨动橡皮筋,观察发出强弱不同声音时,振动幅度的变化 探索活动3:用不同的力量敲击鼓面,当鼓发出强弱不同的声音时,鼓面的振动幅度有什么变化
探究任务5:声音的高低	《奇怪的声音》P22~29:傍晚的时候,艾米和蒂姆听到在远处的小房子里传来奇怪的声音,原来是一位和蔼的老爷爷在练习吹奏大号。最后,他们还一起参加了乐队游行 《奇怪的声音》P26插页:认识音高——大而粗的管子发出低音;短而细的管子发出高音	探索活动1:观察铝片琴的结构,思考高低不同的声音是怎样产生的 探索活动2:仔细观察口琴的簧片,声音高低和簧片有什么关系 探索活动3:不断改变钢尺伸出桌面的长度。钢尺振动的快慢有什么变化?发出的声音会怎样改变
探究任务6:弦的音高与哪些因素有关呢?	《到处都有声音》P24:"动手做一做"——自制"吉他": 1.准备一个空纸巾盒和六根粗细大小不同的橡皮筋 2.把橡皮筋套在纸巾盒的开口上 3.尝试在一根橡皮筋上发出高低不同的声音 4.弹拨其他橡皮筋,比较不同粗细大小的橡皮筋的声音,观察它们的振动情况 5.尝试总结规律:弦的音高和哪些因素有关呢?	通过自制"吉他",探究弦的音高与哪些因素有关。 1.拨弹其中一根橡皮筋,听听它振动时的声音 2.用手压住橡皮筋,这样会使橡皮筋停止振动,声音也会停下来 3.拨弹另一根橡皮筋,它听起来跟刚才那根不太一样,因为它的振动情况不同 4.拨一拨每根橡皮筋,听听它们的声音,你会发现橡皮筋越粗发出的声音就越低 5.把橡皮筋当成吉他弦,随意弹一弹

探究任务	对应的绘本内容	探究内容
探究任务7:制作小乐器	小乐器参考例子: 1.《到处都有声音》P24:"动手做一做"——音乐玻璃杯 2.《奇怪的声音》P30:制作卡祖笛玩具	结合本单元所学内容,设计并制作一个小乐器: 1. 画出制作小乐器的示意图,尝试使小乐器发出有规律、高低不同的声音

图4 基于绘本设计课堂探究任务

3. 多途径考察聚焦单元的"评"

评价活动在促进"教—学—评"一致性中扮演着至关重要的角色。它不仅是衡量学生学习成果的工具,更是促进学生自我反思、激励进步和指导教学的重要手段。在教学实践中,通过多途径和多主体评价,能确保评价的全面性和有效性。例如,基于课堂教学目标的课后自评,可以让学生自我审视学习成果,培养自我评价的能力;基于探究活动记录单的小组互评,不仅能够促进学生之间的交流与合作,还能增强团队协作精神;考察科学语言的运用,可以检验学生对专业术语的掌握程度,提高他们的科学素养;基于阅读任务单的教师评价,能够检验学生对阅读材料的理解和分析能力。这些多途径、多主体的评价方式，能更为全面地反映学生的学习过程，促进能力的提升。此外，基于评价调整"教师教"与"学生学"的反馈机制，有助于实现教学活动的持续改进，进一步提高教学效果，促进"教—学—评"的有效统一。

表3　四上《声音》单元第1课时学生自评表

班级：　　　姓名：　　　学号：

项目	请在以下符合你情况的描述中打√
1. 我能够在课堂活动中细致聆听身边的声音并认真记录、乐于交流	非常符合　符合　一般　不符合
2. 我能够尝试用科学词汇来描述听到的声音	非常符合　符合　一般　不符合
3. 我尝试用自己的分类标准来给听到的声音分类	非常符合　符合　一般　不符合
4. 我能够写出2条或以上已经知道的关于声音的知识	非常符合　符合　一般　不符合
5. 我能够提出2条或以上还想知道的关于声音的问题	非常符合　符合　一般　不符合

（二）实践路径二：基于项目的探究式作业

项目式学习以完成项目任务或解决现实环境中的问题为目标，以促进学生学习态度、学习方式、学习内容以及学习结果等方面的提升[①]。项目式的课后作业，能帮助学生在交互作用的课堂教学结束后，更好地将系统知识转化、自我重建、应用到实际生活当中。客小以二年级下册《磁铁》单元为例，在单元学习后，开展基于项目的探究式作业——《我的磁铁玩具》。学生从回顾《磁铁》单元的知识点出发，经历绘制设计图、制作玩具、展示评价等环节，使学习目标、学习过程与评价高度一致、紧密联系。因此，该作业的设计与实施体现了"教—学—评"一致性原则（见图5）。

1. 目标具体化

目标具体化是教学过程中的关键环节，它确保了教学活动与学习目标的

---

① 郑艳华：《项目式教学的研究——评〈中小学科学教学：项目式学习的方法与策略〉》，《化学教育》（中英文）2022年第17期。

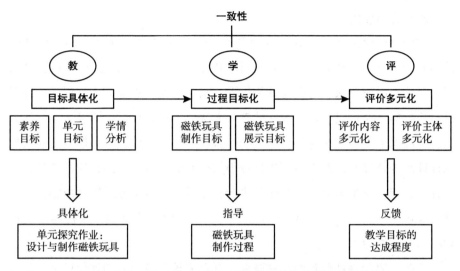

图5 基于"教—学—评"一致性的单元作业设计实践路径

紧密对接。基于科学课程标准中《磁铁》单元的学习内容与对应的水平要求，教师组织学生设计与制作一款磁铁玩具。这一过程不仅要求学生运用所学的磁铁知识，还要求从设计图的绘制开始，明确玩具的外观、性能与材料选择（见图6）。这样的设计任务不仅锻炼了学生的创造力和实践能力，也加深了他们对磁铁知识的理解和应用。通过提出具体的设计与制作要求，以及明确的评价标准，帮助学生将抽象的科学概念转化为具体的实践操作。这种基于项目的学习方式，促进了学生对《磁铁》单元知识点的深入理解和内化，实现了所教即所学，确保了教学与学习目标的一致性。

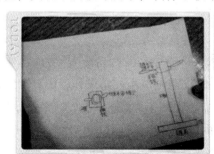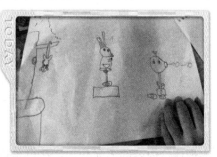

图6 磁铁玩具设计图

2. 过程目标化

过程目标化是教学活动中确保"评—学"一致性的重要策略。在《磁铁》单元的项目式作业中,教师通过组织学生基于设计图选取合适的材料,明确具体的制作要求、时间与评价标准,引导学生在作业完成过程中始终保持目标导向。这种以目标为导向的教学方法,不仅帮助学生明确了学习的方向,也确保了学习过程与评价标准的一致性。在过程中,学生们需要深入反思设计图的合理性,思考在制作过程中如何有效利用磁铁的性质。此外,根据评价目标,学生需对自己的作品进行初步评估,并根据反馈做出相应的调整(见图7)。这一过程不仅锻炼了学生的批判性思维能力,也提高了他们解决问题的能力。

因此,明确磁铁玩具的制作要求、展示要求以及作业的评价标准,是实现探究学习过程目标化的关键。通过这些具体的评价目标,学生能够在学习过程中不断地自我检验,确保自己的学习成果与教学目标相匹配,实现所评即所学,使评价与学习过程形成闭环。

图7 磁铁玩具制作成品

3. 评价多元化

在教育实践中,评价的多元化是确保教学效果和学生学习成果的重要手段。通过完整、全面的评价体系,能够帮助教师从不同角度和层面对学生的学习过程和成果进行深入的考察和反馈。在《我的磁铁玩具》评价单中,采用"评价设计图""评价外观""评价材料""评价玩法讲解"四项内容,以实现评价内容的多元化。这些评价内容不仅涵盖了玩具设计的创意和实用性,也包括了外观的审美和材料的环保性,以及玩法的可理解性。为进一步丰富评价的主体，引入自评、互评和教师评三种评价方式（见表4、图8）。自评鼓励学生进行自我反思，培养他们的自主学习能力；互评则促进了学生之间的交流与合作，鼓励相互学习与欣赏；教师评则从教师角度出发，为学生提供教师的意见和指导。这种多元化的评价主体，不仅能够较为全面地反映学生的学习情况，也能够激发他们的学习动力。

通过多元化的评价方式，能够及时反馈单元教学的效果，实现所评即所教，使"教—评"具有一致性。同时，基于学习目标制定的评价标准，也能够反过来考查学生对学习目标的达成情况，确保"教—学—评"的一致性。这种评价机制不仅有助于教师了解学生的学习进度和存在的问题，也有助于学生了解自己的学习成果和需要改进的地方。

表4　《我的磁铁玩具》评价单

评价内容	5星	3星	1星	自评	互评	教师评
评价设计图	设计图有文字说明	设计图无文字说明但图像清晰	设计图不清晰或缺乏细节			
评价外观	外观精美、色彩搭配合理	外观较好，有一定的美感	外观一般，无明显缺陷			
评价材料	材料环保且耐用	材料环保，但稍欠耐用	材料不环保，不耐用			
评价玩法讲解	玩法讲解详细、易懂	玩法讲解较详细	玩法讲解不清楚			

班级：　　　　姓名：　　　　学号：

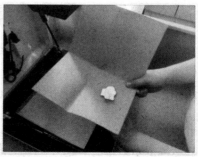

图8　磁铁玩具展示汇报

三 "教—学—评"一致性实践路径的实施效果：
以2023年广州市智慧阳光评价数据为例

科学素养包括科学知识、科学能力、科学情感态度三方面。科学素养的核心在于科学知识，包括内容性知识、认知性知识和程序性知识。科学能力是科学素养的重要组成部分。科学能力的培养有助于个体在面对复杂多变的现实问题时，能够运用科学的方法和思维方式进行分析和处理。科学情感态度是科学素养的灵魂。一个具备良好科学情感态度的个体，会持有开放的心态，尊重事实和证据，勇于质疑和探索。同时，科学责任感的培养使得个体在科学研究和应用中，能够自觉遵守伦理规范，关注科学技术对社会和环境的影响，为可持续发展和人类福祉作出贡献。因此，科学素养的培养和提升应成为教育和社会工作的重要目标。通过对2023年海珠区基础教育的综合评价，能较客观地反映客村小学学生的科学素养水平。

（一）科学素养参评班级的基本概况

本次参评班级为四年级4班，学生人数为40人，其中男生18人，占班级总人数的45%；女生22人，占班级总人数的55%。从数据统计看出，女生人数略高于男生人数，但男女比例总体较为平均。

（二）科学素养结果分析

从图9数据分析得出：客村小学的科学素养得分均值为588.73分，高于广州市的均值500.07分和海珠区的均值508.00分。这表明客小四年4班学生在科学素养方面整体表现较好，相对于市、区的四年级学生具有更高的科学知识和能力水平。

从离散系数来看，测评班级的离散系数为0.13，低于广州市的0.29和海珠区的0.28。离散系数是衡量数据分布离散程度的指标，较低的离散系

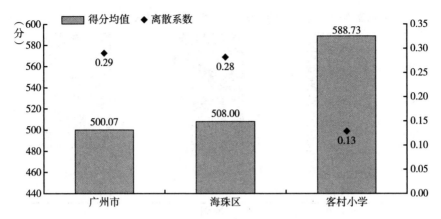

图9　科学素养平均得分及离散系数

数意味着数据分布更加集中，即该班学生的科学素养水平较为一致，学生间的个体差异较小。

从不同等级占比分析得出：测评班级的高等级占比为32.50%，高于广州市的14.80%和海珠区的17.00%。这说明测评班级中有较高比例的学生达到了高等级的科学素养水平。在中等级占比方面，测评班级占比为60.00%，广州市为40.91%，海珠区为41.11%。测评班级的中等级占比最高，这表明大部分学生处于中等水平，科学素养良好但不突出。该结果提示在今后的教学中教师需要更多地关注如何进一步提升这部分学生的科学素养。基础等级占比方面，测评班级的占比为7.50%，远低于广州市的44.29%和海珠区的41.89%。这表明该班只有很少一部分学生处于基础水平，大部分学生都达到了较高的科学素养水平（见图10）。

综合分析得出，测评班级学生在科学素养方面整体表现优异，学生间差异较小，高等级和中等级学生占比较高，基础等级学生占比较低。这些数据反映出客小教师在"教—学—评"一致性理念下实施的一系列教学策略在提高学生科学素养水平方面初步取得了显著成效。为进一步探讨客小现有教学模式与策略在培养科学素养各方面能力上取得的初步成效及改进措施，下文将从科学知识、科学能力、科学情感态度等方面对四年4班学生科学素养

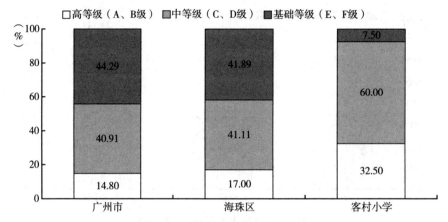

图 10　科学素养各等级水平占比情况

水平进行阐述与分析。

1. "教—学—评"一致助力科学知识与概念的理解

在"教—学—评"一致性的实践策略下，客村小学受测班级学生在科学知识素养水平的培养上初见成效。从图 11 数据分析得出，测评班级科学知识水平整体高于市、区平均水平。从内容性知识来看，测评班级学生的平均得分为 88.75 分，高于海珠区的 72.94 分和广州市的 63.47 分。这表明该班学生在掌握科学事实、概念、原理和理论方面的能力较强，对于科学知识

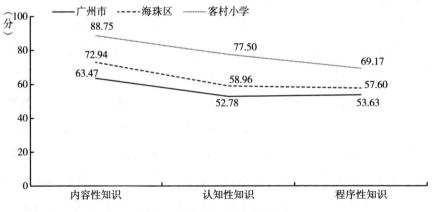

图 11　科学知识水平得分情况

的理解和记忆表现优异。在认知性知识方面,测评班级学生的平均得分为77.50分,同样高于海珠区的58.96分和广州市的52.78分。认知性知识主要涉及学生对科学现象的解释能力,这表明该班学生在理解科学原理和将知识应用于实际问题上具有较好的能力。在程序性知识方面,测评班级学生的平均得分为69.17分,虽然低于内容性知识和认知性知识,但仍然高于广州市的53.63分和海珠区的57.60分。程序性知识主要是指运用科学数据和证据进行推理和解决问题的技能,该班学生在这方面的表现说明他们在科学探究和实践中具有一定的能力,但仍有提升空间。

综合来看,测评班级学生在内容性知识、认知性知识和程序性知识三个方面均表现出较高的水平,且均优于市、区的平均水平,这可能与客小注重基于"教一学一评"一致性策略的运用,助力学生对科学知识与概念的理解有关。如在课堂实践路径中,将科学绘本作为补充教学资源:通过绘本中图文结合的方式,使得抽象的科学概念变得直观易懂,助力学生更好地吸收和理解科学知识;在单元作业设计实践路径中,使用"设计一制作一展示"的项目式作业形式助力学生将理论知识与实际问题相结合,从而更深刻地理解和掌握科学知识。然而,程序性知识相对偏低的得分也提示在未来的教学中需要更多关注对学生科学实践能力的培养,以实现学生科学素养的全面发展。

2. 基于绘本搭建桥梁增强科学解释能力

解释能力是科学能力中的重要组成部分,反映学生能否有效地运用科学原理和概念解释所观察到的现象,是科学素养中极为关键的能力。在实际教学中,学生存在不会正确运用科学词汇的问题,欠缺基于科学现象归纳总结科学原理的能力。在基于"教一学一评"一致性的课堂教学实践路径中,运用绘本中的科学语言为学生正确解释探究课堂中的科学现象搭建桥梁,能够有效培养学生的科学能力尤其是解释科学现象的能力。

从图12数据分析得出,测评班级在探究科学问题上得分为72分、解释科学现象得分为88.13分、运用科学数据和证据得分为72.14分,均高于市、区四年级平均得分水平。这表明该班学生在发现和界定科学问题方面具有较好的能力,能够较为准确地识别出科学问题的本质。在理解和解释科学现象方面表现出色,能够有效地运用科学原理和概念来解释所观察到的现象。在运用科学数据和证据进行推理和论证方面具有一定的能力,初步掌握了进行科学探究不可或缺的技能。

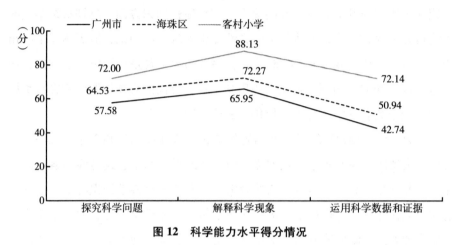

图12 科学能力水平得分情况

综上所述,测评班级学生在三个科学能力维度上的整体表现良好,在解释科学现象方面的能力尤为突出。由此可见,在探究课堂中运用绘本中的科学语言为学生正确解释科学现象搭建桥梁的教学策略初见成效。此外,为进一步提升学生的综合科学能力,在日后的教学工作中要更加关注培养学生探究科学问题、运用科学数据和证据的能力。

3. 基于项目的实践作业提升科学兴趣与信心

科学情感态度,包括科学兴趣和科学信心,是衡量个体对科学学科的整体态度和倾向的重要指标。它是反映学生对科学学科的情感倾向、对科学学习的自我效能感等的重要指标。在"教—学—评"一致性的单元作业设计实践路径中,基于项目的探究式作业能有效培养学生的科学情感态度。

从图13数据分析得出:在科学兴趣方面,测评班级学生的平均得分为79.38分,同样高于广州市的71.91分和海珠区的76.18分。科学兴趣是驱使学生探索科学、参与科学活动的重要内在动机。该班学生的较高得分反映出他们对科学主题有较高的好奇心和探索欲望,这对于学生的科学学习和长

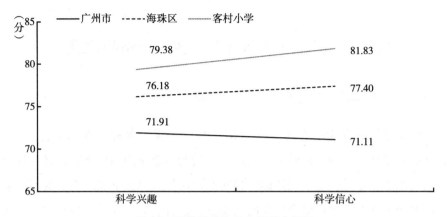

图13　科学情感态度水平得分情况

远发展是非常有益的。在科学信心方面，测评班级学生的平均得分为81.83分，高于广州市的平均得分71.11分和海珠区的平均得分77.40分。科学信心是指学生对自己学习科学和进行科学探究能力的信心水平，即自我效能感。该班学生的较高得分表明他们对自身的科学学习持有较为积极的态度，相信自己能够理解和掌握科学知识，这有助于提升学生的学习动力和参与度。

　　客小通过设计符合学生年龄水平的探究式单元作业，能有效驱动学生探索科学、参与科学活动、培养科学信心。如在《磁铁》单元的学习结束后，教师发布的"设计与制作磁铁玩具"作业任务不仅是一个动手实践活动，更是一次深刻的学习体验。从二年级孩子熟悉的玩具概念出发，通过挑战将《磁铁》单元所学知识点应用于实践，极大地引起学生对参与探究活动、完成探究作业的热情，培养了科学兴趣。通过设计玩具，不仅能够加深对磁铁性质的理解和应用，而且在制作过程中遇到问题、寻找解决方案的经历能够有效地培养学生的科学信心。在设计图的绘制中展现创意，在材料选择和玩具制作中锻炼实践能力，最终在展示环节交流自己的作品，分享学习成果。这样的过程不仅加深了学生对科学概念的认识，也增强了他们解决问题的信心和表达能力，从而在科学学习上建立起积极的自我认知，为未来的科学探究奠定坚实的基础。

四 基于评价数据对现有实施策略的改进

（一）注重课堂教学适应性促进"精准教"

注重教学适应性是实现课堂"精准教"的关键策略。在教学过程中，教师需要根据学生的具体情况和需求，灵活调整教学内容和方法，确保教学活动与学生的学习进度和理解能力相匹配。这种适应性不仅体现在为不同学习水平和风格的学生提供个性化的教学支持，也包括对教学材料和教学策略进行及时更新和改进。

对教学方式分析发现，客小目前主要采用教师主导和探究实践的教学方式。在今后的教学实践中，应使课堂教学方式适应更多不同水平等级的学生，使更多的学生能够参与到对科学课堂的主导中。如鼓励学生根据不同的教学主题自主发掘更多合适的科学绘本，并给予充足的时间使学生能自主提出感兴趣的探究问题。通过这些方式，使学生能够在教师的指导下主动探索和实践，逐步构建起自己的知识体系，促进"学—教"一致。

（二）通过分级策略保障"有效学"

分级策略是实现"有效学"的有效手段，它根据学生的不同科学素养水平设置差异化的学习任务。客小智慧阳光评价数据表明，受测班级科学素养主要集中在中等级水平，但也有一部分学生处于基础等级。针对这一现象，教师可以制定分级学习任务，以适应不同学生的学习需求。对于基础等级的学生，教师应提供额外的学习支持和鼓励，帮助他们巩固基础；对于中高等级的学生，教师应提出更高要求，激发他们的学习潜力。如布置绘本阅读任务时，可以对中高等级水平学生安排自主阅读任务，对基础等级水平学生安排教师指导阅读。在运用科学词汇的方式上，对中高等级水平学生提出书面文字表达的要求，对基础等级水平学生调整为口述表达的要求等。分级策略的实施有助于教师更有效地关注每个学生的学习情况，实现教学与评价的一致，促进学生科学素养的全面提升。教师通过不断实践和反思，提高教学水平，为学生的全面发展提供支持。

（三）发掘跨学科评价方式确保"科学评"

发掘跨学科评价方式是实现"科学评"的重要途径，它能够多维度地评价学生的综合能力。在"以绘本支撑 5E 探究课堂"教学实践路径基础上，教师应注重发掘跨学科的评价方式，使评价能够及时、准确地反映学生学习效果，尽可能地适应不同等级水平的学生。以绘本与教育戏剧结合的评价方式为例，这种评价形式不仅能够评估学生对科学知识的掌握，还能够评价他们的表现力、创造力与合作能力。通过角色扮演和情景再现，学生可以在一个安全的环境中尝试、探索并表达自己对科学概念的理解，从而深化学习体验。此外，创作绘本、续写绘本等评价方式鼓励学生在理解原绘本的基础上发挥想象力，创造性地延续故事。这些方式能够有效地评价学生的创新思维和叙事能力，以及将科学知识与艺术创作相结合的能力。通过这些跨学科的评价方式，不仅能使评价更真实地反映学生的学习效果，使"所评"与"所学"更统一，促进"评—学"一致，而且能丰富学生的学习体验，为教师提供多样化的评价工具，从而促进学生科学素养和综合能力的提升。

参考文献

COHEN S A. Instructional Alignment：Searching for A Magic Bullet. *Educational Researcher*，1987，16（8）.

杨志成：《核心素养的本质追问与实践探析》，《教育研究》2017 年第 7 期。

宋爱君：《小学科学实验课"五段式"教学流程探究》，《教育理论与实践》2015 年第 17 期。

姚颖：《跨学科整合视角下的小学绘本教学设计与实施》，《教育科学研究》2018 年第 11 期。

B.12
基于科学核心素养的单元
学历案设计与实施报告

赖玲玲　邓　贝　蔡雅琪*

摘　要：　单元学历案是一种"素养导向、学生立场、学为中心"的新教案。广州市天河区华阳小学为顺应基础教育改革需求，发展学生的科学核心素养，以单元学历案为载体，基于学生立场，从单元视角对教材进行整体规划设计，关注学生学习经验的组织与建构，注重过程性评价。2023年广州智慧阳光评价·科学素养测评结果显示，华阳小学三年级学生的科学知识、科学情感态度、科学能力等科学素养均高于本市、本区的平均水平，表明以单元导学、创设真实情境、任务驱动进行深度学习的单元学历案实施对提升学生科学素养具有重要作用。

关键词：　小学科学　科学素养　单元学历案　广州市天河区华阳小学

一　问题的提出

2022年4月，《义务教育课程方案（2022年版）》和学科课程标准颁布，标志着基础教育课程改革进入核心素养时代，课程由以知识为中心转化为以素养为中心。2022年版科学课程标准中明确了科学核心素养为

＊　赖玲玲，广州市天河区华阳小学科学教师，中小学一级教师，主要研究方向为小学科学教育实践；邓贝，广州市天河区华阳小学科学教师，中小学二级教师，主要研究方向为小学科学教育实践；蔡雅琪，广州市天河区华阳小学科学教师，中小学二级教师，主要研究方向为小学科学教育实践。

科学观念、科学思维、探究实践、态度责任四个方面，核心素养的确立，是课程育人价值的集中体现。在传统课堂教学模式中，教师往往以课时为单位进行设计，单元内容缺乏整合，教师以僵化的课时（40分钟）切割了学生完整的学习经历，影响了学生学习经验的组织和建构①；此外，教案的撰写几乎都是教师立场，只关注教师怎么教，忽略了学生怎么学，出现重知识、重结果评价、轻素养的问题。如何从以教为中心转变为以学为中心、如何从单一知识传授的方式转变为素养培养的方式是落实核心素养培养的关键。因此，推行学生立场，以学为中心，从"教师如何教"到"学生如何学"的学历案应运而生。

二　课堂单元学历案的设计与实施

（一）单元学历案的设计理念与框架

单元学历案是教师在班级教学的背景下，以核心素养为导向，为了便于儿童自主或社会建构经验，基于单元视角，从学习立场出发设计学生"何以学会"的专业方案②。2023年，为深化课程改革，落实学科教学实践，华阳小学引进华东师范大学课改研究经验，在各学科实施单元学历案。

单元学历案由单元概览和课时学历案组成。单元概览可以看作整个单元的导学地图，主要由"你敢挑战吗""你将学哪些知识""期望你学会什么""给你支招""单元作业与检测""单元学后反思"六个部分组成。每个部分的设计都坚持"以学为中心"，从学生的认知经验出发，设计符合学生最近发展区的内容，从而激发学生的深度学习，培养学生的科学素养。其中"你敢挑战吗"是激发学生学习兴趣的助推器，充分调动学生的好奇心与求知欲；"你将学哪些知识"以大任务和子任务形式呈现，是学生完成学

---

① 崔允漷：《教-学-评一致性：深化课程教学改革之关键》，《中国基础教育》2024年第1期。

② 卢明、崔允漷主编《教案的革命：基于课程标准的学历案》，华东师范大学出版社，2016。

习任务的脚手架，帮助学生建构解决任务的方法与路径；"期望你学会什么"从学生立场出发，按三维四要素撰写单元学习目标并指向核心素养，让学生眼中有目标，心中有方向；"给你支招"介绍了单元的学习路径与方法，并提供相应的课程资源，供学生自学或课外拓展；"单元作业与检测"是根据不同层次的学生，设计分层次作业，包含基础性作业、巩固性作业、提高性作业三种类型，在检测单元目标达成度的同时，给学有余力的学生提高与发展的空间；"单元学后反思"是在单元结束后学生反思评价自己的学习过程，查漏补缺，及时调整学习状态。课时学历案的基本要素包括：①学习主题/课时；②学习目标；③评价任务；④学习过程；⑤检测与练习；⑥学后反思。

总而言之，单元学历案的设计体现了学生学习方式的转变，从传统的"知识点+课时"走向"核心素养+单元"，对于学生而言，既是一份认知地图，又是管理知识的学习档案；对于教师而言，是师生、生生、师师交流的互动载体，也是过程性评价的检测依据。

（二）基于科学核心素养的单元学历案的设计

1. 单元整体设计

学历案是教师在核心素养的背景下进行科学地编制，将核心素养融入学习目标，体现学科核心素养的统领作用。以素养为导向，合理选择教学内容，确定单元导学大任务，整合单元课时内容，明确学习目标。单元导学课通过创设生活情境，促使学生从情境中提出本单元要解决的问题，培养学生问题意识以及针对情境提出问题的能力。

2. 创设真实情境

结合学生的日常经验，创设指向性的真实问题情境。基于学情特点，设计一个或一系列问题情境，引发学生的好奇心，并与学习目标相一致，便于学生将习得的知识进行迁移运用，激发学生的探究兴趣，推动单元大任务的进程。

3. 任务驱动深度学习

以任务群、任务链为抓手，串起课时学历案学习内容。为了更好地落实单元学历案，教师需为学生提供学习支架，将单元大任务分解为子任务，每完成一个子任务则进阶一个台阶，直到最终完成单元任务，解决单元问题，以便学生内化知识，进入深度学习。

4. 测评促进真实学习

指向核心素养的检测与评价，重视检测环节的层次与进阶性，以满足不同学生的学习需求，关注学生的个体差异，不断探索适合不同学生的教学设计，帮助学生处于"真实学习"的状态，以开展多元评价，结合过程性评价和结果性评价，检测学生在单元任务完成过程中思维发展和素养达成情况。

5. 反思完善学生学习

"学后反思"就是指学生根据自己在课堂教学中的学习经历，在课后对自己的学习内容、学习方法、学习过程进行完善。学生通过该环节进行自主课外学习、复习。学后反思使学生再一次进入学习中，在反思、加工、总结过程中完善学习要素、提升综合素养。如图1所示，以上五个环节是环环相扣、相互联系的。

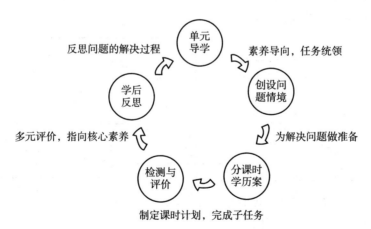

图1 基于科学核心素养的单元学历案设计

（三）单元学历案的实施

学历案基于课时、主题或单元编写，根据学情和学生认知需求进行设计。在教科版科学二年级上册第二单元《材料》的教学中，华阳小学以"设计一顶新年帽子"为单元大任务开展学历案学习活动。

1. 单元导学：确定大任务

在单元导学课上教师要创设真实情境，让学生在情境中体会到解决问题的价值，激发他们的学习兴趣和求知欲。

下文以二年级《材料》单元为例说明单元学历案如何实施（见图2）。二年级的学生在日常生活中接触各种各样的材料，他们能初步认出一些简单的材料，具有一定的动手操作能力。因此，在《材料》这一单元的学习过程中，教师以元旦节日为真实情境，引导学生为庆祝新一年的到来，以"设计一顶新年帽子"为单元主题，开展单元导学活动，让学生以"小小设计师"的身份，从了解不同的材料入手，思考做一顶装饰帽可选择哪些材料，促进学生自主探究不同材料的特征，进而选取合适的材料设计、制作和改进帽子，让学生获得成为一名"帽子设计师"的学习体验，激发低年级学生参与科学实践的好奇心。

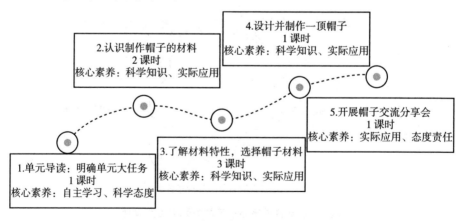

图2　《材料》单元学历案

2. 互动助学：提供探究支架

在单元导学课中，学生已明确了单元学习任务，但学生会发现原有的认知并不能解决所有的问题，需要寻求达成目标的策略，这是一个"学会"的过程。这就要求教师为学生提供学习支架，以分课时学历案开展教学让学生完成子任务活动。

以《材料》单元《我们生活的世界》一课为例，教师将科学实践活动情境导入教学，认识不同材料的特点，学会按材料类别对常见物品进行分类，以实验记录引导学生把关键信息记录下来，让学生对实验结果进行分析，掌握不同材料的特点。同时，教师引导学生将初学的知识和技能运用到思考选择合适的材料制作新年帽子这一实际问题上，促进学习迁移，发展学生自主探究的能力。

3. 多元评价：促进学习完善

教育评价强调育人导向作用，关注学生学习过程，注重表现性评价、过程性评价，将项目评价贯穿于整个单元任务。对于学习目标的达成不再局限于知识点的识记、理解、简单应用，而是以学生"在何种情境下能运用什么知识完成什么任务"的方式来评价。

单元过程性评价模块分为三个维度：学习习惯、学业水平、创新精神，通过自评、小组评、教师评的方式，总结优点与不足之处（见表1）。

表1　单元过程性评价

评价板块	评价内容	自评	小组评	教师评
学习习惯 （10☆）	做好课前准备,遵守课堂纪律(3☆)	☆	☆	☆
	我能认真倾听与思考,积极举手回答,能完成两次以上的评论员任务(3☆)	☆	☆	☆
	我愿意参与小组合作,遵守小组活动要求,能在课堂上进行两次以上的小组分享(4☆)	☆	☆	☆
学业水平 （20☆）	我能在老师的引导下了解制作帽子的材料(7☆)	☆	☆	☆
	我能在老师的引导下按照实验步骤规范进行实验操作(5☆)	☆	☆	☆
	我能知道自然物和人造物的区别,并能说出不同材料的不同功用,能选用合适的材料设计制作帽子(8☆)	☆	☆	☆

续表

评价板块	评价内容	自评	小组评	教师评
创新精神 （10☆）	我能独立思考,讲述设计一项帽子的思路(5☆)	☆	☆	☆
	我能根据他人的建议,对自己的帽子进行改进(5☆)	☆	☆	☆

在期末总结性评价中，根据《义务教育质量评价指南》《广州市智慧阳光评价项目》及华阳小学推进的"向阳学业发展评价"文件精神，华阳小学在期末评价中推进非纸笔测试工作，结合二年级学生特点和学校特点开展期末游园活动，让学生在游园活动中参与"我的新年帽子"创意走秀活动、"帽子设计师"分享活动（见图3），让学生在活动中开展评价。

图3 作品"我的新年帽子"

学历案的设计突破了传统教学模式，更加强调学生的主体地位和对学习过程的评价。通过学后反思的整合，帮助学生建立知识与自我之间的联系，丰富自主和社会建构的学习经验，让学生在真实的学习过程中不断提升核心素养。

三 单元学历案的实施效果

（一）以测评数据为依据，分析华阳小学学生科学素养水平

2023年广州智慧阳光评价·科学素养测评抽取了广州市天河区华阳小学（以下简称"华阳小学"）三年级2班、4班、13班，共计127人为样本进行测评，其中男生65人、女生62人。科学素养测评分成科学知识、科学能力和科学情感态度三大方面，将学生测评结果分为六个水平（A~F级）和三个等级（高、中、基础），客观、多维度地分析学生目前的科学素养状态及其影响因素，对一线科学教育教学有着重要的导向作用。

表2的数据显示，华阳小学的学生科学素养高等级（A、B级）占比为17.97%，比广州市高0.89个百分点，比天河区低3.3个百分点，其中4班的高等级学生人数占比为25%，比广州市高7.92个百分点，比天河区高3.73个百分点，13班和2班均低于市、区平均水平。中等级（C、D级）占比为64.06%，远高于市和区平均水平，比市高23.87个百分点，比区高18.51个百分点，13班尤为明显，中等级占比71.43%，比市高31.24个百分点。而基础等级（E、F级）占比17.97%，低于市24.73个百分点，低于区15.2个百分点。

表2 科学素养等级水平对比分析

单位：%

科学素养	高等级占比 （A、B级）	中等级占比 （C、D级）	基础等级占比 （E、F级）
广州市	17.08	40.19	42.7
天河区	21.27	45.55	33.17
华阳小学	17.97	64.06	17.97
13班	14.29	71.43	14.29
2班	14.29	59.52	26.19
4班	25	61.36	13.64

图4数据显示，华阳小学科学素养的平均成绩为533.92分，比广州市学生均值（499.88分）高34.04分，比天河区学生均值（519.32分）高14.6分，其中排名前5%的学生均值为655.56分，排名后5%的学生均值为393.72分。离散系数为0.22，均低于市、区平均水平，其中13班的离散系数为0.19，在三个班中最低，2班为0.25，为三个班中最高。

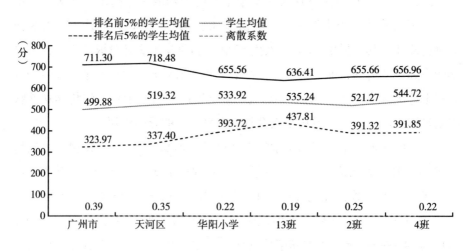

图4 科学素养平均成绩对比

通过表2、图4的数据对比，发现华阳小学的学生科学素养总体表现良好，处于中等水平的人数较多，基础等级水平占比也低于市和区，反映出华阳小学学生个体间差异较小，发展相对比较均衡。而高等级水平的占比略低于区，说明高等级学生有待进一步发展。究其原因与学校开展的单元学历案的课堂教学模式有关，虽发展了大部分学生的科学素养，但仍需关注高等级水平学生的数量提升。

（二）实现学生科学知识链条的连接和程序性知识的掌握

本次测评的科学知识包括内容性知识、认知性知识和程序性知识三大方面。如图5所示，华阳小学三年级科学素养在内容性知识、程序性知识、认知性知识方面得分均高于区均值，其中内容性知识得分最高，为71.33分，高出市 9.86 分，高出区 5.34 分，其中 13 班得分最高，2 班得分最低；在认知性知识和程序性知识上，4 班得分最高。

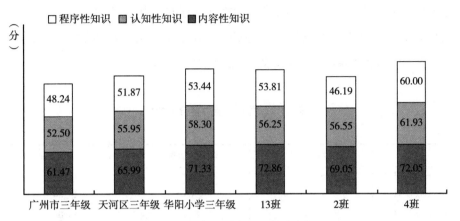

图 5 不同类型科学知识得分分析

从本次智慧阳光评价的数据可以看出，华阳小学测评对象在内容性知识的掌握程度上占有很大优势，这与华阳小学单元学历案推行紧密相关。

单元学历案将单元课时的知识整合，通过子任务解决，获得结构化知识。学生改变了以前被动接受零散的、碎片化浅层知识内容学习的方式，转为主动代入情境角色学习。每课时的学习目标及评价任务，通过教师引导，将单元知识系统化，每个课时之间形成知识链条，每个知识点的掌握程度如何，哪些知识内容还没完成，十分清晰，就像寻医问诊一样，每一次的学习都能留下足印，学生明确我要到哪里，目前在哪里，还需要往哪里走。学完整个单元后知识链条不断完善，学生在内容性知识、程序性知识方面链条交错、完善，点面结合，在实践活动时随时提取知识要点。

（三）打破界限，融合多维度能力，促进学习品质的提升

本次测评的科学能力涵盖了解释科学现象、探究科学问题、运用科学数据和证据的能力。如表 3 所示，华阳小学三年级参测对象探究科学问题的能力得分为 65.43 分，比市平均高 8.76 分，比区平均高 5.38 分；解释科学现象的能力得

分为73.05分，比市高11.15分，比区高7.08分；运用科学数据和证据的能力为44.08分，比市高2.16分，比区低2.41分。学生在探究科学问题和解释科学现象上得分比较高，明显高于运用科学数据和证据的能力，2班表现尤其明显，4班和13班这三种能力则比较均衡。这说明华阳小学单元学历案的推行促使学生探究科学问题及解释科学现象的能力得到了良好发展。

表3 不同科学能力得分分析

单位：分

分类	探究科学问题	解释科学现象	运用科学数据和证据
广州市三年级	56.67	61.90	41.92
天河区三年级	60.05	65.97	46.49
华阳小学三年级	65.43	73.05	44.08
13班	63.69	74.60	42.52
2班	59.52	71.63	39.46
4班	72.73	72.92	50.00

学历案的设计者逆向追溯学习过程，从大单元任务出发，为运用知识来解决实际问题而学习，让科学观念、科学思维、探究实践能力等综合科学素养得到全面发展。通过创设贴近生活的真实情境，完成阶梯式的任务解决，促进思维发展的学习产生，不仅是知识的积累，更是能力的提升。学生采用探究式学习方法，关注学习体验，如体验、经历、观察、实验、实践、参与小组讨论与交流，注重学习的过程，这种学习方式能让学生由浅层学习向深度学习转变，有效地将知识内化，转变成解决问题能力、合作能力、表达交流能力等综合能力的提升，将知识学习与生活实际运用相结合，培养学生学会如何更好地学习的品质，获得科学素养的关键能力。

（四）深度学习，多维度参与，联合激发科学兴趣和科学信心

从图6测评数据来看，华阳小学测评对象在科学兴趣和科学信心上呈现良好的发展态势，科学兴趣得分为81.01分，科学信心得分为81.42分，得

分均高于市和区均值。学生在科学兴趣与科学信心方面，呈现良好的发展态势，自我效能感均衡发展。13 班表现尤其明显，学生科学兴趣浓厚，科学信心得分高出市平均12.25 分，高出区平均10.99 分，班级的自我效能感良好，学习态度端正，学生呈现均衡发展。究其原因，与教师推行单元学历案的课堂教学方式及学生的学习内驱力等因素有关。

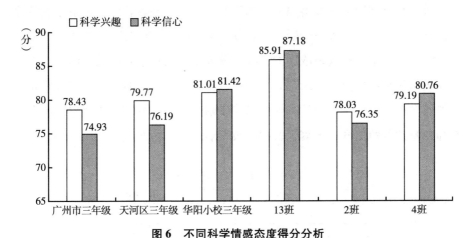

图6 不同科学情感态度得分分析

推行单元学历案后，学生由被动学习向主动学习转变，促进学生科学兴趣和科学情感态度提升。在使用学历案学习后，学生学习的形式多样化，在真实情景任务的驱动下，学生的参与度、投入度不断提升，对科学学习的热情大大提高。

（五）丰富教师的课堂教学形式，促进学校教研共同体的形成

从智慧阳光评价教师的测评数据（见图7）来看，华阳小学教师教学能力远远高于区县水平。这说明单元学历案的研究与实践会促进教师专业化水平提升。教师教学理念由"教"转变为"学"，从关注"教什么"转变为"学什么""如何学"，站在学生的立场，充分考虑学生的学习能力、学习需求、学习规律，从单元设计的角度思考课堂学习内容，围绕某一主题任务提

供专业化的帮助和指导，整合教学内容的能力逐渐提高。基于以上理念，促进教师不断丰富课堂教学方式，例如设计有趣的、符合学生年龄特征的挑战性问题，通过进阶式的课堂追问引发辩论式的课堂，通过实验、小组活动、建构模型等方法推进学习进程，课堂上更多地引发学生思考，以生为本，让学习真实发生，走向深度学习。

教师研究学历案有效落地的氛围浓厚，科组内多名教师通过余志敏名师工作室的牵引，成立了教研团体"深耕俱乐部"，辐射天河区小学，汇聚了一批对课堂教学改革兴趣浓厚的教师，形成了学校科学教研共同体。俱乐部以视频切片和读书分享等活动方式为抓手，深剖学生学习过程，着力研究学生如何学得轻松、学得快乐。辐射引导华阳教育集团校和周边学校，促进了教师专业素养的提升，丰富了教师的教学形式。

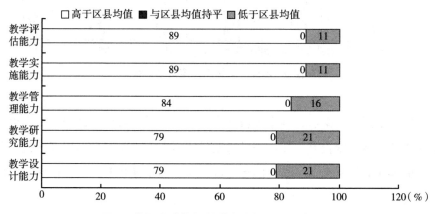

图7　华阳小学教师教学能力与区县均值对比

四　单元学历案的优化策略

（一）对标学业质量水平，优化学历案的分层设计

学历案是一份完整的学习档案，也是学业质量评价的依据。对比2017

年版课标，2022 年版课标新增了学业要求板块，明确指出了学生对学科核心概念的掌握程度，但是由于个体差异性，教师在设计学历案时除了对标学业要求外，还可以针对不同层次的学生对学历案进行分层设计，例如可以在学历案的学习过程中增设"选学"环节，并给学生明确的操作指引，从而让学有余力的学生深入钻研；在检测与练习环节可以设计不同梯度的练习，包含基础练习、巩固练习与提高练习，在促进学生学业水平均衡发展的同时提高班级高等级学生的占比，做到"下有保底，上不封顶"。在实施过程中，教师可以通过学生在学历案上的填写情况动态监测学生的学习过程。

（二）拓展科学学习空间，探索课内外衔接

小学科学是一门综合性基础课程，具有实践性，由于校内科学课时间有限，一、二年级每周一次科学课，三至六年级每周两次科学课，在有限的时间内无法满足学生书本以外的探索欲，而科学核心素养的培养不是一朝一夕可以完成的，需要长期渗透。因此，教师可以以学历案为载体，将与课程相关的课外拓展资源以二维码形式呈现，课外拓展资源来自该校"华阳少科院"公众号上学生投稿的探究素材，有兴趣的学生可以回家后在家长的陪伴下扫码观看详细步骤和实验操作视频，还能在别人研究的基础上进行深化和拓展，实现对知识与方法的迁移，在研究的过程中逐步内化核心素养。

（三）统整单元教学内容，创设真实问题情境

学历案的设计是一个不断迭代更新的过程，需要根据学生的学习反馈进行调整。在单元教学开始之前同年级教师进行集体备课，厘清教材逻辑、把握知识之间的内在联系，再重构单元内容创设真实问题情境，真实情境引发出真实问题，从而激发学生的学习兴趣，学生在解决真实问题的过程中也能不断提升科学素养。如一年级《植物》单元，以种植植物、分享种植日记为情境；二年级《磁铁》单元，以设计制作适合课间玩耍的磁铁玩具为情境；三年级《物体的运动》单元，以设计制作"我们的过山车"为情境；

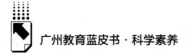

四年级《电路》单元，以设计房间照明电路为情境；五年级《船的研究》单元，结合端午节以设计"新式龙舟"为情境；六年级《宇宙》单元，以制作宇宙模型为一年级弟弟妹妹科普为情境。

参考文献

卢明、蒋雅云：《落实学科核心素养：单元学历案的设计与实践》，《全球教育展望》2022 年第 4 期。

梁东红、张军霞：《基于学业质量的小学科学课程设计研究》，《课程·教材·教法》2023 年第 10 期。

司徒敏：《立足问题解决，让教与学同频共振——小学科学单元学历案的设计与实施探析》，《江苏教育研究》2023 年第 22 期。

杜志刚：《在技术与工程课中培养学生的高阶思维——以"做一顶帽子"活动为例》，《科教导刊》2021 年第 24 期。

B.13
基于科学素养测评的主题探究式
教学校本实践报告
——以华南师范大学附属花都学校为例

吴婉怡 陈燕君 黄耀晖 李浩璇*

摘 要： 在当今教育领域，科学素养被视为培养学生综合素质的重要组成部分，它不仅关乎知识的积累，更涉及能力的培养与态度的塑造。本文基于广州市中小学教育智慧阳光评价项目，分析华南师范大学附属花都学校四年级学生测评结果，发现学生在探究科学问题、解释科学现象与运用科学数据和证据上表现良好，科学兴趣浓厚，探究式教学备受推崇，但整体水平中等，课后投入时间略显不足。基于此，华南师范大学附属花都学校通过主题探究式教学，分模块教学、整合资源与工具，并严格评价，实施了全面的探究过程，在学生认知技能、知识整合、评价与教学创新、课堂拓展、教师观念等方面取得了一定成效。

关键词： 主题探究式教学 科学素养 校本实践 华南师范大学附属花都学校

---

* 吴婉怡，华南师范大学附属花都学校小学科学教师，二级教师，主要研究方向为科学教育；陈燕君，华南师范大学附属花都学校小学科学教师，主要研究方向为科学教育；黄耀晖，华南师范大学附属花都学校科学与信息技术教师，二级教师，主要研究方向为基于STEM理念的跨学科科技教育；李浩璇，华南师范大学附属花都学校人工智能课程教师，二级教师，主要研究方向为信息技术与科技教育。

2020 年，中共中央、国务院发布了《深化新时代教育评价改革总体方案》①，方案中强调了对监控结果的应用。如何正确地利用这些监测结果，深入解析报告的内容，明确各地区教学的优点和缺点，找出问题的根源，以便提出有效的改进建议，是当前教育工作者面临的关键挑战。《义务教育科学课程标准（2022 年版）》在总目标中明确指出"科学课程旨在培养学生的核心素养，为学生的终身发展奠定基础。"② 科学素养已成为衡量个体适应社会发展、创新能力和生活质量的关键指标之一。科学素养不仅限于知识的积累，更在于如何运用科学方法、批判性思维去理解世界，解决实际问题。因此，如何有效提升学生的科学素养，特别是基础教育阶段的科学教学改革，成为国内外教育研究与实践的重点。在此背景下，主题探究式教学作为一种鼓励学生主动探索、实践、合作学习的教学模式，被广泛认为是提升科学素养的有效途径。华南师范大学附属花都学校（以下简称"华附花都学校"）四年级学生科学素养测评及主题探究式教学实践，正是在这一背景下的一次积极探索，旨在通过科学地教学设计与实施，促进学生在知识、技能、态度与实践能力上的全面发展，为科学教育改革提供实践参考与理论支撑。

一 华南师范大学附属花都学校科学素养测评结果与分析

2023 年广州智慧阳光评价·科学素养测评随机抽取了华附花都学校四年级 44 名学生样本进行学科素养中"科学素养"测试以及非学业量表测试。参与测评的 44 名学生中，男生占比 54.55%，共 24 人；女生占比 45.45%，共 20 人。本文对学生科学素养中的科学知识、科学能力以及科学情感态度等方面进行研究分析。

---

① 《中共中央 国务院印发〈深化新时代教育评价改革总体方案〉》（中发〔2020〕19 号），中华人民共和国中央人民政府网站，2020 年 10 月 13 日，https://www.gov.cn/zhengce/2020-10/13/content_5551032.htm，最后检索时间：2023 年 7 月 9 日。

② 中华人民共和国教育部：《义务教育科学课程标准（2022 年版）》，北京师范大学出版社，2022。

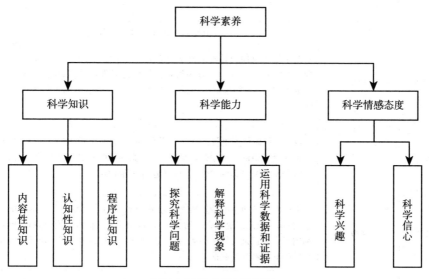

图1 科学素养测评维度

根据学生成功完成的任务类型，可以分为不同的科学水平。根据学生在科学素养测评中的表现，将学生分为三个等级和六个水平（A~F级）。达到最高等级（A级和B级）的学生能够熟练掌握知识点或技能，独立进行分析和推理，并在生活场景中将知识点灵活运用；中等级（C级和D级）的学生基本能够掌握知识点或技能，在一定条件下可以进行分析或推理，能够将部分知识或技能应用在生活场景中；基础等级（E级和F级）的学生尚未掌握或仅掌握部分知识点或技能，无法在生活中运用相关知识点或技能。

表1 2023年广州市四年级学生科学素养测评的等级要求

单位：分

水平	该水平最低分数	达到该水平的学生能够做什么
A级	682	A级学生可以从物理、生命、地球和空间科学中汲取一系列相互关联的科学思想和概念，并使用内容、程序和认知性知识，为新的科学现象、事件和过程提供解释性假设或作出预测；在解释数据时，可以区分基于科学理论、证据的论点和基于其他考虑的论点；能够评估复杂的科学实验、进行实地研究或模拟设计

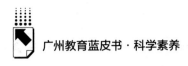

续表

水平	该水平最低分数	达到该水平的学生能够做什么
B 级	614	B 级学生可以使用抽象的科学思想或概念来解释不熟悉或更复杂的现象、事件;能够利用理论知识解释科学信息或作出预测;可以评估科学探索的方法,识别数据解释的局限性,解释数据中不确定性的来源和影响
C 级	547	C 级学生可以使用更复杂或更抽象的知识,解释生活中的事件和过程;可以在受约束的环境中进行科学实验,能够证明实验设计的合理性;可以解释从实验中提取的数据,得出适当的科学结论
D 级	480	D 级学生可以利用中等复杂的科学知识来识别或解释生活中熟悉的现象;在不太熟悉或更复杂的情况下,可以用相关的提示来构建解释;能够利用科学知识进行简单的实验;能够辨别科学问题和非科学问题,找出简单的支持科学主张的证据
E 级	413	E 级学生能够运用科学知识或数据解决简单科学实验中的问题;可以利用基本的或日常的科学知识,从简单的图表或数据中得出一个有效结论
F 级	345	F 级学生在支持下,可以进行不超过两个变量的结构化科学调查;在科学问题中能够识别简单的因果关系、解释简单的图形或数据;无法使用科学知识对简单科学现象做出解释

（一）华南师范大学附属花都学校科学素养测评数据指标分析

1. 科学等级水平分析

华附花都学校科学素养等级水平情况如表 2 所示,从中可以看出,在科学素养中高等级（A、B 级）学生占比 15.91%,略高于广州市平均水平,但低于花都区均值;中等级（C、D 级）学生占比 59.09%,高于广州市与花都区均值;基础等级（E、F 级）学生占比 25.00%,低于广州市与花都区均值。

2. 科学知识测评分析

科学知识从认知过程角度进行测评,涵盖了内容性知识、认知性知识、程序性知识三方面。

表 2　2023 年广州市四年级学生科学素养等级水平情况

单位：%

科学素养	高等级占比（A、B 级）	中等级占比（C、D 级）	基础等级占比（E、F 级）
广州市	14.08	40.91	44.29
花都区	27.77	40.83	30.40
华附花都学校	15.91	59.09	25.00

华附花都学校科学知识测评结果如图 2 所示。华附花都学校学生的内容性知识、程序性知识、认知性知识得分均高于花都区均值。内容性知识上，77.27%的学生高于区得分，22.73%的学生低于区得分；认知性知识上，56.82%的学生高于区得分，43.18%的学生低于区得分；程序性知识上，72.73%的学生高于区得分，27.27%的学生低于区得分。

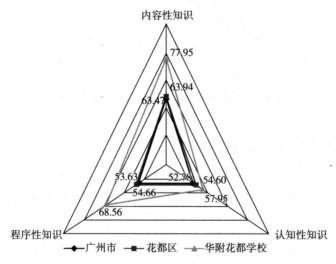

图 2　不同类型科学知识得分情况（单位：分）

3.科学能力测评分析

科学能力涵盖了探究科学问题、解释科学现象、运用科学数据和证据三个方面的能力。华附花都学校科学能力测评结果如图 3 所示，华附花都学校学生在解释科学现象、探究科学问题、运用科学数据和证据三方面的得分均高于花都区均值。探究科学问题上，90.91%的学生高于区得分，9.09%的学生低于区得分；解释科学现象上，81.82%的学生高于区得分，18.18%的学生低于区得分；运用科学数据和证据上，61.36%的学生高于区得分，38.64%的学生低于区得分。

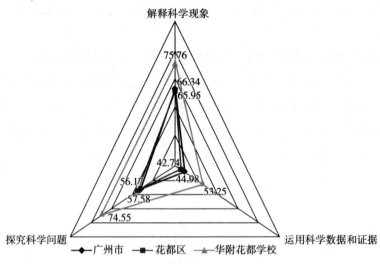

图3　不同类型科学能力得分情况（单位：分）

4. 科学情感态度测评分析

学生的主观态度在一定程度上会影响学生科学素养的发展水平，广州市中小学教育智慧阳光评价将学生的科学情感态度分为科学兴趣、科学信心（自我效能感）。

华附花都学校科学情感态度测评结果如图4所示，华附花都学校学生的科学兴趣、科学信心得分均高于花都区均值。科学兴趣上，72.73%的学生高于区得分，27.27%的学生低于区得分；科学信心上，77.27%的学生高于区得分，22.73%的学生低于区得分。

5. 课堂教学方式测评分析

教师在课堂上教学时会使用不同的教学方法，结合科学课学习的特点可

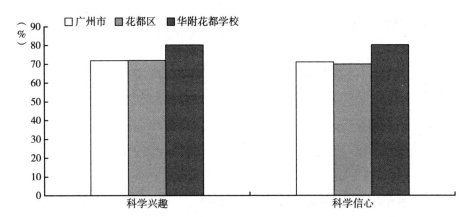

图4　2023年广州科学素养测评四年级学生科学情感态度测评情况

分为教师主导式教学、探究实践式教学、适应性教学、师生双向反馈式教学。

　　华附花都学校课堂教学方式测评结果如表3所示，华附花都学校的老师在课堂上更倾向于使用教师主导式教学、探究实践式教学，采用师生双向反馈与适应性教学方式的频率相对较低。

表3　2023年广州科学素养测评课堂教学方式测评情况

单位：%

群体	教师主导式教学	师生双向反馈式教学	适应性教学	探究实践式教学
广州市	56.64	53.18	56.76	60.06
花都区	58.13	55.79	59.47	61.01
华附花都学校	78.60	66.48	64.39	79.64

6.时间投入测评分析

　　时间投入主要测查学生完成科学作业需投入时间的长短。华附花都学校学生完成科学作业花费时间与科学成绩表现关联如图5所示，完成科学作业花费时间在31~60分钟的学生科学素养成绩表现最优，在61~90分钟的学生科学素养成绩表现最弱。

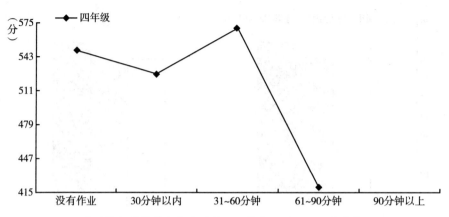

图5　华附花都学校学生完成科学作业花费时间与科学成绩表现关联

（二）结论与分析

《义务教育科学课程标准（2022年版）》指出"以评价促进学生核心素养发展""以评价改进和优化教学"。本文总结华附花都学校四年级学生科学素养测评情况，对学生科学素养水平现状和问题分析如下。

1.科学素养总体处于中等水平

华附花都学校中等级水平学生占比较大，高于广州市与花都区平均水平，这一数值反映出了学生们在科学素养方面的表现中规中矩，既展现了一定的科学知识与技能基础，也留有提升空间。华附花都学校需进一步加强学生的科学素养，以中等级学生为重点发展对象，提升中等级水平学生的科学素养，同时减少科学素养基础等级水平学生占比，进一步增强中等级水平的中坚力量。

2.科学知识与科学能力发展不均衡

在科学知识与科学能力的掌握上，学生群体显示出明显的不均衡性。尽管学校总体在探究科学问题、解释科学现象、运用科学数据和证据等方面超越了区平均水平，但依旧存在部分学生在这些关键能力上表现欠佳。这种不平衡提示了教学中需要更精准的干预策略，即针对那些在特定科学能力上薄弱的学生实施个性化辅导，确保每位学生都能全面理解科学概念并能将其应用到实际情境中，从而提高整体的科学素养。

3. 科学情感态度积极但需引导

学生群体对于科学学习持有较高的兴趣和信心，这无疑是科学教育的一大优势，表明学生对科学保有开放和接纳的态度，乐于投身于科学探索。不过，要维持并深化这种积极态度，教师的积极引导不可或缺。教师应通过设置引人入胜的教学活动，激发学生的内在动机，同时传授科学探究的方法和批判性思考，使学生的初始热情转化为持久的学习动力，避免因缺乏引导而产生兴趣减退的现象。

4. 课堂教学方式以探究实践式教学为主

教师在科学教学实践中偏重采用探究实践式教学法，这与当前科学教育倡导的"做中学"理念相符，能够极大地激发学生主动学习的欲望，培养他们的实践操作技能和问题解决能力。然而，适应性教学的低频次揭示了个性化教学策略的不足，表明在满足不同学习风格和能力水平学生的需求上还需更多努力。未来教学改革应平衡探究实践与适应性教学，根据不同学生的学习进度和需求灵活调整教学策略。

5. 适量的课后学习时间投入（31~60分钟）有助于提高科学素养

在课后学习时间投入中，华附花都学校部分学生课后投入科学作业的时间较短，表示没有科学作业。而课后学习时间投入31~60分钟的学生表现出科学素养最佳，由此可见适当的课后学习时间投入有助于学生对科学知识的深入理解和巩固，帮助科学素养的持续提升。对此，学校和家庭应共同协作，设计吸引学生的课后学习方案，如科学俱乐部、在线互动学习平台活动等，鼓励学生合理安排时间，确保科学学习的连续性和深度，促进科学素养的全面发展。

二 小学科学主题探究式教学的构思与实践

综合分析华附花都学校学生的科学素养测评情况，结合测评反映出的问题与学生学习需求，为激发学生的学习热情，增强在科学领域的主动探索精神，并提升将理论知识应用于实际情境的能力，华附花都学校科学学科团队遵循建构主义理论，在教科版科学四年级上册第三单元《运动和力》的教学中开展以"奇妙的运动世界：探索力与运动的秘密"为主题的探究式教学。

此主题探究式学习项目围绕"物质的运动与相互作用"与"能的转化与能量守恒"的核心概念，引导学生在真实的科学探索中，以小组为单位，深入理解力的作用、运动的规律，以及两者之间的关系。通过设计实验、观察现象、记录数据和分析结果，学生不仅能够亲自验证科学原理，还能在这一过程中不断反思、讨论和修正自己的假设，从而深化对"物质的运动与相互作用"这一核心概念的理解，并实现知识的灵活迁移。

（一）探究式教学的设计流程

探究式学习的终极目标是让学生通过深入探索，深化对知识的理解并提高解决问题的能力。科学探究通常涵盖以下步骤：首先，识别和明确探究的问题；其次，进行猜想和假设；接着，通过观测、调查和实验等多种方法收集科学证据；然后，对这些证据进行分析和论证；再次，基于证据得出结论、进行解释、构建模型并进行预测；最后，进行合作评估与交流。由此可以得出探究式教学的基本设计流程（见图6）。

图6 探究式教学模式基本流程

从现代认知心理学的信息加工角度看，探究式教学着重培养以下能力：首先是收集或获取信息的能力，包括观察、测量、科学记录、比较、分类以及利用信息工具查询所需资料；其次是信息的表征或编码、转换能力，如符号化、图表化、数学知识的运用、近似、抽象化和模型化等；再次是信息的使用和加工能力，这涉及确定研究对象、提出假设、制定研究计划、确定变量以及实施控制等；最后是信息的传播能力，包括撰写科学研究报告、解释以及口头和书面的交流。

（二）主题探究式教学的构思

在华附花都学校四年级的科学教学实践中，特别关注到了科学素养测评反映出的问题与学生学习需求，针对四年级上册第三单元《运动和力》的教学内容，策划并实施了名为"奇妙的运动世界：探索力与运动的秘密"的主题探究式学习项目。此项目学习模式紧密围绕建构主义教育理念，将学生置于一个富有探索性的学习环境之中，鼓励他们以小组为单位，主动发现问题、设计实验、动手操作、解决问题，以此达到对"物质的运动与相互作用"和"能的转化与能量守恒"核心概念的深入理解与实际应用能力的提升。

1. 分模块设计学习内容

在构建"探索力与运动的秘密"主题探究式教学内容时，华附花都学校紧密围绕建构主义教育理念，对教学内容进行模块化设计（见图7），旨在分步骤地深化学生的理解，提升实践能力。模块一聚焦力的基础概念，借助日常生活的实例，让学生直观体验推、拉等力的作用方式；模块二则扩展到力的多样性，通过实践活动让学生认识摩擦力、重力等多种力，了解它们的不同特征和作用效果；模块三是速度与能量的关系，探究不同表面移动物体的难易程度，引导学生理解摩擦力如何引起速度、加速状态的变化；模块四则转向应用，综合前三个模块所学的知识，根据需要设计、制作各种动力小车执行不同的任务，在实践中体会力与运动的实际应用。此模块化设计旨在通过逐步递进的学习模块，既教授教科书内容，又激发学生对科学的探索兴趣和深层理解。

2. 整合资源与工具

为了优化学习体验并促进学生在"探索力与运动的秘密"主题探究式教学中的探索，华附花都学校综合了多方面资源与工具，包括精选教

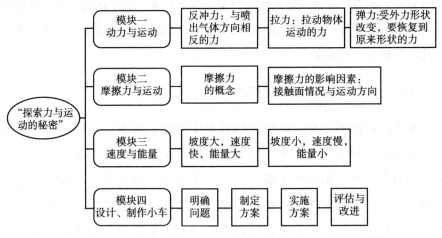

图7　"探索力与运动的秘密"主题探究式教学内容模块化设计

材及配套实验手册,提供理论基础,辅以科学依据;多媒体资源,如动画、视频生动展示力的动态过程,帮助学生直观理解;实验器材配备齐全,如弹簧测力计、斜面、轨道等,确保实验的精准操作;技术工具,如数据分析软件,利用 Excel 图表化数据,直观展示力与运动之间的关系;图书馆与网络资源,鼓励学生利用专业数据库、电子图书等拓宽视野,深化探索层次。

3. 制定评价标准

在"探索力与运动的秘密"主题探究式教学中,华附花都学校制定了一套全面的评价标准体系(见表4),旨在从多维度衡量学生在探究过程中的学习成果。评价标准包括知识掌握,要求学生准确表达力的定义、分类,并能运用理论解释力与运动的关系;技能展示方面,学生需能独立设计并操作实验,精确记录数据,分析数据,科学推理并清晰传达结论;合作与态度评价,强调在小组中积极参与,尊重他人意见,展现责任心,主动提问;创新与反思,鼓励独创性思考,批判性提出问题,反思学习过程并能联系实际生活;成果展示,如报告或模型,为学生创造机会展示学习成果,接受反馈,综合评价,以此全面展现主题探究式教学取得的成效。

表4 "探索力与运动的秘密"主题探究式教学的评价标准

评价维度	评价指标	评价标准描述
知识掌握	定义理解	学生能够准确界定重力、弹力、摩擦力、反冲力等基本概念,并解释其在科学中的含义
	理论应用	学生会调查、了解不同类型小车的动力情况,会组装简单的不同动力驱动的小车,并用轮子改装小车
技能展示	实验操作	学生能够独立设计并安全、准确地执行实验,如测量不同表面的摩擦力或小车在不同斜面上的速度变化
	数据分析	学生能收集数据,运用图表或计算(如作图分析力与速度的关系),准确推断出结论
合作与态度	团队协作	在小组活动中,学生能积极贡献想法,倾听并尊重他人意见,共同完成任务
	学习责任感	展现出对个人学习及小组任务的责任感,主动完成分配的工作,准备充分参与讨论
创新与反思	批判性思考	学生能反思实验结果,批判性评估方法的局限性,识别误差来源,提出改进方案
	生活联系	学生能将所学知识应用于日常生活情境,如解释运动鞋设计、车辆刹车原理等,体现学以致用
成果展示	报告撰写/模型制作	清晰、逻辑地撰写实验报告或制作小车模型,展示探究过程、发现,体现综合分析能力
	口头汇报	学生在班级自信地口头汇报研究成果,回应提问,体现对内容的深入理解和沟通能力

(三)主题探究式教学的实施过程

1. 引入阶段

在"探索力与运动的秘密"主题探究式教学的起始阶段,华附花都学校采用多元化策略,贯穿整个单元,逐步唤醒学生对这一领域的好奇心。教师们组织学生观看引人入胜的科学视频,这些视频被精心挑选,涵盖了自然界中力量与运动的奇妙现象,如运动员跳跃的瞬间、物体自由落体的轨迹,以及日常生活中力的显现。随后,课堂上的小组讨论热烈展开,学生在教师的引导下分享各自对视频中现象的看法和疑惑,初步理论知识的介绍与日常生活实例的结合，让学生开始尝试将科学概念与实际生活经验相联系。此外，学生有机会参与简易的互动实验，如通过弹射小球来直观感受力的作用效果，这样的实践体验进一步激发了学生对"探索力与运动的秘密"主题的探索欲望。

2. 探究阶段

在激发学生兴趣之后，探究阶段深入进行，这一阶段跨越多个课时，学生以小组为单位，基于初步的理论学习和生活经验，自主提出关于"运动与力"的问题。教师的角色转变为引导者，鼓励学生利用图书馆、互联网资源以及实验室设备，自主设计实验方案，动手操作，从测量不同表面的摩擦力到探究斜面上影响物体加速的因素，每一组学生都有机会亲历科学探究的全过程。通过观察、记录、分析数据，学生在教师的适度引导下，独立思考，解决问题，不断修正和完善自己的假设，这种"做中学"的方式不仅加深了他们对力与运动关系的理解，还培养了他们的科学探究能力。

3. 应用阶段

当学生掌握了基本理论并具备一定的实验技能后，应用阶段让学生将所学知识应用于解决实际问题，这通常在单元教学中后期展开。华附花都学校设计了一系列不同任务的实践项目，给学生提供气球、橡皮筋、斜面等不同材料，学生根据任务要求与材料设计制作出不同动力的小车。在应用中让学生体会到制作的关键在于设计，并不断改进设计以满足不断增加的需求，从而意识到科学技术的发展能促进社会发展。通过这些实践活动，学生不仅将抽象的科学原理转化为解决实际问题的工具，还在实践中学习如何合作、沟通，以及如何创新性地应用科学知识，实现了知识的迁移和能力的综合提升。

4. 评价阶段

评价体系在教学过程中扮演着至关重要的角色，它不仅关注最终的学习成果，更重视学生在整个探究过程中的表现。在"探索力与运动的秘密"主题探究式教学的实施过程中，采用多维度的评价方式（见表5），包括自我评价、同伴评价以及教师的综合反馈，确保评价全面覆盖知识掌握、技能展示、合作态度、创新思维等多个层面。学生不仅要提交实验报告、口头汇报研究成果，还要参与小组互评，学会从他人的视角审视自己的工作，同时，通过反思日志的形式，学生能深入思考自己在探究过程中的成长点和待改进之处，这种持续的反馈循环，为学生提供了明确的成长路径，也为教师提供了调整教学策略的依据。

表5 "探索力与运动的秘密"评价量表

一级指标	二级指标	★★★	★★	★	学生评价	生生互评	师生评价
知识掌握与理解	对力的基本概念、运动规律的掌握程度	精通掌握，能灵活应用	基本掌握，能简单应用	尚未掌握，应用有困难			
实验探究能力	实验设计方案科学性与创新性	高度创新，设计严谨	有一定创意，设计基本合理	缺乏创意，设计不够严谨			
	实验操作技能	操作熟练，数据记录准确	操作基本正确，偶有误差	操作生疏，数据记录不全			
成果展示与分析	展示研究成果的清晰度与逻辑性	展示生动，分析深入	展示基本清晰，分析较浅	展示模糊，缺乏深度分析			
问题解决能力	解决复杂力学问题的能力	能独立解决，见解独到	在帮助下解决，见解一般	难以解决，缺乏见解			
知识应用	力学原理在实际问题中的应用能力	运用自如，实例丰富	基本能应用，实例较少	难以应用，实例缺乏			
团队合作与沟通	团队协作	积极主动，促进团队进步	一般参与，合作意识一般	参与度低，影响团队氛围			
表达能力	口头表达	清晰流畅，逻辑性强	基本清晰，逻辑性一般	表达不清，逻辑混乱			
	书面表达	报告详实，条理清晰	报告基本完整，条理尚可	报告缺失，条理不清			

5. 拓展阶段

主题学习接近尾声时，拓展阶段鼓励学生将学习成果带出课堂，与更广泛的社群分享。通过组织科学展览、社区科普活动，或者参与在线科学论坛，学生以项目展示、科普文章等形式，将"探索力与运动的秘密"的知识与公众分享，甚至参与到实际的社区问题解决中，如设计校园内的防滑装置，或是举办一场关于运动科学的亲子工作坊活动。这一阶段不仅加深了学生对科学与社会联系的理解，还培养了他们的社会责任感和科学传播能力，使科学素养的提升与社会实际需求紧密相连，实现了学习的外延价值。

三 探究式教学校本实践的初步成效

（一）学生认知与技能的发展

主题探究式教学模式下，学生不仅在认知层面取得了显著的进步，更是在深度理解、综合分析和创新思维上达到了一个新的高度。学生们能够批判性地评估科学现象，创造性地提出假设，并在实践中验证这些假设。技能方面，华附花都学校的学生通过实验操作掌握了科学探究的实践技能，数据分析与解释、科学写作能力得到提升，如撰写实验报告和科学论文。这种综合技能的培养，为学生在科学领域的实践打下了坚实基础。

（二）知识整合与系统化教学创新

在主题探究式教学中，华附花都学校将复杂的科学知识分解为多个模块，每个模块围绕一个核心概念或现象，通过探究活动让学生主动发现和建构知识，帮助学生形成一个完整的解决问题的系统。这种教学方式，让学生感受到知识的连贯性，促进形成更宽广的视野，理解知识间的联系，提升了知识的系统性。创新使用教学策略，如使用现代科技、虚拟实验室、编程、在线合作平台，让学生接触到科技教育的新方法，丰富了学习路径，增加了学习的多样性。

（三）课堂评价与课后拓展得到优化

在主题探究式学习中，课堂评价体系的全面性得到革新，评价不再只关注知识掌握，而是更关注学生的整体发展，包括了学生的参与度、合作精神、创新性、批判性思考、解决问题的能力等。课后拓展活动方面，学校通过科学社团、科技竞赛、社区科学节、科学讲座、科技展览等，让学生在课后继续参与科学实践，让科学走出教室，融入生活，学生在课后继续学习，提升了科学素养。

（四）教师教育观念和教学策略得到更新

在主题探究式学习中，教师从知识的传授者转变为学习的引导者和促进者，更多地关注学生的思考过程和学习体验。教师围绕学生这个学习的主体展开教学，尊重学生的兴趣和需求，为学生提供自主探究的空间。在教学上教师设计以问题为中心的课程，鼓励学生提出问题、寻找答案，而不是仅仅接受现成的知识。同时鼓励学生之间的合作与交流，通过小组合作探究活动，提高学生的社交技能和团队协作能力。这样的主题探究式教学模式不仅促进了学生的全面发展，也推动了教师教育观念和教学策略的更新，实现了教育教学的双向优化。

四　总结与展望

当前的教育环境强调对小学生科学素养的培育，这不仅是实施全面素质教育的基本要求，更是顺应时代发展与民族振兴的需求，以及科技进步对未来人才的期望。对于学校和教师而言，培养学生的科学素养成为一项至关重要的教育使命。而主题探究式教学，立足于培养与提升学生科学素养，打破了传统教学模式的局限，为学生提供了更加丰富的学习体验。

华附花都学校在主题探究式教学的校本实践中取得了较好成效，不仅强化了学生的深度理解，培养了分析与创新思维，还促进了知识的跨学科整合

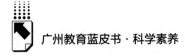

应用与实践,最终在实际情境中体现科学素养的全面提升。未来,华附花都学校将持续深化主题探究式教学的策略,强化科学教育的实践性与创新性,优化评价体系,进一步缩小性别与能力差距,确保每位学生在科学素养上的全面均衡发展,为终身学习与科学研究奠定坚实基础。同时,学校将致力于打造更加开放的科学学习生态,促进家庭与社区的联动,通过科技文化节、竞赛和展览等形式,激励学生持续探索,让科学教育更加贴近生活。

参考文献

纪德奎、乔虹:《主题教学的本质、实施现状及改进路径》,《教育理论与实践》2021年第1期。

高嵩、陈晓端:《论当代主题式教学中的课程知识整合》,《课程·教材·教法》2020年第5期。

刁凤仙、刘俊华:《探究式教学在科学课程教学中的应用》,《科学大众》2019年第1期。

王玉玺、张妲、钟绍春等:《基于电子书包的探究式教学模式设计——以小学科学教学为例》,《中国电化教育》2014年第2期。

冯华:《科学本质观:发挥科学教育育人价值的关键》,《中小学管理》2019年第11期。

B.14
农村小学低成本科学实验项目的实践报告

丘梅霞 黄靖怡*

摘 要： 本文依托广州智慧阳光评价·科学素养测评结果，研究显示，相较于2021年，广州市花都区花东镇花侨小学2023年参加测试的学生科学素养、知识、能力及态度均有显著提升，有力验证了学校推行的低成本科学实验项目的实践成效。花侨小学依托课程资源、整合零散资源、挖掘生活元素、融合科技智慧和跨越学科界限，成功打造了一系列低成本科学实验。这一实践探索不仅有效缓解了农村学校科学实验教学资源紧张的问题，更激发了学生的科学兴趣和实践热情，促进了学生科学思维能力和探究实践能力的提升。

关键词： 农村学校 低成本实验 科学素养 广州市花都区花东镇花侨小学

一 研究背景

2022年4月，教育部发布的《义务教育课程方案和课程标准（2022年版）》将"探究实践"确立为教学活动的主导方式，凸显了实验在教学中的重要性。[1] 但对农村学校而言，实施科学实验教学活动却面临着多重挑

---

* 丘梅霞，广州市花都区花东镇花侨小学科学教学组组长，主要研究方向为科学教育；黄靖怡，广州市花都区花东镇花侨小学教导主任，小学数学一级教师，主要研究方向为数学教育。

[1] 中华人民共和国教育部：《义务教育科学课程标准（2022年版）》，北京师范大学出版社，2022。

战，其中包含实验耗材补给滞后的问题①。实验耗材即使得到补充，其数量也难以满足实验需求，这导致许多学生无法亲自操作实验，仅能通过观看教师演示或视频了解实验步骤和现象，严重制约了学生科学实践能力的培养。

广州市花都区花东镇花侨小学，作为一所典型的农村小学，也面临此类问题。为了突破困境，花侨小学于2022年创新性地提出了低成本科学实验项目，并在四、五年级的科学课堂上付诸实践。此举不仅有效解决了农村学校实验材料短缺的难题，更显著提升了学生的科学兴趣和实践操作能力。其积极效果在"广州市智慧阳光评价项目"的评估中得到了进一步验证。

二　花侨小学科学素养测评结果分析

作为国家中小学教育质量综合评价改革实验区的核心成员，广州市引入国际知名的PISA评价模式，创建了"广州市智慧阳光评价项目"（以下简称"广州阳光测评"）②。该项目严格遵循PISA的国际评估框架，全面测评学生的多学科素养。其测评结果采用与PISA一致的分级标准，确保准确性、公正性和权威性。这一体系不仅为学生提供了科学评估，更为教育改革和教学质量提升提供了有力的数据支持。

（一）研究对象

为了客观地评估花侨小学实施低成本科学实验项目的成效，本文特地选取了2021年和2023年同一年级（四年级）学生的测评数据作为对比分析的基础。这一做法旨在确保数据的直接可比性，从而最大限度地减少因学生年龄、知识背景等潜在变量带来的干扰。

在2021年，实际参与广州阳光测评的四年级学生共有88人，其中包括男生36人和女生52人。两年后，即2023年，花侨小学的另一批四年级学

---

① 吴桂兰：《农村小学科学教育存在的问题及对策》，《课程教育研究》2018年第42期。
② 韦英哲、穗教研：《智慧阳光评价，破解"唯分数"顽疾——中小学教育质量综合评价改革的广州方案》，《广东教育》（综合版）2022年第1期。

生接受了测评,此次实际参与人数为 41 人,其中男生 24 人,女生 17 人
(见表 1)。通过对比这两年的测评数据,可以更为精确、科学地衡量低成本
科学实验项目对学生科学素养的具体影响。

表 1　参测学生基本信息

单位:人

年份	总人数	男生	女生
2021	88	36	52
2023	41	24	17

资料来源:2021 年和 2023 年《广州市智慧阳光评价项目中小学教育质量综合评价班级学生报
告》,下同。

(二)测评结果分析

广州智慧阳光评价体系的科学素养测评包括三大核心领域:科学知识、
科学能力以及科学情感态度。科学知识领域涵盖内容性知识、认知性知识和
程序性知识三个具体指标,科学能力则聚焦于探究科学问题、解释科学现象
以及运用科学数据和证据的能力,而科学情感态度则侧重于科学兴趣和科学
信心。

为了全面衡量花侨小学学生的科学素养现状,本文将花侨小学学生与
市、区同年级学生的科学素养等级水平与科学素养均值进行对比分析;为了
进一步评估花侨小学实施的低成本科学实验项目对学生科学素养的具体影
响,本文选取了与科学实践活动紧密相关的多项指标。

1. 科学素养等级水平与均值对比分析

广州阳光测评将学生素养分为六个水平三个等级(见表 2):A、B 等级
为高水平,C、D 等级为中等水平,E、F 等级为基础水平。根据 2021 年数据,
花侨小学高等级水平的学生占比为 19.54%,这一比例虽然超过了市平
均水平,但尚未达到区平均水平;中等级水平的学生占比高达 73.56%,明
显高于市和区的平均水平;而基础等级水平的学生占比为 6.90%,低于市

和区的平均水平。到了 2023 年，花侨小学高等级水平的学生占比显著提高至 55.00%，这一比例不仅超过了市平均水平，也超越了区平均水平；中等级水平的学生占比下降至 35.00%，低于市和区的平均水平；基础等级水平的学生占比为 10.00%，仍然低于市和区的平均水平。图 1 详细地展示了这些数据分布情况。这些数据展示了花侨小学在两年时间里教育的成效，特别是在提升学生高等级科学素养方面所取得的显著进步。

表 2　2021 年和 2023 年市、区、校科学素养等级水平对比

单位：%

科学素养	2021 年			科学素养	2023 年		
	高等级（A、B 级）	中等级（C、D 级）	基础等级（E、F 级）		高等级（A、B 级）	中等级（C、D 级）	基础等级（E、F 级）
广州市	11.48	32.94	55.58	广州市	14.80	40.91	44.29
花都区	57.89	30.10	12.01	花都区	28.77	40.83	30.40
学校	19.54	73.56	6.90	学校	55.00	35.00	10.00

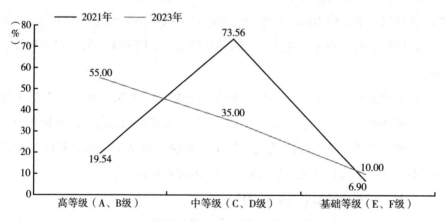

图 1　花侨小学学生科学素养等级水平

通过细致对比 2021 年与 2023 年的评价数据，发现花侨小学在提高学生科学素养方面取得了显著的成效。具体来看，高等级（A、B 级）学生的比例显著增长，增幅高达 35.46 个百分点，而中等级（C、D 级）学生的比例相应下降，降幅达到 38.56 个百分点。这两个数据变化显示更多学生跨入了高水平行列，表明花侨小学学生科学素养水平的普遍提升。基础等级（E、F 级）学生的比例保持相对稳定，波动幅度仅为 3 个百分点，这体现了学校在维护教育均衡性方面的精细调控。这些数据的波动不仅清晰地揭示了花侨小学四年级学生科学素养的整体提升趋势，而且也是对学校推行低成本科学实验项目成效的有力证明。

在评估学生群体的科学素养时，除了考虑科学素养等级水平外，学生均值也是一个至关重要的指标，它直接反映了学生群体在科学素养方面的整体表现。此外，离散系数作为一个补充性指标，提供了关于学生科学素养分布特征的分析依据。离散系数的数值越低，表明学生群体在科学素养上的差异性越小。2021 年和 2023 年市、区、校学生科学素养均值以及离散系数情况如表 3 所示。

表 3 2021 年和 2023 年市、区、校学生科学素养均值与离散系数对比

单位：分

2021 年			2023 年		
区域	学生均值	离散系数	区域	学生均值	离散系数
广州市	499.99	0.44	广州市	500.07	0.29
花都区	638.59	0.25	花都区	541.46	0.25
学校	586.30	0.17	学校	605.91	0.18

在 2021 年，花侨小学的科学素养均值为 586.30 分，低于区的 638.59 分，但高于市的 499.99 分。学校的离散系数为 0.17，低于市的 0.44 和区的 0.25，显示出学校学生科学素养分布的集中度较高。到了 2023 年，学校的均值为 605.91 分，不仅显著高于市的 500.07 分，而且首次超过了区的 541.46 分。学校的离散系数为 0.18，略有上升，但仍低于市的 0.29 和区的 0.25，表明学校学生间的差异仍然较小。学校科学素养均值的增长和离散系数的稳定表明，花侨小学在实现教育均衡和提升学生科学素养方面取得了实质性的进步。

2.科学知识对比分析

广州阳光测评的科学知识评价体系全面而细致,它包括内容性知识、认知性知识、程序性知识三个维度,为评估学生的科学素养提供了多维视角。内容性知识着重于学生对科学事实、关系、过程、概念和设备的理解;认知性知识评估学生将科学知识应用于特定环境以生成解释和解决实际问题的能力;程序性知识则评价学生运用推理、分析等方法得出结论,并使用证据和科学理解进行分析、综合和概括的能力。

2021年,花侨小学学生在内容性知识、认知性知识、程序性知识这三个关键维度上的得分均略高于全市平均水平。这一结果虽显示了学校在科学教育上取得的初步成效,但与区内平均水平相比,仍有提升空间。2023年,花侨小学学生在所有知识类别上的得分不仅超过了区和市的平均分,还在内容性知识维度上取得了91.75分的高分(见表4)。

表4 不同类型科学知识得分情况

单位:分

	2021年				2023年		
类型	内容性知识	认知性知识	程序性知识	类型	内容性知识	认知性知识	程序性知识
广州市	51.65	50.18	40.73	广州市	63.47	52.78	53.63
花都区	79.45	78.49	70.19	花都区	63.94	54.60	52.66
学校	77.92	80.14	47.89	学校	91.75	64.38	69.58

这一进步不仅是对花侨小学在科学知识教育方面的肯定,同时也是对低成本科学实验项目积极效果的有力证明。低成本科学实验项目通过创新的教学方法,为学生提供了丰富的实践操作机会。这种将理论知识与实际操作相结合的教学模式,极大地促进了学生对科学概念的深入理解和掌握。在内容性知识和程序性知识的提升中,低成本科学实验项目展现了其在教育实践中的显著效能。

3.科学能力对比分析

广州阳光测评的科学能力涵盖了探究科学问题、解释科学现象、运用科学数据和证据的能力。其中，探究科学问题能力是指能够探究科学问题与非科学问题，对科学问题进行检验、论证并提出改进意见；解释科学现象能力是指在特定情况下应用科学知识，科学地描述或解释现象，进行预测；运用科学数据和证据能力则是指解释科学结论、理解结论背后的假设和推理、反思科学技术发展给社会带来的意义。

对表5中数据进行详细分析，发现花侨小学四年级学生在科学能力上有提升显著。2021年，花侨小学四年级学生在探究科学问题、解释科学现象和运用科学数据和证据的能力上虽高于全市平均水平，但相较于本区平均水平仍存在一定差距。到2023年，花侨小学四年级学生在上述三项指标上的得分均已超过本区和本市的平均水平，呈现显著的进步。值得一提的是，在解释科学现象这一关键能力上，花侨小学四年级学生的平均分高达84.38分，这一数据远超了本区和本市的平均水平，也充分展现了学校在科学素养培养上的有效性和深度。

表5　不同类型科学能力得分情况

单位：分

2021年				2023年			
类型	探究科学问题	解释科学现象	运用科学数据和证据	类型	探究科学问题	解释科学现象	运用科学数据和证据
广州市	37.38	53.57	45.16	广州市	57.58	65.95	42.74
花都区	69.33	80.37	74.59	花都区	56.17	66.34	44.98
学校	46.97	79.21	71.80	学校	71.00	84.38	68.93

花侨小学的低成本科学实验项目在这一成就中起到了重要作用。该项目通过提供实际操作的机会，使学生能够在真实情境中识别和探究科学问题，运用科学知识解释现象，并基于证据进行逻辑推理和论证。这种实践导向的教学方法不仅加深了学生对科学概念的理解，而且提升了他们应用这些概念解决复杂问题的能力。

4.科学情感态度对比分析

广州阳光测评体系将科学情感态度细分为科学兴趣和科学信心（即自

我效能感）两个关键维度，提供了衡量学生科学情感态度变化的精准指标。

通过细致分析表6中的数据，发现花侨小学四年级学生在科学兴趣和科学信心方面取得了显著的进步。2021年，花侨小学学生在科学兴趣和科学信心两个维度上的得分虽然略高于全市平均水平，但与本区平均水平相比，尚有提升空间。到2023年，花侨小学学生的表现呈现积极的变化，不仅在科学兴趣和科学信心上的得分超越了市平均水平，更是在这两个关键指标上实现了对本区平均水平的超越。

表6　不同类型科学情感态度得分情况

单位：分

2021 年			2023 年		
类型	科学兴趣	科学信心	类型	科学兴趣	科学信心
广州市	75.28	78.26	广州市	71.91	71.11
花都区	84.64	88.96	花都区	72.01	70.00
学校	79.33	82.68	学校	87.99	90.41

这一进步不仅凸显了花侨小学在科学教育上的不懈努力和取得的成效，而且反映了学生在科学学习中兴趣和信心逐步增强。花侨小学推行的低成本科学实验项目，为这一积极变化提供了有力的支撑。项目通过具体的科学实验活动，激发了学生对科学学习的好奇心和探索欲，增强了他们解决科学问题的信心。通过参与这些实验，学生不仅获得了知识和技能，更在实践中培养了对科学的深刻理解和持久兴趣。此外，项目中的互动和讨论环节，也有助于学生建立起科学学习自我效能感，从而在科学情感态度上实现了积极的转变。

（三）结论及分析

1.科学素养显著提升

从科学素养等级水平与均值来看，花侨小学四年级学生的科学素养在高等级（A、B级）的占比大幅提升，表明学生的科学素养水平有了显著提高。这一变化不仅揭示了学生在科学知识掌握和应用上的进步，也反映了学校教育教学质量的持续提升。低成本科学实验项目通过提供实践操作的机会，为学生科学素养的提升提供了有力支撑。

2. 科学知识扎实掌握

在科学知识方面，2023 年花侨小学四年级学生在内容性知识、认知性知识和程序性知识上的得分均超越了市和区平均分。这显示出学校在科学知识教育上的全面性和有效性，尤其是在内容性知识方面取得了显著成效，低成本科学实验项目在这一过程中起到了积极的作用。

3. 科学能力大幅提高

在科学能力方面，花侨小学四年级学生在探究科学问题、解释科学现象和运用科学数据和证据的能力上均呈现显著的进步。特别是在解释科学现象这一关键能力上，学生的平均分高达 84.38 分，远超市、区平均水平。这一成绩充分展现了学校在培养科学实践能力方面的教育成果，低成本科学实验项目在其中发挥了关键作用。

4. 科学情感态度积极向好

从科学情感态度的对比分析来看，花侨小学四年级学生在科学兴趣和科学信心上的得分逐年提升，且在 2023 年超越了市、区平均水平。这一变化不仅反映了学生对科学学习热情和自信心的增强，也体现了学校科学教育中激励机制和情感教育的成功。低成本科学实验项目通过提供互动和探索的平台，极大地促进了学生积极科学情感态度的形成。

综上所述，花侨小学在提升学生科学素养方面取得的显著进步，与低成本科学实验项目的实施密切相关。这些成果彰显了学校在教育教学质量上的不断提升，并为学生未来的科学学习和职业发展奠定了坚实的基础。同时，学校也需针对学生在科学知识深入理解和应用能力上的不足，进一步加强相关教育工作，以促进学生科学素养的全面提高。未来，花侨小学应继续利用低成本科学实验项目的优势，不断优化教学策略，以实现学生科学素养的持续提升。

三 低成本科学实验项目的设计与实施

（一）依托课程资源，获取低成本科学材料

在每学期初，花侨小学的学生们会收到一份与科学教材相配套的广州专版科学实验材料包。这份材料包包括封面设计、使用说明以及一套实验材料。使用说明页为学生提供了清晰的实验名称、材料清单和详尽的步骤指导，极大地便利了学生的科学探索。此类科学实验材料包不仅丰富了学生的学习体验，也有效减轻了农村学校在科学实验材料准备上的经济负担。以四年级下册的实验材料包为例，具体物品配置如图2所示。

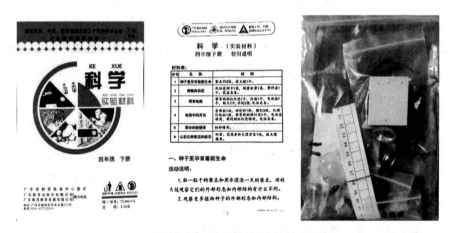

图2 广州专版四下科学实验材料包内含物

尽管这些低成本的科学实验材料包在减轻学校财政压力方面发挥了积极作用，但花侨小学的科学教师们发现材料包的利用率并不理想。一些学生由于强烈的好奇心，在没有规范指导的情况下尝试进行实验，导致了材料的不必要损耗。同时，部分学生在正式的实验课时忘记携带材料包，这影响了教学的连贯性和效果。

为了应对这些挑战并最大限度地利用课程资源，花侨小学的科学教师团

队制定了一项创新性的管理计划，并在四、五年级的科学课堂上实施。他们决定由教师在学期初统一保管实验材料包，而不是直接将其发放给学生。在开学的第一课中，教师们指导学生根据实验的具体需求，将个人的材料包中的材料重新分组，形成小组共享的实验材料包，并贴上包含实验名称和班级的清晰标签。

这一创新的管理策略不仅确保了学生在科学课堂上能够获得充足的实验材料，而且为科学实践活动的顺利进行提供了坚实的基础。同时，它显著节省了教师在课前准备实验材料的时间和精力，从而提高了教学效率。通过这种管理方式，花侨小学的科学教师们致力于培养学生的实验规范意识，确保每位学生都能遵循正确的实验步骤，充分发挥实验材料包在教育过程中的价值。

（二）整合零散资源，扩充优化科学实验

在花侨小学的科学课堂中，教师们巧妙地将学生个人的科学实验材料包转化为小组共享的资源。通过精心设计，教师们不仅丰富了科学实验的数量，更深化了实验的内涵和教育意义。

以四、五年级下册的科学实验材料包为例，原先的材料配置在一定程度上限制了实验的多样性。例如，四年级下册的材料包中仅包含3粒蚕豆，这些蚕豆原本仅用于观察种子的形态和结构。然而，教师们通过创新的资源整合，不仅保留了这一基础实验，还巧妙地增加了种植杯的制作实验，有效地拓展了实验内容的广度（见图3）。

在五年级下册的科学实验材料包中，原本只有1张铝箔纸，仅适用于一项"用沉的材料造船"实验。教师们通过创新设计，不仅保留了原有实验，还增加了"增加船的载重量实验"，进一步提升了实验的深度和教育趣味性（见图4）。

资源整合的优势不仅在于实验数量的扩充，更在于对实验的优化。比如，原有的五年级下册科学实验材料包中仅包含1块橡皮泥，制作的橡皮泥船体积小，稳定性差，难以进行载重量测试。但整合资源后，每个小组能利

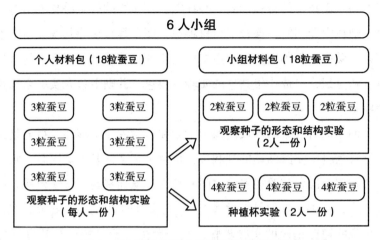

图3　蚕豆在资源整合前后的实验使用思路

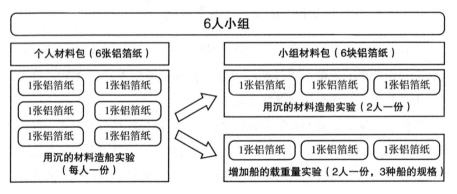

图4　铝箔纸在资源整合前后的实验使用思路

用多块橡皮泥制作出体积更大、稳定性更强的橡皮泥船，使得实验现象更加明显，学生的实验体验也更为丰富（见图5）。

　　资源整合的策略本质上是将个人的实验材料转化为小组共用的资源，即同样一份实验材料由原来的单人使用转变为多人使用，通过合理分配，确保每位学生都能参与到实验中来，同时利用剩余材料来扩充实验的数量或优化实验现象。这种创新的教学方法不仅提升了实验教学的效率，而且为学生们带来了更为丰富和深入的科学学习体验。

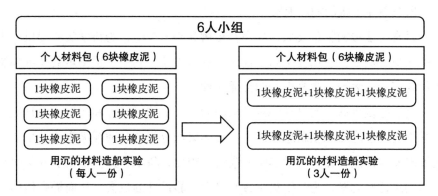

图5　橡皮泥在资源整合前后的实验使用思路

（三）挖掘生活元素，打造低成本科学实验

花侨小学的科学教师们在教学实践中不仅有效利用课程资源获取低成本的科学实验材料，而且通过创新的资源整合思维，扩充了科学实验的范畴。他们挖掘生活中的元素，打造一系列富有创意、趣味且实用的低成本科学实验。这些实验不仅降低了教育成本，还极大地激发了学生的学习热情和创造力，促进了他们科学素养的全面提升。

花侨小学的科学教师们根据实践经验，从以下三种视角切入，挖掘生活元素，打造低成本科学实验。

1. 常见物品替代专业器材

在教科版科学教材中，许多实验需要特定的专业器材。教师们通过巧妙构思和替代，发现许多日常物品同样能达到实验目的。例如，使用透明塑料瓶和气球制作简易真空泵，演示气体压强变化；利用玻璃杯和蜡烛观察光的折射现象等。

2. 自然材料作为实验材料

自然界提供了丰富的实验材料，如土壤、水、植物等。例如，可以通过观察不同土壤对植物生长的影响，探究土壤的成分和性质；通过测量不同温度下水分的蒸发速度，研究水的物理特性。

3.日常生活中的物理现象

日常生活中的物理现象，如声音传播和静电产生，为科学实验提供了丰富的素材。例如，使用梳子和纸片演示静电现象；利用手机扬声器和纸杯制作简易声音放大器，观察声音的传播特性等。

通过挖掘生活中的科学元素，教师们不仅节约了资源和成本，而且提高了学生的动手能力和创新思维能力。具体案例分析和实践探索表明，生活中的许多元素都能转化为科学实验的素材。因此，科学教师应积极引导学生发现和利用这些元素，为学生提供参与科学实验设计的机会，从而提高他们的科学学习兴趣和实践能力。这种教学方法不仅丰富了教学内容，也为学生提供了一个更加贴近生活、易于理解和掌握的科学学习平台。

（四）融合科技智慧，设计低成本科学实验

随着信息技术的迅猛发展，网络资源的丰富性和便捷性为科学实验教学提供了新的可能。科学老师们可以利用网络资源来丰富实验内容，降低实验成本，使更多的学生有机会参与到科学实验中来。

1.数字化工具的创新应用

借助智能手机、平板电脑等前沿数字化工具，并结合先进的传感器和应用程序，科学老师能够轻松设计出既低成本又功能强大的科学实验。在线模拟实验作为其中的佼佼者，通过计算机软件模拟真实实验环境，为学生提供了一个无需实体器材便能进行实验操作的便捷平台。以教科版科学教材中的电路实验为例，传统的电路实验需要购买多种电子元件和设备，成本较高。利用在线电路模拟器，学生可以在虚拟环境中搭建电路，实时观察和调整电流、电压等参数。这种模拟实验不仅降低了成本，而且提高了实验的安全性和可重复性。

2.网络视频的辅助教学

面对那些操作复杂或需特殊设备支持的实验时，教师可以借助网络视频资源进行有效的实验演示。这种教学方法通过学生观看专业的实验视频，细致观察实验的每一个步骤，深入理解实验背后的科学原理和关键操作技巧。

为了进一步提升教学效果，教师可以结合视频内容，组织学生进行深入的思考和讨论。这种互动式学习不仅能够加深学生对实验操作的理解，还能够激发他们的好奇心和探索欲。

以戴伟教授的实践为例，这位在北京化工大学任教的英籍教授，通过其"戴博士实验室"账号发布185个短视频，将化学实验以极富创意和趣味性的形式展现给广大网友。他的视频将化学实验命名为"阿拉丁神灯""大象的牙膏"和"法老之蛇"等，这些充满想象力的名称不仅吸引了大量观众，也使得抽象的科学原理变得形象、易于理解和记忆。通过这种方式，戴伟教授不仅成功地将科学知识普及给了更广泛的群体，也为科学教育提供了一种新颖且高效的传播途径。这种网络视频结合课堂互动的教学模式，为科学教育领域带来了创新的活力，同时也为学生提供了一个更加直观、互动的学习平台。

3. 网络资源的深度挖掘

在网络时代背景下，科学教师们得以享受前所未有的便利性，无论是查找还是采购各类实验材料。他们已经突破了传统实体店或有限供应商的限制，可以通过互联网平台轻松搜索全球范围内的实验材料资源。此外，网络资源还是一个丰富的灵感库，科学教师们可以从中汲取其他科普工作者的创新实验案例，并巧妙地将这些案例融合到自己的教学实践中。

以火山爆发模拟实验为例，教师可以利用网络资源，指导学生使用家庭常见的材料，例如小苏打、醋和洗洁精等，来演示这一自然现象。通过在线查找相关的视频和资料，学生们不仅能够深入理解火山爆发背后的科学原理，还能亲自动手制作实验装置并观察实验过程，从而真切地体验到科学探索的乐趣和魅力。这种教学方式不仅提高了教学资源的可获取性和多样性，也极大地丰富了学生的学习体验，培养了他们的科学探究能力和创新思维能力。

4. 社交媒体的互动学习

社交媒体作为一个强大的交流和信息收集工具，为科学调查开辟了一片广阔的天地。学生们得以利用这一平台，设计并发布线上问卷，针对公众在特定科学议题方面的态度和认知进行深入调研，例如探究"塑料污染对环境的影响"。这一过程不仅让学生有机会收集一手数据，而且通过分析这些数据，他们能够对科学问题获得更加深刻的理解。

此外，社交媒体上的互动和讨论还能够激发学生的批判性思维，促使他们从不同角度审视问题，识别潜在的偏见，评估信息的可靠性。通过这种实践，学生们学会了如何运用数据支持自己的观点，如何通过合理的论证来形成有力的论据，这些都是现代科学探究和学术研究不可或缺的能力。在社交媒体的助力下，科学教育变得更加生动和更具实践性，为学生提供了一个展示科研潜力和提升个人能力的舞台。

总而言之，科技与网络技术的结合为教师设计低成本、高效能的科学实验提供了可能。这种创新不仅降低了科学教育的门槛，让更多学生得以参与科学探究，而且为教育开拓了新视野。这些实验设计紧贴学生生活，有效激发了他们的好奇心和探索精神，同时培养了创新和实践技能。

（五）跨越学科界限，探索低成本科学实验

在科学教育中，传统的单一学科教学模式往往限制了学生的学习视野和思维深度。随着教育理念的更新和教学方法的创新，跨学科融合教学正日益受到推崇。科学与其他学科的融合不仅能够促进知识的互补和整合，还能培养学生的创新思维和综合能力。跨学科融合教学作为一种实用且灵活的教学方法，为低成本科学实验项目的设计和开展提供了广阔的空间。

1. 环保主题的低成本科学实验设计

结合教科版科学教材中关于环境保护的知识，设计一系列以环保为主题的低成本科学实验。例如，学生可以利用废旧物品制作简易的太阳能热水器，通过实际操作了解太阳能的作用原理；进行垃圾分类实验，探究不同垃圾的处理方法和对环境的影响。这些实验不仅能够帮助学生巩固科学知识，还能培养他们的环保意识和实践能力。

2. 科学实验与数学技能的综合应用

在科学实验中，学生常常需要进行测量和数据分析。以植物生长实验为

例，学生可使用直尺和量角器等工具来测量植物的高度、角度等；随后利用数学工具，如统计软件、图表等对数据进行整理和分析。通过这个过程，学生不仅能够加深对植物生长规律的理解，还能提高他们的数学应用能力和数据分析技能。

3. 艺术与科学实验的创新结合

在科学实验中，学生可以通过绘画和模型制作来记录和展示实验过程和结果。例如，在进行化学反应实验时，学生可以用画笔记录反应过程中的颜色变化、气泡产生等现象；利用废旧物品制作反应器的模型，以更直观地展示实验装置。这类活动不仅巩固了学生的实验知识，也培养了他们的创造力和审美鉴赏力。

跨越学科界限，探索低成本科学实验是一种富有成效的教学策略。通过整合综合实践活动、数学、美术等学科内容，科学教育能够提供更为全面和深入的学习体验。这种教学模式旨在加强学生的知识掌握，同时培养其实践能力、逻辑推理、创新思维和审美素养。因此，教育工作者应积极探索和实践跨学科融合教学的方法，为学生提供更加优质和多元的教育资源。

四　展望

随着教育改革的不断深入，特别是新课标对于将"探究实践"作为教学活动主导方式的强调，农村学校的科学实验教学面临着前所未有的机遇与挑战。广州市花都区花东镇花侨小学通过低成本科学实验项目的实践探索，不仅有效缓解了资源紧张的问题，更在提升学生科学素养方面取得了显著成效。这一成功案例为未来农村学校科学实验教学的发展提供了宝贵的经验和启示。

展望未来，农村学校科学实验教学的发展将呈现以下几个趋势。

（一）低成本实验材料的创新与应用将持续深化

低成本实验材料的创新与应用是解决农村学校实验教学资源紧张问题的

有效途径。未来，农村学校将进一步挖掘身边的资源，开发更多具有地方特色的低成本实验材料，丰富实验教学内容，提升实验教学的趣味性和实效性。同时，通过教师间的交流与合作，分享成功经验，共同推动低成本实验材料的创新与应用，实现实验教学资源的共享和优化配置。

（二）实验教学与信息技术的深度融合

随着信息技术的快速发展，实验教学与信息技术的深度融合将成为未来实验教学的重要趋势。农村学校将充分利用现代信息技术手段，如虚拟现实、在线实验平台等，为学生提供更加丰富、生动的实验学习体验。通过信息技术的支持，学生可以突破时间和空间的限制，随时随地开展实验学习，有效弥补传统实验教学的不足。

（三）实验教学评价体系的完善与优化

实验教学评价体系的完善与优化是保障实验教学质量的重要环节。未来，农村学校将进一步完善实验教学评价体系，注重过程性评价和多元性评价相结合，更加关注学生的学习过程和学习体验。同时，学校还将加强与家长的沟通与合作，共同关注孩子的实验学习情况，形成家校共育的良好氛围。随着教育改革的不断深入和科技的快速发展，农村学校科学实验教学将迎来更加广阔的发展前景。

参考文献

郁波主编《科学教师教学用书（五年级下册）》，教育科学出版社，2020。
许传勇：《"双减"背景下开展小学科学低成本实验的策略》，《智力》2022年第31期。

B.15
科学核心素养导向下的大单元主题
作业设计与实践探索报告

张碧媚　李英杰　向炫达*

摘　要： 广州市荔湾区西关培正小学三年级249位学生参加了2023年科学核心素养测评，测评结果显示学生科学素养、科学知识、科学能力均超过市平均水平，但分析发现学生科学探究能力仍需加强。科学探究能力包含提出问题、做出假设、制定计划、处理信息、得出结论、表达交流和反思评价等要素，这需要长期系统地培养，提升学生综合能力。学校通过实践性作业、观察性作业、探究性作业、分层性作业等大单元主题作业的实践探索，拓宽学生认知范围，培养学生科学探究能力，提升教师科学素养，促进学生科学核心素养发展。

关键词： 科学核心素养　大单元主题作业　广州市荔湾区西关培正小学

一　科学新课标核心素养与广州市科学核心
素养评价指标分析

《义务教育科学课程标准（2022年版）》指出要培养学生的核心素养，形成适应个人终身发展和社会发展所需要的正确价值观、必备品格和关

---

* 张碧媚，广州市荔湾区西关培正小学教师，一级教师，主要研究方向为科学教育；李英杰，广州市荔湾区西关培正小学教导主任，高级教师，主要研究方向为科学、信息科技教育；向炫达，广州市荔湾区西关培正小学教师，初级教师，主要研究方向为科学教育。

键能力①。广州市科学核心素养评价指标包括科学知识、科学能力、科学情感态度等方面。通过科学课程标准核心素养与广州市科学核心素养评价指标对比（见表1）和科学课程标准总目标与广州市科学核心素养评价指标对比（见表2），在核心素养内涵和总目标方面，《广州市科学核心素养评价指标与科学课程标准（2022年版）》核心素养比较一致。广州市科学核心素养评价指标，能让学校通过测评数据快速掌握学生学习情况，了解学生科学知识、科学能力及科学情感态度，从而进一步改进教育教学方法，提高课堂教学效能。

表1 科学课程标准核心素养与广州市科学核心素养评价指标对比

科学课程标准核心素养	广州市科学核心素养评价一级指标
科学观念	科学知识
科学思维	科学能力
探究实践	
态度责任	科学情感态度

表2 科学课程标准总目标与广州市科学核心素养评价指标对比

科学课程标准总目标	广州市科学核心素养评价二级指标
掌握基本的科学知识,形成初步的科学观念	内容性知识 认知性知识 程序性知识
掌握基本的思维方法,具有初步的科学思维能力	探究科学问题能力 解释科学现象能力
掌握基本的科学方法,具有初步的探究实践能力	运用科学数据和证据能力
树立基本的科学情感态度,具有正确的价值观和社会责任	科学兴趣 科学信心

---

① 中华人民共和国教育部：《义务教育科学课程标准（2022年版）》，北京师范大学出版社，2022。

二 荔湾区西关培正小学科学素养评价结果与分析

（一）测评对象

2023 年荔湾区西关培正小学参加科学素养测评共 249 人（恩宁校区 123 人，凯粤湾校区 126 人），其中男生 132 人，女生 117 人。

（二）学校科学素养测评数据分析

1.科学素养水平分析

科学素养测评是根据学生在素养测评上的表现，将学生分为六个水平（A 级~F 级）和三个等级（高、中、基础）。达到最高等级（A 级和 B 级）的学生能够熟练掌握知识点或技能，独立进行分析和推理，并在生活场景中将知识点灵活运用；中等级（C 级和 D 级）的学生基本能够掌握知识点或技能，在一定条件下可以进行分析或推理，能够将部分知识或技能应用在生活场景中；基础等级（E 级和 F 级）学生尚未掌握或仅掌握部分知识点或技能，无法在生活中运用相关知识点或技能。

从图 1 可以看出西关培正小学三年级学生科学素养水平较高。高等级水平和中等级水平人数占参加测评人数的 85.56%，其中高等级水平占比（A、B 级）超市平均水平 20 个百分点，中等级水平占比（C、D 级）超市平均水平 6 个百分点。学生普遍具备扎实的科学基础和良好的科学素养，这为他们进一步深入学习和探究提供了坚实的基础。他们的知识储备和思维能力使他们能够轻松应对各种科学挑战，展现出超越同龄人的潜力和实力。

2.科学知识类型得分分析

科学知识从认知过程角度进行测评，涵盖了内容性知识、认知性知识、程序性知识三方面。

从图 2 可知，在内容性知识方面，西关培正小学三年级的学生平均得分超市平均水平 16 分。这表明西关培正小学三年级的学生在科学知识的记忆

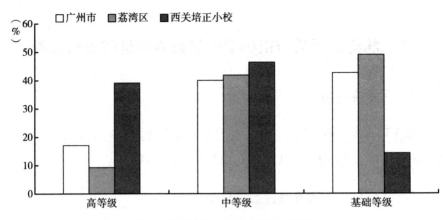

图1 科学素养各等级水平占比情况

与理解方面表现突出，学生在日常学习中更加注重基础知识的积累和巩固。在认知性知识方面，西关培正小学三年级的学生同样表现出色，得分超市平均水平12分，这表明学生不仅掌握了基础的科学知识，还具备了一定的思维能力和分析能力，能够理解和分析复杂的科学问题。从程序性知识来看，

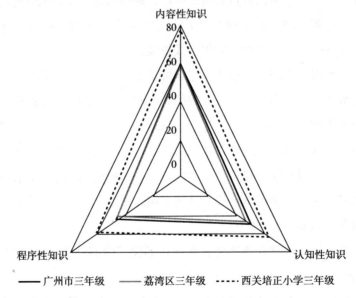

图2 不同类型科学知识得分情况（单位：分）

三年级学生的得分也相对较高，超市平均水平 13 分，说明学生在科学实践和应用方面也有不俗的表现。

3.科学能力类型得分分析

科学素养测评对学生的科学能力进行检测，科学能力涵盖了解释科学现象、探究科学问题、运用科学数据和证据的能力。

从图 3 可知，西关培正小学三年级学生探究科学问题的能力平均得分超本市平均水平 11 分。这表明学生在面对科学问题时，能够积极主动地寻找答案，具有较强的探究精神和问题解决能力；学生解释科学现象的能力同样表现出色，平均得分超本市平均水平 16 分。这说明学生不仅能够理解科学知识的表面含义，还能够深入剖析科学现象的本质和原理，具备较强的解释能力；学生运用科学数据和证据的能力虽然相较于其他两个维度有所降低，但平均得分仍然超本市平均水平 14 分。这说明他们在科学研究中能够合理运用数据和证据来支持自己的观点和结论，具备一定的科学实证精神。

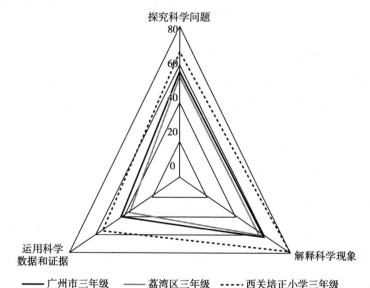

图3 不同类型科学能力得分情况（单位：分）

根据广州市科学素养测评数据结果得知，荔湾区西关培正小学的学生科学素养、科学知识、科学能力均超市平均水平，但分析发现学生的科学探究能力仍有欠缺。荔湾区西关培正小学以课程目标和学业质量标准为依据，构建大单元主题作业和大单元主题作业评价体系，通过设计实践性作业、观察性作业、探究性作业、分层性作业等不同类型的大单元主题作业，加强知识与生活联系，强化学生实验操作能力，提高学生自主探究能力，促进学生形成深度学习思维。

三 指向核心素养的大单元主题作业设计思路

围绕科学核心素养和大单元主题作业概念，在理解教材设计的基础上，关注知识间的内在联系，整合碎片化、割裂式的教学内容，以大单元主题作业对教学内容进行重新整合，使作业从随意性走向规范化、从练习型走向运用型、从零散式走向结构式，实现学生主动地、批判性地学习，培养学生理解性学习、批判性学习的高阶思维，形成主动建构知识、有效知识迁移和解决真实问题的能力。

大单元主题作业根据不同学生的发展水平和学习阶段设计不同类型的作业，如实践性作业、观察性作业、探究性作业、分层性作业等。在设计作业时按照确定主题、确定学习目标、确定作业内容、确定作业评价，形成大单元主题作业设计的一般思路，实现"教-学-评"一致性。

（一）确定大单元主题

围绕学习内容、单元概念确定一个合适的大单元主题，能保障学生在掌握基础知识、基本技能的基础上，提高学生科学探究能力，培养学生的高阶思维（见表3）。选择主题时教师应深入理解并遵循科学课程标准，确保所选主题能够体现学科的核心概念和原理。同时，选择主题时要充分考虑学生的年龄、兴趣和背景知识，选择能够引起他们兴趣和热情的主题。大单元主题作业有多种类型，要注重实践和探究相结合，选择能够引导学生进行实验、观察和调查等活动的主题。这样设计的大单元主题作业不仅有助于学生加深对科学概念的理解，还能培养学生的科学探究能力。

表 3　大单元作业主题分类

作业类型	作业内涵	大单元作业主题
实践性作业	学生参与实际操作、体验和应用的作业形式	《空气》 《呼吸与消化》
观察性作业	学生对特定事物或现象进行细致观察的作业形式	《我们的地球家园》 《地球的运动》
探究性作业	围绕某个主题或问题，通过查阅资料、观察、实验、调查等多种方式，进行深入研究并得出结论的作业形式	《植物生长变化》 《动物的一生》 《生物与环境》
分层性作业	基于学生的个体差异，将作业内容、难度和数量划分为不同的层次，适应不同学生的学习需求和能力水平的作业形式	在大单元主题作业目标、内容、评价中设置分层

（二）确定大单元主题作业目标

在确定大单元主题作业学习目标后，需要根据《义务教育科学课程标准（2022 年版）》的核心素养设计学习目标（见表 4）。大单元主题作业设计的学习目标包括培养学生的科学观念，引导学生对科学现象、科学概念的基本认识和理解，帮助学生建立科学的知识体系[①]。大单元主题作业通过设计各种探究活动和实验，引导学生提出问题、分析问题、解决问题，培养学生科学思维能力和创新精神，学生在学习中掌握在认识世界和解决问题的过程中所运用的思维方式和方法。在教学目标设计上通过引导学生关注社会问题、参与社会实践等活动，让他们认识到科学对社会发展的重要性，培养学生的社会责任感和使命感。

---

① 梁东红：《指向核心素养的小学科学大单元教学实施路径》，《中小学教材教学》2023 年第5 期。

表4 大单元主题作业目标分类

作业类型	学习目标
实践性作业	基于真实生活情境完成实践作业,增强学生的实践能力和问题解决能力
观察性作业	通过有目的、有计划、有步骤地观察,培养学生主动观察、勤于积累的习惯,提升学生的观察能力、思考能力和问题解决能力
探究性作业	在问题导向下,学生运用所学知识,通过自主、合作、探究的方式完成作业,培养学生的创造力、解决问题能力和创新精神
分层性作业	通过设计不同层次和难度的作业,满足学生个性化学习的需求,激发学生学习兴趣和动力,促进学生的主动学习

(三)设计大单元主题作业内容

科学大单元主题作业内容的形式可以多样化,旨在帮助学生建立对科学知识的深入理解和实践应用(见表5)。如思维导图类作业、制作类作业、实践类作业、科学创作类作业、专题综合性作业、调查报告类作业、实验类作业、自然观察类作业、跨学科活动类作业等,在设计科学大单元作业时,应注重作业的层次性和系统性,同时强调综合性和实践性,使学生能够在完成作业的过程中获得全面的科学素养提升。

表5 大单元主题作业内容分类

作业类型	作业内容
实践性作业	制作类作业;实践类作业;科学创作类作业;调查报告类作业
观察性作业	自然观察类作业;思维导图类作业;调查报告类作业
探究性作业	跨学科活动类作业;实验操作类作业;专题综合性作业;调查报告类作业
分层性作业	在作业内容中设计分层任务

(四)大单元主题作业评价

大单元主题作业评价是一个全面、系统的过程,重点评估学生在大单元学习过程中的知识掌握、能力发展和学习态度情况[①](见表6)。在大单元

---

① 中华人民共和国教育部:《义务教育科学课程标准(2022年版)》,北京师范大学出版社,2022。

主题作业评价设计中，通过设计评价目标评估学生对学习内容的掌握程度，发现学生在学习过程中存在的问题和不足。根据科学核心素养设计评价内容，体现立德树人、树立正确价值观。设计分层学习、实践性学习评价内容，凸显学科特点与学习重点、作业难度和容量是否适中，不过分加重学生负担。设计实践性实验评价，规范学生实际操作流程及记录实验数据，提高学生实际操作能力、观察能力和分析能力。

表 6 大单元主题作业评价分类

作业类型	作业评价
实践性作业	评价学生知识掌握情况 评价学生实践能力和问题解决能力
观察性作业	评价学生如实记录观察的信息 评价学生观察能力、思考能力和问题解决能力
探究性作业	评价学生完成作业过程性状况和结论性成果 评价学生创造力、解决问题能力和创新精神
分层性作业	在作业评价中设计分层评价

四 大单元主题作业在"植物的生长变化"课程上的实践与分析

（一）大单元主题的确定与分析

根据《义务教育科学课程标准（2022 年版）》课程内容（八）"生命的延续与进化"学习内容、内容要求、学业要求（见表 7），按照大单元主题作业设计的一般思路，荔湾区西关培正小学依托人教版第一单元"植物的生长变化"教学内容，结合"植物"教学内容，设计《植物的生长变化》大单元作业。学生经历了植物生长的完整过程，通过种植、观察、记录体会植物从生到死的生命过程，并认识到生命是通过繁殖得以延续和发展。

表7 "生命的延续与进化"课程要求

学段	学习内容	内容要求	学业要求
3~4年级	植物通过多种方式进行繁殖	举例说出植物从生到死的生命过程;举例说出植物通常会经历由种子萌发成幼苗,再到开花、结出果实和种子的过程	能记录、整理和描述常见植物从生到死的生命过程

（二）作业教学目标的确定与分析

根据科学课程标准和在问题导向下，学生运用所学知识，通过自主、合作、探究的方式完成作业，培养学生创造力、解决问题能力和创新精神，制定"植物的生长变化"大单元主题作业目标（见表8）。由于学生对种子种植有较浓厚的兴趣，结合日常生活中的种植经验，通过细化选种、种子种植、观察与记录，培养学生勤于动手、善于观察、富于思考的科学情感态度，引导学生真正参与学习活动，调动学生的学习内驱力。

表8 "植物的生长变化"大单元主题作业目标

序号	大单元主题作业目标
1	知道植物的生存和生长需要水、阳光、空气和适宜的温度
2	了解植物通常会经历由种子萌发成幼苗,再到开花、结出果实和种子生命的过程
3	知道植物一般由根、茎、叶、花、果实和种子组成,这些部分具有帮助植物维持自身生存的相应功能
4	知道有的植物通过产生足够的种子来繁殖后代,有的植物通过根、茎、叶等来繁殖后代
5	了解动物帮助植物传粉或传播种子等实例
6	激发关注植物生长变化的兴趣,乐于运用长期观察记录的方法完成研究植物的生长变化
7	能利用解剖的方法由外到内有序地观察花的结构
8	意识到环境影响植物生长,具有保护环境的意识

（三）作业内容设计的应用与分析

"植物的生长变化"大单元主题作业围绕植物生长的主题，让学生通过查阅资料、观察、实验、调查等多种方式，进行深入研究并得出结论。这是为克服传统作业形式单一、答案唯一、内容固定、评价片面的局限性，是基于科学技术知识、科学方法、科学思想及精神和解决实际问题能力等的开放性、实践性、分层性作业（见表9）。作业调动学生的学习积极性，感受科学学习的乐趣，同时也通过设置较高层次的目标给优等生创造学习机会，使之感受到克服难题的喜悦。

表9 "植物的生长变化"大单元主题作业内容

序号	作业内容	核心素养	具体目标	设计意图与体现
1	种子贴画 任务要求： (1)收集生活中常见的种子 (2)观察种子的颜色、形状、大小 (3)利用种子,结合想象,在A4纸上完成贴画,并列举使用的种子类型,说明图画寓意	(1)科学观念 (2)科学思维 (3)探究实践	(1)了解生活中常见的种子类型,加深对不同种子的认识 (2)能运用观察的科学方法,认识种子的颜色、形状、大小 (3)能根据种子的特点进行创作 (4)培养学生热爱自然的态度,丰富学生的想象力,调动学生动手实践的积极性	以贴画的形式利用课后自学的方式促进学生认识多种植物种子的外部形态,增加课堂教学的延伸性,以此达到激发学生学习兴趣、提高学习效率的目的
2	植物种植与观察 任务要求： (1)选择3~5颗饱满、完整的凤仙花、蚕豆或感兴趣的植物种子 (2)准备大小适中的花盆和土壤,并种植,定期浇水 (3)(层次1)定期观察植物并拍照,整理照片,形成观察相册,并简单用文字描述印象最深的植物生长变化 (4)(层次2)持续观察植物根茎叶的生长变化,关注植物开花、结果的过程。完成科学观察记录(以周记的形式进行写作)可从植株高度、叶的数量与形状、植物外形等方面进行记录	(1)科学观念 (2)科学思维 (3)探究实践 (4)态度责任	(1)能观察种子在水中的沉浮,科学合理地选种 (2)掌握植物种植的方法,并增强爱护植物的意识 (3)分层掌握图文记录的科学记录方法,归纳植物生长变化的规律 (4)能根据现象推测植物未来生长变化的趋势 (5)激发学生研究植物的兴趣和珍爱生命的自觉,养成实事求是的科学情感态度	通过种植的实践活动,使学生能够亲身经历完整的植物的幼苗期——生长期——开花期——结果期——凋零期,并认识每一个生长阶段植物的特征。该课的传统教学普遍以学生观看图片、视频的单一教学方法为主,所展示的教学实例一般只有凤仙花,植物类型单一,故设计该作业,丰富教学实例的类型,补充课堂教学

续表

序号	作业内容	核心素养	具体目标	设计意图与体现
3	花的解剖 (1)自挑一种盛开的结构完整的花,并拍照记录 (2)观察花的结构并用镊子从外到内将花的各部分解剖下来,整齐排列在白纸上 (3)观察各部分结构的数量及特点,并在纸上进行标记	(1)科学观念 (2)科学思维 (3)探究实践	(1)巩固花的各部分结构的知识 (2)熟练掌握花朵解剖的方法 (3)培养学生的好奇心,养成认真观察、全面记录的科学情感态度	通过解剖花的活动,巩固解剖技巧及花的各部分结构,培养热爱自然、善于观察的科学情感态度,提高学生从凤仙花的结构观察到各种花的结构观察的迁移能力
4	阅读植物类科普书籍 (1)《种子的胜利》 (2)《植物知道生命的答案》 (3)《中国植物很高兴认识你》	(1)科学观念 (2)科学思维 (3)态度责任	(1)理论联系实际,把课堂上的知识与课外知识融合 (2)拓宽知识面,借助课外阅读了解更多的植物和相关现象	通过阅读课外书籍,加深对本单元知识的理解,拓宽植物科学知识和视野,培养热爱自然保护植物的情感,作为课堂教学的课外延伸

(四)作业评价设计的应用与分析

"植物的生长变化"大单元主题作业通过对学生完成作业过程性状况和结论性成果进行评价,也设计对学生创造力、解决问题能力和创新精神的评价(见表10)。通过布置定期打卡作业,学生记录植物发芽期、幼苗期、生长期、开花期的生长变化,评价学生完成作业的过程性情况;学生进行自评和互评,评选出优秀作业进行展示;学生对植物感情厚重,通过制作种子贴画、花的解剖等方式保存种植成果,评价学生结论性成果情况;教师根据科学核心素养制定评价标准,评价学生创造力、解决问题能力和创新精神。

表10 "植物的生长变化"大单元主题作业评价

作业内容	知识巩固	能力形成	态度建立
种子贴画	(1)发现不同植物的种子的形状、大小、颜色等外部特点各不相同★ (2)种子都有种皮和胚★ (3)知道绿色开花植物一般都是从种子开始新生命的★	(1)能收集三种以上种子,并能认出种子的名称★ (2)能正确观察种子的特点并根据特点进行有序排列和构图★ (3)所构造的贴画画面具有一定的美感,并能说出构图过程和寓意★	(1)热爱自然,珍爱生命★ (2)意识到种子是人类的主要粮食资源★ (3)养成保护植物的意识★
植物种植与观察	(1)在种植过程中,感受绿色开花植物通常会经历种子萌发、生长发育、开花结果、衰老、死亡的过程★ (2)了解绿色开花植物由根、茎、叶、花、果实、种子组成★ (3)了解种植物各部分结构对维持自身生存和繁殖的作用★	(1)选种合理,科学掌握播种的种植方法,能成功培育一棵以上植株至幼苗期★ (2)通过科学的种植方法,将幼苗培育至开花期或结果期★ (3)(层次1)观察记录内容详尽,观察点丰富,观察内容翔实,有相关的图片辅证★ (4)(层次2)在层次1的基础上,形成观察周记★★	(1)热爱自然,珍爱生命★ (2)对植物生长变化有浓厚的兴趣★ (3)能养成持续观察植物生长变化的习惯★
花的解剖	(1)了解花的各部分结构,能正确辨认和观察花的各部分结构数量★ (2)了解花各部分结构的功能★ (3)植物的花可以分为完全花和不完全花★	(1)能正确挑选适合解剖的花朵★ (2)能利用解剖的方法由外到内有序地观察花的各部分结构★ (3)能对花的各部分结构进行仔细地观察★	(1)在好奇心的驱使下,对植物花的结构与功能表现出探究兴趣★ (2)意识到植物的外形特征与环境相关,有保护环境的意识★ (3)热爱自然,珍爱生命★
阅读植物类科普书籍	(1)加深对本单元知识的理解★ (2)拓宽植物科学知识和视野★	(1)对老师提供的书目感兴趣,能开展阅读自主学习★ (2)能通过查找相关资料,对书本中感兴趣的内容进行进一步学习★ (3)能通过自然观察等方法,对书本中感兴趣的内容进行进一步学习★	(1)产生对植物的学习兴趣★ (2)养成热爱自然、保护植物的情感★ (3)养成自主学习的习惯★

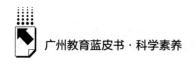
五 实施效果

（一）丰富的作业类型，培养学生探究实践能力

大单元主题作业有丰富的作业类型，如实践性作业、观察性作业、探究性作业、分层性作业等，能交叉使用。"植物的生长变化"大单元主题作业设计了实践性作业——种植凤仙花、蚕豆或感兴趣的植物；观察性作业——观察植物种子萌发、生长发育、开花结果、衰老死亡的过程；探究性作业——解剖花，正确辨认花各部分和了解各部分结构的功能；观察性作业——观察植物种子的形状、大小、颜色等外部特点；分层性作业——层次1观察记录植物某一阶段生长期，层次2连续观察，持续记录，形成植物生长记录。通过丰富的作业类型，给予学生自主发挥的空间，调动学生兴趣，激发学生的探究热情，学生在动手实践中发现科学知识，感受科学的乐趣，掌握科学方法，培养科学探究习惯。

（二）拓宽学生认知范围，提升学生对科学实践的兴趣

"植物的生长变化"大单元主题作业是以种植凤仙花或蚕豆为例开展大单元学习。学生在课堂教学"凤仙花开花了"时，已知道凤仙花有花萼、花瓣、雄蕊、雌蕊，学生在完成大单元主题作业时，可以选择其他植物进行种植，在植物开出花后，通过解剖花的作业来验证花的结构。这个过程拓宽了学生的认知范围，在这个过程中学生需要独立地运用所学知识来分析花的结构，并在实践的过程中完整地解剖花，这样的作业尊重学生的学习主体性，使学生形成独立思考和探索思维，提高学生分析和处理问题的能力。

（三）统领教学评一致性，将培养学生核心素养落到实践中

教学、学习和评价三个环节相互关联、相互促进，形成一个有机整体，因此在设计"植物的生长变化"大单元主题作业目标、内容时根据科学核

心素养，设计了植物从生到死生命过程的记录、整理和描述的评价标准和评价手段，也设计了筛选种子、正确认识花的结构的评价标准和评价手段，教师在学生完成实践性作业时还及时根据学生的反馈进行调整和改进。此次大单元主题作业在实践中不仅培养了学生核心素养，还有助于提高教学质量，又有利于学生的全面发展。

（四）提升教师科学素养，形成师生学习共同体

每个学生的思维能力和学习情况存在较大的差异，为了最大程度地发挥作业对学生的训练作用，激发学生的逻辑思维能力，教师必须更新作业设计理念，因材施教，使科学作业面向全体学生，适应学生个性发展的需要。在设计"植物的生长变化"大单元主题作业时对"植物种植与观察"内容设计了两个层次的作业，给予学生自行选择的机会，提高各个层次学生的学习积极性。教师充分尊重学生的个性发展，设计分层作业因材施教，构建了相互尊重和信任的良好师生关系，教师在教育教学过程中关注学生的成长和发展，及时给予指导和帮助，学生也积极参与学习和实践活动，提高自己的综合素质和能力，实现师生共同成长与进步。

六 进一步优化方向

1. 需探索跨学科主题作业

《义务教育科学课程标准（2022年版）》提出跨学科学习，在学习学科核心概念的基础上，理解跨学科概念，并应用于真实情境。跨学科主题作业围绕一个特定的主题或话题，融合不同学科的知识和技能，促进学生进行跨学科的理解、探究和问题解决（见表11）。通过学科融合、优势互补，促进各学科知识融合及经验积累，引领学生灵活运用知识解决实际问题，实现教育效能的最大化。在下一阶段需探索科学作业设计与其他学科知识与方法的"联结"，通过跨学科主题作业培养学生的跨学科思维能力和综合素养，为学生的未来学习和生活奠定基础。

表 11 科学核心概念与学科融合

科学核心概念	学科融合
物质的结构与性质 物质的变化与化学反应 物质的运动与相互作用 能的转化与能量守恒	语文、英语:科学家传记、科学散文、科技应用文等 数学:计量单位的认识与计算、运动距离计算、物体的观察与测量等
生命系统的构成层次 生物体的稳态与调节 生物与环境的相互关系 生命的延续与进化	语文、英语:科学家传记、科学散文、自然笔记 数学:时间的认识与应用等 艺术:植物贴画等 人工智能:植物识别系统等 其他:技术、社会、环境教育等
宇宙中的地球 地球系统 人类活动与环境	语文、英语:科学家传记、科学散文、科幻小说 数学:位置与方向的认识与应用、时间的认识与应用等 艺术:太阳系图、星图、四季图等 其他:环保教育、科普剧等
技术、工程与社会 工程设计与物化	语文、英语:科学家传记、科幻小说、科技应用文等 数学:工程问题等 艺术:产品设计等 信息科技:3D 模型、VR、AR 虚拟技术等

2. 设计贯通多学段的大单元主题作业

科学课程标准中课程内容是基于学生认知水平和知识经验,安排分阶段学习,为各学段划分不同的探究和实践活动,形成有序递进的课程结构。大单元主题作业设计是以核心素养为目标,为学生建立学科知识、情境知识、学科思维、学科能力等要素的内外联结,发挥作业的育人作用。大单元主题作业设计,能够将不同学习阶段之间的知识和技能连贯、综合,形成一致性,学生可以在逐步深入的学习过程中,将之前所学的知识迁移和应用于新的情境中,解决实际问题。知识迁移和应用的过程,不仅有助于巩固学生的知识体系,还能培养他们的创新思维和实践能力。跨多学段大单元主题作业整合多学段的内容,有助于促进学生的全面发展。这种学习方式让学生接触到更广泛的知识和技能领域,培养学生的自主学习能力、合作精神和领导力,发展学生的多元智能和综合能力。

3. 探索多类型大单元作业评价体系

随着新课程改革的深入开展，课程评价在课程改革中的重要性日益凸显。科学课程标准对评价的建议是：以课程目标和学业质量标准为依据，构建素养导向的综合评价体系，发挥评价与考试的导向功能、诊断功能和教学改进功能。传统作业评价往往过于片面，主要关注学生的学习结果，而忽略了学生的学习过程、情感态度以及对创新精神和实践能力的培养。探索多类型大单元作业评价体系，有助于实现评价主体的多元化、评价方法的多样化、评价内容的全面化和评价成效的过程化。大单元主题作业需重视学生学习方法评价，设计学生完成作业的过程性评价指标，及时对学生好的学习方法和解决问题的方法进行小结、推荐，对学生完成作业过程中不合理的方法和思维方式进行分析与指导。大单元主题作业需重视学生自评与互评，学生在完成作业过程中进行反思，与他人进行相互评价，提升学生学习的强烈动机，提高学习目标的达成度。大单元主题作业需重视学生认知水平评价，根据学生认知水平设计实践性、观察性、探究性、分层性、创新性作业，增加高阶思维训练的作业，培养学生对知识的深度理解，培养创新型人才。

参考文献

袁野、袁文、黄梅：《整合理念下高质量作业设计的逻辑理路和实践进路》，《基础教育》2022年第6期。

刘万海、靳荫雷：《近十年国内教育领域深度学习研究综述——基于CNKI的文献计量可视化分析》，《教育理论与实践》2020年第16期。

王靖、崔鑫：《深度学习动机、策略与高阶思维能力关系模型构建研究》，《远程教育杂志》2018年第6期。

何珊云、邱璐莹：《美国纽约未来学校的大单元作业》，《上海教育》2022年第35期。

校外实践篇

B.16
项目驱动下科学教育"校家社"
协同育人的实践路径报告

——以广州华阳教育集团为例

黄小育　黄佳佳　余志敏*

摘　要：　广州华阳教育集团少年科学院（以下简称华阳少科院）通过深度融合校家社资源，协同推进科学教育，实现了学生科学素养的全面提升。华阳少科院不仅优化校内科学课程设置，还积极拓展校外实践平台，与科研机构、实践基地和企业紧密合作，为学生提供丰富的科学实践机会。通过校家社协同育人模式，学生得以在实践中深化理论知识，培养创新能力，实现了校内外的紧密衔接。该模式不仅提升了学生的科学素养，也促进了学生与社会的紧密联系，为新时代科学教育的发展探索了新路径。本文总结了华阳少科院的实践经验，以学校为主导，开展真实情境下的科学项目群；以家庭

---

* 黄小育，广州市天河区华阳小学科学教师，二级教师，主要研究方向为科学教育、教育评价；黄佳佳，广州市天河区华阳小学科学教师，二级教师，主要研究方向为科学教育、教育评价；余志敏，广州市天河区华阳小学副校长，高级教师，主要研究方向为科学教育、教育评价、教育管理。

为基础，构建家校共育格局下的项目群；以社会为支撑，共建实践育人空间下的项目群。共同建立校家社有效融通的科教生态，实现全面育人目标。

关键词： 项目驱动　校家社协同育人　智慧阳光评价

一　引言

2023 年 5 月，教育部等十八部门联合发布了《关于加强新时代中小学科学教育工作的意见》，强调了校内外资源的整合与衔接，旨在为学生提供更加优质的科学教育，并全面提高学生的科学素质。该文件提倡通过实践、集成、融合等方式，激发学生对科学的兴趣，充分利用校内外资源，并促进"请进来"与"走出去"的有效联动。2020 年 10 月，中共中央 国务院印发的《深化新时代教育评价改革总体方案》明确指出，教育评价事关教育发展方向，有什么样的评价指挥棒，就有什么样的办学导向。2023 年 5 月，教育部办公厅印发《基础教育课程教学改革深化行动方案》，再次强调要将教育评价牵头行动作为重要任务，发挥评价的导向、诊断、反馈作用，丰富创新评价手段，注重过程性评价，实现以评促学，以评促教，促进学生全面发展。

广州市于 2013 年起建立"阳光评价"体系，2023 年持续升级转型为"广州市中小学教育智慧阳光评价"，分别为品德社会化水平、学业发展水平、身心发展水平、艺术素质、劳动实践、学校认同，涵盖《义务教育质量评价指南》提到的中小学生全面发展质量评估五个方面重点内容，科学素养则是学业发展水平方面六项指标之一。广州市智慧阳光评价科学素养评价（以下简称"广州科学素养测评"）关注学生科学素养的培养与发展，在测评形式上采用国际 PISA 评价模式，对科学开展素养监测，通过数字刻画，深化对学生个体科学素养发展的科学指引。

广州华阳教育集团少年科学院（以下简称华阳少科院）从校内到校外，整合社会资源，开发和活跃校外科技教育活动，引导和教育学生学科学、爱科学、献身科学、勇于创新。华阳少科院是广州华阳教育集团的重要科学教育阵地，一直致力于为学生提供实践和研究的机会，不断厚植科学教育的沃土，推动校家社协同育人的进程，并在华阳教育集团成员校设立多个分院，如天琴座 α 少年科学院、巧乐少年科学院、石牌天问少年科学院等，同步进行实践研究，积极探索如何更好地实施科学教育的"加法"。

本研究运用 2023 年广州科学素养测评数据，探究华阳少科院"校家社"协同育人对天河区华阳小学学生科学素养的影响效应，从而为提升学生科学素养及建立校家社有效融通的科教生态提供参考建议。

二 天河区华阳小学科学素养测评过程与结果分析

（一）研究对象

本研究数据来自 2023 年广州科学素养测评。本研究随机选取天河区华阳小学 2022 级 3 个班级学生，共有 127 名学生参与测评，其中男生 65 人，女生 62 人。

（二）研究工具

广州科学素养测评结合 PISA、TIMSS（国际数学与科学趋势研究）评价模式，紧跟国家政策导向，运用大数据、云计算、在线交互可视化报告等技术，综合开展科学素养监测。同时，还将科学素养分为科学知识、科学能力及科学情感态度三大方面 8 个指标项，根据学生在素养测评上的表现，将学生分为六个水平（A 级~F 级）和三个等级（高、中、基础），对学生科学素养水平进行区分。

（三）研究过程

1. 数据对比分析

通过研究 2023 年广州科学素养测评数据，比较分析学生参与华阳少科院相关活动后与区、市科学素养的总体水平及各维度水平发展变化情况。

2.数据归因分析

通过研究 2023 年广州科学素养测评数据，分析学生科学素养整体及各维度水平发展态势，进行科学归因分析。

3.关联因素分析

通过研究 2023 年广州科学素养测评数据，分析学生科学素养与华阳少科院的关联，进行相关因素分析。

（四）测评结果与分析

2023 年广州市中小学教育智慧阳光评价，随机抽取了天河区华阳小学 2022 级 3 个班的学生参加测评。其中科学素养测评及配套问卷和非学业问卷调查等项目的评价结果如下。

1.科学素养在整体评价测评中水平高，学生科学素养整体较好

2023 年广州市中小学教育智慧阳光评价 16 项关键指标，分别为品德社会化水平、数学素养、阅读素养、科学素养、学习动机、学习策略、学习能力、身体健康、心理健康、学业负担、音乐能力、美术能力、劳动实践、学校文化认同、教学方式认同、师生关系，科学素养则是学业发展水平方面六项指标之一。在 16 项关键指标测评对比中，天河区华阳小学学生科学素养整体水平偏高，得分情况明显高于市、区平均水平（见图 1）。

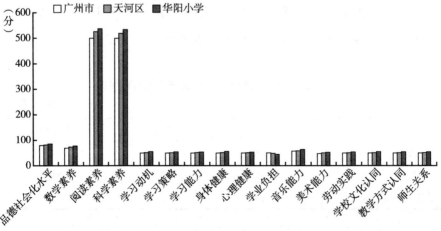

图 1　2023 年天河区华阳小学智慧阳光评价 16 项关键指标的对比表现

2. 科学素养在市、区比较中水平高，不同层次学生差异较小

天河区华阳小学学生在 2023 年广州科学素养测评中，科学素养整体水平明显高于市、区平均水平。学生科学素养测试均值为 533.92 分，比全市均值高 34.04 分，比天河区均值高 14.60 分，学生科学素养测试结果的离散系数较全市低 0.17，较全区低 0.13，说明学生之间的水平差异较小，层次较均匀（见表 1）。

表 1 2023 年科学素养测试情况

评价指标	评价维度	数值
科学素养测试总体情况(分)	广州市	499.88
	天河区	519.32
	华阳小学	533.92
科学素养测试结果离散系数	广州市	0.39
	天河区	0.35
	华阳小学	0.22

3. 科学素养中高等级水平人数占比较高，学生总体表现优异

天河区华阳小学学生在 2023 年广州科学素养测评中，与全市和天河区相比较，高、中等级学生人数占比均较高，科学素养基础等级学生占比较少，说明学生总体上表现优异。其中，高等级学生占 17.97%，中等级学生占 64.06%，基础等级学生占 17.97%（见表 2）。

表 2 2023 年各等级水平科学素养人数占比情况

单位：%

科学素养	广州市	天河区	华阳小学
高等级(A、B 级)	17.08	21.27	17.97
中等级(C、D 级)	40.19	45.55	64.06
基础等级(E、F 级)	42.70	33.17	17.97

华阳小学学生科学素养的良好表现，除了与学校认真实施好科学等国家课程校本化外，还与华阳少科院校家社协同育人的科学教育"加法"措施有正向影响关系。针对学生在广州科学素养测评中的现状与问题，本研究进一步对学生科学素养中的科学知识、科学能力、科学情感态度等方面进行了归因分析，为后期华阳少科院活动实施提供了有效反馈。

（1）学生科学知识水平呈现全面均衡发展态势

广州科学素养测评框架中，科学知识是构筑科学能力的基础。科学能力的获得需要通过三种类型的知识，即内容性知识、程序性知识和认知性知识。其中，内容性知识是科学中已建立的关于自然界的事实、概念、观点和理论，挑选标准是要与情境密切相关、代表重要概念或理论[1]。程序性知识和认知性知识界定了关于科学知识生产过程和逻辑本身的知识，体现了科学素养测试对知识的考查更注重把握知识产生的逻辑和评价准则，2023 年天河区华阳小学学生科学知识水平呈现全面均衡发展态势。

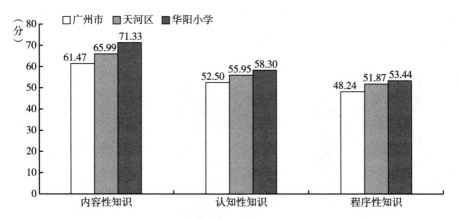

图 2　2023 年不同类型科学知识得分情况

由图 2 可知，2023 年在内容性知识方面广州市得分为 61.47 分，天河区得分为 65.99 分，华阳小学得分为 71.33 分，该校学生在内容性知识上的

---

① 陈信宇、柏毅：《PISA、TIMSS 科学素养测评项目及启示》，《基础教育参考》2019 年第 24 期。

得分比市高出了 16.04%，比区高出了 8.09%；在认知性知识方面广州市得分为 52.50 分，天河区得分为 55.95 分，华阳小学得分为 58.30 分，该校学生在认知性知识上的得分比市高出了 11.05%，比区高出了 4.20%；在程序性知识方面广州市得分为 48.24 分，天河区得分为 51.87 分，华阳小学得分为 53.44 分，该校学生在程序性知识上的得分比市高出了 10.78%，比区高出了 3.03%。由此可见，华阳小学科学知识水平三项指标均高于市、区均值，呈现全面均衡发展态势。学生科学知识水平较高，与学校高水平教研、对课标的深入研究以及华阳少科院校家社协同搭建的一系列活动与课程息息相关。教师间形成较好的教研共同体，深入研习课堂教学，学生间共同合作，形成学习共同体。

（2）学生科学能力水平总体较高，但数据论证能力待提升

科学能力是科学素养测评的核心。对科学能力的要求包括：科学地解释现象，即认知、评估和解释自然科学现象的能力；设计和评价科学探究，即描述、评价并提出科学探究方法的能力；科学地阐释数据和证据，即综合证据并分析、评估数据得出结论的能力。

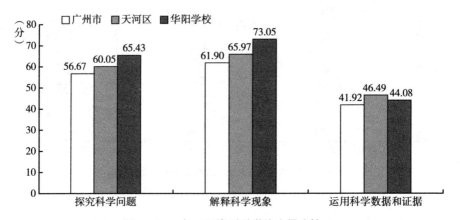

图 3　2023 年不同类型科学能力得分情况

由图 3 可知，2023 年在探究科学问题方面广州市得分为 56.67 分，天河区得分为 60.05 分，华阳小学得分为 65.43 分，该校学生在探究科学问题

上的得分比市高出了 15.46%，比区高出了 8.96%；在解释科学现象方面广州市得分为 61.90 分，天河区得分为 65.97 分，华阳小学得分为 73.05 分，该校学生在解释科学现象上的得分比市高出了 18.01%，比区高出了 10.73%；在运用科学数据和证据方面广州市得分为 41.92 分，天河区得分为 46.49 分，华阳小学得分为 44.08 分，该校学生在运用科学数据和证据上的得分比市高出了 5.15%，比区低了 5.18%。由此可见，广州科学素养测评中学生科学能力总体扎实，能熟练探究科学问题和解释科学现象，但是运用科学数据和证据方面相对薄弱，需要重点关注和改进。这与学生所处的年段密切相关。低年级学生受限于认知水平和知识储备，对数据处理和逻辑推理存在困难。

（3）学生科学情感态度积极，表现出较高的科学信心和责任心

科学情感态度是科学素养的重要组成部分，能够影响个体对科学的兴趣、关注和参与科学问题解决的程度①。

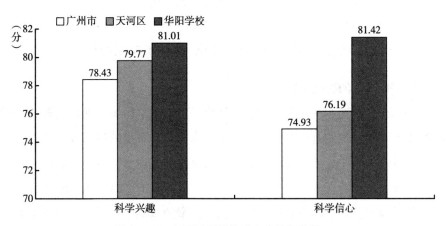

图 4　2023 年不同科学情感态度的得分情况

由图 4 可知，2023 年在科学兴趣方面广州市得分为 78.43 分，天河区得分为 79.77 分，华阳小学得分为 81.01 分，该校学生在科学兴趣上的得分比市

① 刘克文、李川：《PISA2015 科学素养测试内容及特点》，《比较教育研究》2015 年第 7 期。

高出了 3.29%，比区高出了 1.55%；在科学信心方面广州市得分为 74.93 分，天河区得分为 76.19 分，华阳小学得分为 81.42 分，该校学生在科学信心上的得分比市高出了 8.66%，比区高出了 6.86%。由此可见，华阳小学学生科学情感态度积极端正，不仅对科学学习有兴趣，还对科学学习有充分信心，学生正向的主观态度在一定程度上能促进学生科学素养的发展。

这种态度的形成，一方面源于学生自身对未知世界的好奇与探索欲望，驱使他们主动学习、积极思考；另一方面，学生在科学学习中获得的成就感和老师、同伴的鼓励，进一步增强了他们的学习信心和兴趣。此外，家庭教育的支持和学校科学教育的引导也同样重要。这些因素共同塑造了学生正向的科学情感态度，为其科学素养的发展奠定了坚实基础。

三 华阳少科院科学教育"校家社"协同育人的实践路径

（一）以学校为主导，开展真实情境下的科学项目群

1. 梯度衔接的实践课堂

华阳少科院通过梯度衔接的实践课堂，将单元学历案、项目式教学、跨学科学习等教学方法有机结合，形成了一套完整、系统的科学教育体系。

在科学课堂中，以单元学历案的形式统整科学内容，通过精心设计基于真实情境下的学习任务和活动，使学生在掌握知识的同时，培养问题解决能力和科学探究精神。项目式教学在单元学历案的基础上，进一步强调学生的实践能力和创新思维。学生需要在教师的引导下，自主完成一系列与科学主题相关的项目任务。这些项目通常涉及实验设计、数据收集与分析、结论总结等多个环节，要求学生综合运用所学知识，发挥创造力，解决实际问题。跨学科学习是梯度衔接实践课堂的最高层次。它打破了学科之间的壁垒，鼓励学生将不同学科的知识和方法进行融合与创新。通过跨学科学习，学生可以更全面地理解科学现象和原理，提高综合运用能力，培养跨领域的创新思

维和解决问题的能力。

这种层层递进的教学模式不仅有助于提升学生的科学素养，还能培养学生的创新精神和实践能力，为他们的未来发展奠定坚实的基础。

2. 纵横交错的项目活动

华阳小学将每个月的第三周设为科技周，由华阳少科院牵头在每月科技周里举行"三个'一'"活动：科普讲座、科学实践活动、科学节目。自2019年至今，共举办科普讲座34期、科学实践活动37期、科学节目37期。同时，重在实践，激发兴趣，在每个学年第一学期举办未来 π 科技节，引领学生跨学科玩科学，通过科技宣传、年级 STEM 项目、科普讲座、科学实践活动、科技竞赛和科技体验游园活动等丰富多样的实践活动激发学生科学探索兴趣。

华阳小学成立了33个班级科技工作站，将班级作为项目活动主要场所之一，工作站开展的科学教育与少科院牵头开展的活动纵横交织，形成良好的科学教育氛围。同时，华阳少科院对在科学探索中表现突出的孩子予以表彰，设有"小院士""科技小达人""金牌探索娃"三个荣誉称号，在每年9月开展评选活动。从参加活动、成果分享、组织活动、组建社团和参加比赛五个维度综合进行评选，发现许多热爱科技的"好种子"，并持续关注和培育早期创新型人才。

持续擦亮"少年科学院"品牌，打造华阳少科院公众号。公众号已成为科学教育宣传和探索娃展示交流的重要平台。华阳少科院自2021年启动"星辰·大海"计划，以航天和海洋两个主题作为科学教育特色课程。其中航天主题课程与名誉院长何质彬院士团队合作，引领探索娃关注祖国航天事业，从小立志探索浩瀚宇宙，海洋主题课程与广东海洋协会合作，提高"探索娃"的海洋素养，从观察好玩的海洋生物开始，逐渐培养兴趣，走向探索深海秘密。

这种横纵交织的项目活动不仅有助于提升学生的科学兴趣与科学信心，还能培养学生实践创新能力，为学生的科学学习搭建充足的脚手架。

3. 学科融合的班级社团

通过华阳少科院多年的不懈努力，华阳小学的校园里已经拥有了良好的科学教育氛围和丰富坚实的活动基础。班级工作站以班级为单位开展班级科学专题下的系列活动，科学社团以学校为单位汇聚志同道合的学生开展跨年级专题活动，在班级与社团活动中，以探索、创造为指向，促进学科融合的学习。同时，在典型榜样的引领下，在学习氛围的感召下，带领更多低年级的同学成为一起玩科学的追梦人。"科技兴国，强国有我"，小学科学教育的起点也可以从小低抓起。学校也充分照顾到低年级的特点，开展了适合他们身心发展的各项有益科学活动，如将一些比赛或者活动的选拔、报名资格放宽到低年级；组织开展涵盖小低的科普书籍推荐活动；将更多适合小低开展的科学课程引入到学校课后特色课程中；利用寒暑假等假期，定期开展各种有趣又丰富的低年级科学小挑战等，想尽办法让更多的小同学尽早得到科学启蒙。目前，已经有青榕科创工作站、追光空间站、星辰工作站、生命科学工作站等 10 多个以低年级为主体的科创社团创立成功，低年级学生逐步在少科院平台上崭露头角并快速成长，为学校科学教育持续发展提供新生力量。

4. 层级递进的比赛平台

华阳少科院还通过学校举办科学竞赛和科技体验游园活动等形式，让学生在轻松愉快的氛围中掌握科学知识，这种寓教于乐的学习方式进一步提升了学生的科学素养。随着教育部颁发的白名单系列赛事的出台，华阳少科院正确引导学生、大力鼓励学生、用心组织学生参加各类科创竞赛与活动。2023 年，在华阳少科院的影响下，华阳小学在各级别教育部门主办的科创赛事中获奖人数已超 703 人次，获奖项目已超 362 个，其中国家级奖项比例已超 20%，省级更高达 45%。持续助力学生探索求知、挑战高峰，为学生追求科学做好充分保障。

（二）以家庭为基础，构建家校共育格局下的项目群

1. 指向家庭科学教育生活化

"探索娃在研究""创意金点子"项目立足于家庭科学教育，以家庭为基础，充分利用家长资源，在生活中共同搭建科学学习平台。

天河区华阳小学自 2019 年开展了"探索娃在研究"项目式学习，该项目自创设起就面向集团校内所有学生，鼓励学生用心观察、发现问题、勇于探究，学生可以将项目研究过程整理后发表在"华阳少科院"微信公众号上，既能展示自我风采、激发进一步探索的内驱力，又能辐射引领其他学生一起研究，已推出 171 期。为了激励探索娃们爱科学、学科学、讲科学、用科学的积极性，鼓励探索娃们发明创新，丰富假期生活，华阳少年科学院举办多年创意金点子项目，从实际生活出发，让学生提出金点子、好想法，或者是发明作品，激发学生创造力。

2. 盘活家长资源助推项目实施

为了实现构建家校共育格局下的项目群目标，华阳少科院灵活调整课程资源，搭建了"家长进课堂"这一平台。这一平台旨在充分利用家长的职业背景、专业技能和生活经验等丰富的家庭资源，为学校的教育活动注入新的活力和内容。通过邀请家长走进课堂，参与教学活动，不仅能够为学生带来更加多元化和贴近生活的知识，还能增进家校之间的互信与理解，推动家校共育格局的形成。

在"家长进课堂"活动中，家长们充分展现了他们的才华和热情。有的家长结合自己的职业特点，为学生带来了生动有趣的科普课堂；有的家长分享了自己的生活经验和成长故事，让学生在轻松愉快的氛围中感受到成长的力量。这些活动不仅丰富了学生的学习内容，也让他们对家长有了更加深入地了解和认识，增进了彼此之间的情感。

此外，华阳少科院还积极发挥家委会的作用，鼓励家长参与到学校的各项管理和决策中来。少科院家委会成员们积极参与学校的活动组织、课程设计以及学生评价等方面的工作，为学校的发展贡献了自己的智慧和力量。同时，少科院家委会还根据学生的年龄特点和兴趣爱好，精心挑选了适合他们的科普书目，推荐给学生和家长共同阅读，以拓宽学生的知识视野和提升他们的科学素养。

通过盘活家长资源并助推项目实施，华阳少科院不仅加强了与家长的沟通与合作，还为学生提供了更加全面和优质的教育资源。这种家校共育的模式不仅有助于学生的全面发展，也为学校的长远发展奠定了坚实的基础。未来，华阳少科院将继续深化与家长的合作关系，探索更加有效的家校共育模式，为学生的成长和发展创造更加良好的环境。

3. 家校共育打造教育品牌

华阳少科院通过精心策划和组织各类活动项目，吸引了众多学生和家长的积极参与。这些活动不仅丰富了学生的课余生活，也让他们在轻松愉快的氛围中接触到了科学知识，激发了他们对科学的兴趣和热情。同时，少科院还充分利用这些活动项目，加强与家长的沟通与合作，让家长更加了解学校的教育理念和教学特色，从而更加支持学校的工作。华阳少科院还积极运用新媒体技术，打造了公众号这一重要的信息交流平台。通过公众号，少科院可以及时向家长发布最新的教育资讯、活动通知和动态，让家长能够随时了解学校的最新情况。同时，公众号还为学生提供了一个展示自我、交流学习的平台，让他们可以分享自己的科学发现和学习心得，增进彼此之间的友谊与合作。通过家校共育的实践，华阳少科院不仅提升了自身的教育品牌形象，也为学生提供了一个更加优质、全面的教育环境。

（三）以社会为支撑，共建实践育人空间下的项目群

1. 遴选科技企业深度合作，共建实践平台

华阳少科院重在集成，充分盘活资源，打通与社会、科普基地间的通道，实现跨界聚合资源和环境，支持学生进行科学探究实践学习。广东省科学院、广州地理所、广东省矿产资源所、南粤航空航天科技创新研究院、广州海珠国家湿地公园、广州正佳自然科学博物馆、华南农业大学食品安全院等科普基地均与华阳少科院有长期教育教学合作，为华阳少科院各项科学实践活动提供技术和设备支持，能够为学生的科学学习和研究提供必要的资源保障。

2. 加强各类实践基地建设，拓展育人空间

科普基地是学生学习和成长的重要场所。华阳少科院通过与科普基地合作，开展丰富多彩的科普活动和社会实践活动，让学生在参与中增长见识、

锻炼能力。此外，我们还鼓励师生参与社区志愿服务，助推"华阳公益"系列活动，目前已累计开展 55 场，培养了他们的社会责任感和公民意识。

四 总结与展望

在"双减"中做好科学教育加法，是新时代给科学教育提出的新命题，也是学校科学教育发展的新契机[①]。华阳少科院在深化和优化科学教育工作中，以学生为本、实践为基础、合作为手段、创新为动力，通过项目驱动下校家社协同育人的模式，实现了科学教育的创新与突破。这种协同育人模式不仅强化了学校教育的系统性，还充分利用了社会及家长丰富的资源，为学生提供了更为广阔的学习与实践平台。并且围绕学生的需求和兴趣展开，致力于通过实践活动提升学生的科学素养。通过与多方合作，有效整合了科学教育资源，使科学教育更具可持续性和广泛性。

同时，不断追求创新，运用新颖的教育方法和手段，以更好地适应学生的特点和需求，之后，华阳少科院将继续优化和完善这些实践理念，推动科学教育工作迈向新的高度，培养出更多具有科学精神和实践能力的青少年，为社会的进步和发展贡献力量。

参考文献

张建军：《生活化教学策略在小学科学教育中的应用》，《新智慧》2022 年第 10 期。
温小勇、周玲、刘露等：《小学科学课程思维型教学框架的构建》，《教学与管理》2020 年第 24 期。
杨明全：《核心素养时代的项目式学习：内涵重塑与价值重建》，《课程·教材·教法》2021 年第 2 期。

---

① 金锐：《高云峰：为科学教育做"加法"》，《中国教师报》2023 年 9 月 13 日。

B.17
"双减"背景下小学生科学
素养培养路径报告
——以广州市荔湾区青少年宫"探索进行时"公益活动项目为例

喻晓伶　向港楠　戴靖纹　蒋膨伊　邓业祥*

摘　要：　随着"双减"政策的推行，减轻学生课业负担和校外培训压力成为社会共识。本研究旨在探讨在"双减"背景下，如何通过项目式活动有效提升小学生的科学素养。研究首先对荔湾区小学生科学素养水平进行分析，提出"探索进行时"公益活动项目培养路径，该路径强调互动式、探究式和体验式学习活动，通过对典型案例进行分析与总结，验证了该培养路径的可行性和有效性，为"双减"时代下小学生科学素养的提升提供实践指导和策略参考。

关键词：　"双减"　科学素养　广州市荔湾区青少年宫

一　研究背景

（一）政策背景

2021年7月，中共中央办公厅、国务院办公厅印发《关于进一步减轻

---

* 喻晓伶，广州市荔湾区青少年宫主任，中小学高级教师，荔湾区特殊津贴专家，主要研究方向为艺术教育、教学实证；向港楠，广州市荔湾区青少年宫教师，主要研究方向为艺术教育；戴靖纹，广州市荔湾区青少年宫教师，主要研究方向为社会学教育；蒋膨伊，广州市荔湾区青少年宫教师，主要研究方向为艺术教育；邓业祥，广州市荔湾区青少年宫教师，主要研究方向为科技教育。

义务教育阶段学生作业负担和校外培训负担的意见》，提出有效减轻义务教育学生繁重的功课及课后负担，提高课后服务水平，满足学生的多元化需要。

党的十八大以来，习近平总书记在一系列重要场合阐述科学教育的意义、内涵和方法，在中共中央政治局两次集体学习时的重要讲话中反复强调要在"双减"中做好科学教育加法，激发青少年的好奇心、想象力、探索欲，培养科学家的潜能。

（二）青少年宫自身发展

国家一直高度重视青少年的全面发展，2022年发布的《义务教育科学课程标准》指出，要充分发挥社会资源开发利用作用，充分发挥各类校外场所、科普场所、高校、科研机构等单位的作用，实现校外学习与校内学习的有机结合，弥补校内资源的不足。

青少年宫作为校外教育的载体，具有丰富多彩的教育资源和优越的环境条件，是学校和家庭之外的重要教育机构。在青少年宫开展科学教育活动，可以与学校知识进行互补，弥补学校教育在互动探究和情境教育方面的不足。通过社会实践、科学探索、户外研学等富含趣味探索性的教学方式，将枯燥抽象的书本知识呈现给学生，转变学生对科学过程的认识，更好更快地理解科学知识，从而提高他们对科学探索的积极性，最终提高他们的科学素养。

二 荔湾区小学生科学素养水平现状分析

（一）学生科学素养水平居全省前列

荔湾区是广东教育传统强区，学生科学素养整体水平较高。教育部教育督导局、教育部基础教育质量监测中心发布的《2023年荔湾区科学学习质量监测结果报告》显示，荔湾区小学生科学素养关键指标被评为8星等级，位列全省参加抽检 18 个区县的前 15%①，且整体水平位列全国前列。从具体指标来看，全区学生的科学理解能力、科学探究能力和科学思维能力达到中等以上水平的比例分别为 95.5%、91.4% 和 90.1%，分别高出全省平均水平 15 个百分点、16.8 个百分点及 17.5 个百分点。

（二）学生注重学习态度与学习习惯培养

数据显示，全区对科学兴趣表达出"高""较高"意愿的学生占比为 90.8%，高于全省 3.7 个百分点；科学自信心"高""较高"的学生占比为 76.1%，达全省平均水平；科学学习习惯"好""较好"的学生占比为 57.7%，高于全省 2.1 个百分点。

三 "探索进行时"公益活动项目设计与实施

（一）"智趣科普"板块

无论在博物馆还是其他校外科普机构，科普活动都占据着科普教育中的核心位置，它能为学生提供直观获取科学知识的机会。荔湾区青少年宫开展了"科普开放日"和"蝴蝶展"等丰富多彩的科普活动，不仅丰富了学生的课余生活，更用生动有趣的方式进行了科学普及，实实在在地培养了小学生的科学素养。在实行科普教育的过程中，引导学生建立科学的思维方式是我们做科普活动的第一步。通过观察和体验，让学生知道科学探究的一般过程——发现问题、分析问题、解决问题。同时，荔湾区青少年宫鼓励学生动手参与，直观地感受科学的有趣和魅力。科普活动还致力于培养学生的科学家精神。科学家精神是科学素养的重要组成部分，包括好奇心、探究欲、创新精神等。学生在活动探索中感受科学家大胆假设、小心求证的科学精神，

---

① 教育部基础教育质量监测中心：《2023 年国家义务教育质量监测广东省广州市荔湾区科学学习质量监测结果报告》，2023 年 1 月。

从而激发自己的科学精神。此外，科普活动还能培养学生的科学素养，相比传统地理论教学，科普活动更为直观、生动，学生可以通过更直观的方式去学习科学常识、了解科学方法、培养科学精神，形成正确的思维方式，培养正确的人生观和价值观。

如"科普开放日"活动是集科学观影、科普展示、科技体验、动手实践等多种元素于一体的综合性科普活动，它为学生了解科学打开了一扇门（见图1）。在这里，他们可以近距离地观察物理、化学实验，感受科学的色彩；参与具有少年宫特色的互动环节，与科学零距离接触；生动的科学讲座，让学生了解到科学原理在日常生活应用中的重要性。

图1　"科普开放日"——科学秀、学生制作的手工车模

2021~2023年荔湾区青少年宫累计开展了18场线下"蝴蝶展"活动，吸引了1500多人参观（见图2）。通过线下送展到校及线上3D展览馆的模式，展示蝴蝶标本和生态图片，让学生了解到蝴蝶的生活习性、生态环境以及保护生态环境的重要性。在活动中，他们看到了蝴蝶从卵-幼虫-蛹-羽化成蝶的完整生命周期，这一变化不仅让他们感受到生命的奇妙，更对自然和生命有了深刻的认识，也激发了他们保护环境和珍爱生命的意识。

图 2 "蝴蝶展"科普活动

（二）"文化续航"板块

在文化的广阔河流中，我们常常将传统文化和现代科学知识视为两个截然不同的领域。但当我们深入探索其本质，就会发现它们之间存在不可避免且深刻的联系。传统文化是历史的精髓和生活哲学的宝库，而科学知识则构成了现代社会公民必须掌握的知识结构和思考方法。科学素养不仅包括对科学知识的了解，还包含理性地思考、批判性地分析，以及使用科学方法解决问题的能力。传统艺术形式所蕴含的知识和观念，为科学素养的发展提供了丰富的养分。例如，地方性文学形式便承载着地区的历史、风俗和民间智慧。

如"粤唱越爱"粤语童谣节中的童谣包含了对自然现象的描述、对生活常识的传授以及对道德规范的教育。在组织童谣学习的过程中，引导孩子们观察、思考、提问，这是科学探究的起点。同时，童谣中包含的科学元素、蕴含的道理，都能在实践中得到验证和深化，比如传统粤语童谣《鸡公仔》就有很多版本，最早的"鸡公仔"歌词反映的是旧时粤地女子旧婚俗的陋习；抗战时期则变成了一首教育人们团结抗敌的爱国童谣；而现在的版本则是教育小孩勤奋听教，一分耕耘一分收获，让孩子们在愉悦的氛围中提升科学素养。在传唱过程中，孩子们不仅学习到了语言和音乐，更在无形中接触到了观察世界、认识事物的方法。

如利用虚拟现实技术、3D 建模技术打造元宇宙数字展馆——"戏乐曲韵初体验"活动，从粤剧艺术的受众与普及度出发，通过虚拟现实技术搭建虚拟粤剧文化展示馆，对粤剧的源流、艺术特色、发展历程等进行阐述。数字展馆根据粤剧艺术特点进行设计，如粤剧各行当服饰的模拟展示，可搭配三维点选、动画展示等操作，在提供良好浏览体验的同时，可以参与互动领取属于自己的数字藏品。通过拍摄真实戏台全景图进行不同点位浏览进而实现全场景漫游，仿佛穿越到古戏台，突破时空限制，展现了浓厚的粤剧地方特色，营造出完全置身于其中的沉浸式体验，充分调动了学生积极性和参与性。依托耳目一新的视听感受，学生既能更深入地学习粤剧，又提高了信息素养和科技应用能力。

　　→细听·听戏——观众扫码收听各地戏曲艺术的代表作品，了解各地戏曲的特点（见图 3）；

图 3　细听·听戏模块页面

　　→细看·看戏——扫码观看各地戏曲代表作品（见图 4）；

　　→细说·说戏——现场展示戏服、道具、模型等物品，让大家了解各地戏曲文化的特点（见图 5）；

　　→缘来有戏——以全息光影效果，让你穿越古今，打造观众与传统戏曲表演人物同台相遇的特效（见图 6）。

图 4　细看·看戏模块页面

图 5　细说·说戏模块页面

图 6　缘来有戏模块页面

（三）"实践成长"板块

　　该板块是将教育教学与少先队工作相结合的暑假社会实践营活动。活动采用了一种非传统且新颖的形式展开，即"1+N+1"模式（"一品牌""多实践""一激励"模式）。通过开展暑假实践营活动，引导学生走进社区、红色基地、科普馆等场所参与社会实践活动，从而逐步提升科学素养水平。

　　暑假期间通过开展11场不同主题的研学活动，带领学生走进青年公园、白云机场、珠江水产研究所等教育基地，深入学习了禁毒知识，体验了现代科技在交通领域的应用，学习渔业资源的保护与利用、水产养殖技术以及渔业环境的维护等专业知识（见图7）。

图7　研学活动

　　如红领巾校外争章活动，学生通过走访詹天佑故居纪念馆，了解詹天佑先生在中国铁路建设领域的杰出贡献，花园里展示的"人"字形铁路，是詹天佑在修建京张铁路时面临陡峭山势和复杂地形而设计的一种特殊的铁路线路，这种勇于创新、敢于挑战、不怕困难的精神，正是当下社会大力弘扬的科学家精神。观察是科学探索的第一步，走进粤剧艺术博物馆，抬头看，屋脊上的陶塑就是出自《曹操大宴铜雀台——〈群仙祝寿〉》,一楼内的木雕,则是以粤剧武行故事为主题创作的,学生通过观察,发现粤剧艺术与岭南水乡建筑之间的联系,进而使学生对岭南水乡的建筑特点有了更深入的认识。来到永庆坊非遗街区,学生们感受了众多非遗项目。例如在体验"广绣、广彩"的过程中,学生学习到光学原理在色彩表现中的应用,如颜色的混合、反射和折射以及色彩学中有关色彩的搭配、对比和调和等。又比如在体验"掐丝珐琅"——镀金的过程中,学习到了金的化学性质极不活泼的特点,无论在室温还是高温下,都不会有氧化现象,使景泰蓝制品更加耐用美观。

四 "探索进行时"公益活动项目实践路径

近年来,荔湾区青少年宫在实践探索中形成了一套独有的"3+3"培养模式,成为学生科学素养培育的重要支撑(见图8)。

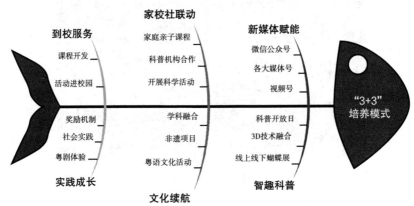

图 8　荔湾区青少年宫科学素养"3+3"培养模式

(一)高质量服务送入校园,科学素养服务覆盖面广

立足提升科学素养的核心目标,以送教进校园的形式助力科学素养培养工作。包括通过积极支援薄弱学校建设特色项目,协助学校建设展示办学特

色、综合实践专项活动成果的平台等方式，提升学生科学素养综合水平。在过去三年的送教进校园服务中，先后为 30 所公办小学提供了科学教育服务，服务覆盖全区 61% 的公办小学（见表 1）。

表 1　2021~2023 年"送教进校园"服务覆盖学校名单

学校名称		
芳村小学	沙面小学	南漖小学
龙津小学	西塱小学	宝源小学
增滘小学	汇龙小学	东沙小学
鸿图苑小学	金兰苑小学	培真小学
三元坊小学	詹天佑小学	林凤娥小学
环翠园小学	合兴苑小学	西华路小学
乐贤坊小学	西关实验小学	芦荻西小学
西关培正小学	芳村实验小学	康有为纪念小学
蒋光鼐纪念小学	西关外国语学校	广东实验中学荔湾学校
华南师范大学附属荔湾小学	广州市真光中学附属小学	中国教育发展研究院荔湾实验学校

资料来源：荔湾区青少年宫。

（二）组织形式多样，注重创新工作手段

荔湾区青少年宫逐步构建"科学-知识-研学-开发"递进式科学活动组织机制，2023 年开展各形式活动达 367 场（见表 2）。

表 2　2023 年科学活动类型及数量

活动类型	数量（场）
科学普及	24
知识探索	20
户外研学	13
课程开发	308

资料来源：荔湾区青少年宫。

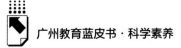

其中，"科学普及"以科学阅读学习和知识讲解为主，注重科学知识的传播，以展览、讲座等形式组织科学活动 24 场；"知识探索"注重学生的动手实践和科学探索活动，组织项目化学习、科普开放日等活动 20 场；"户外研学"通过组织学生参观大学校区、开展知识游园会等形式激发学生科学学习的兴趣，全年开展相关活动 13 场；"课程开发"是在上述活动组织的经验基础上，立足学科融合，开发系列课程，已先后与近 20 所学校建成对点服务，派出专业教师以每周固定到校提供课程教学和指导的形式，协助各校做好课后科学教育服务工作，全年完成相关课程组织 308 场。

（三）活动主题丰富，强调学科融合效果

新课标强调课程综合化实施并设立跨学科主题活动，提倡知识学习与价值教育有机融合，从而实现课程多维度的育人价值①。现代科学发展对于复杂问题的研究需要调动多学科知识的综合运用，荔湾区青少年宫将科学素养的培育与非遗、美术、书法等多学科进行融合，探索"传统文化+现代科学"的综合活动开发。

如通过热点议题与科学知识结合，激发学生科学学习兴趣，开发音乐疗愈等特色课程，在 8 所学校开展春天课堂动次系列音乐心理疗育课程，共为 400 余名学生提供心理支援服务。通过艺术主题与技术手段结合，培养学生科学实践技能，创设科美融合课程，组织漆艺探索、陶艺探索、剪纸探索、美启童乐探索等融合实践活动，在艺术学习中认识事物属性、提高工具操作的综合能力。通过非遗传统与逻辑训练结合，锻炼学生科学思维能力，开设汉字演变、汉字源流等书法主题活动，先后开展 8 场校园巡展活动和 6 场书法专题讲座，开展 8 场粤语童谣主题游园会。

---

① 中华人民共和国中央人民政府：《义务教育课程方案和课程标准（2022 年版）》，中国政府网，2022 年 4 月 11 日，https：//www.gov.cn/zhengce/zhengceku/2022-04/21/content_5686535.html。

五 实践经验与启示

（一）利用自媒体平台提升科学学习的浓厚氛围

"探索进行时 科学直通车"依托各大媒体，将活动内容及精彩瞬间迅速呈现在公众面前，为热爱科学、积极参与实践活动的学生提供一个交流、互动的科学学习平台。"荔湾区青少年宫"微信公众号在 2023 年新增关注人数达 18221 人。为进一步激发学生的科学兴趣，科体部门设计与开发"科普开放日"活动。家长和孩子通过网上报名的方式，来到荔湾区青少年宫观看科学实验秀、制作车辆模型、体验马德堡半球模拟实验等，这一系列活动，让他们初步了解车辆的工作原理，感受到了科技的魅力。活动结束后，荔湾区青少年宫将整个活动与精彩瞬间剪辑成视频并通过视频号进行发布，进一步激发了学生与家长的参与热情。

（二）搭建校-社教育资源共享空间

在教育形式多元化的当下，学校资源虽然丰富，但仍然需要与其他教育资源相互衔接。荔湾区青少年宫组织专业教师到学校开展科学实践活动与教学服务，学生不必离开熟悉的校园环境就能享受到专业的校外教育资源，这种服务模式不仅打破了传统学校教育模式的局限，还极大地丰富了学生的科学学习体验。对学生而言，搭建校外教育资源桥梁，能够让他们在直接接触校外资源的同时拓宽科学视野。如在校内开展蝴蝶展，以科普展板的方式将形态各异的蝴蝶标本呈现在学生面前，学生可以近距离接触观察不同季节的蝴蝶，通过翅膀颜色、花纹以及大小辨别蝴蝶种类，认识蝴蝶的习性、进化等。对学校而言，搭建校外教育资源桥梁是学校获得资源和支持的重要途径。青少年宫拥有丰富的科学教育资源，通过与学校建立合作，不仅能够丰富学校的课程体系与教学方法，还有助于提升学校的教学质量。

（三）家校社联袂共筑点燃学生科学探究之光

荔湾区青少年宫为学生和家长开设了众多公益科学教育活动与课程。通过与科技馆、科研机构、企业等建立合作，实现了活动联合、科普推广、人才交流、资源整合以及创新合作等多维度互动。通过合作，青少年宫可以推出更多前沿科技展览和实践活动，为学生提供直观感受科技魅力的平台；多方共同设计开展科普讲座、科技制作、科学实验等多样性活动，吸引更多学生参与到实践活动中来，这种合作模式在提升学生学习兴趣的同时，也促进了各方在教学方式、活动组织上的交流，促使科普教育的形式与内容双维度扩容。

参考文献

孙延华：《项目式教学模式在高中物理教学中的应用研究》，青海师范大学硕士学位论文，2022。

《全面提升中小学生科学素质——教育部等十八部门联合印发〈关于加强新时代中小学科学教育工作的意见〉》，《科普研究》2023年第3期。

中华人民共和国教育部：《义务教育小学科学课程标准》，北京师范大学出版社，2022。

秦雨：《青少年宫如何推动校外教育工作高质量发展》，《公关世界》2024年第2期。

Contents

Ⅰ General Chapter

Abstract: In 2023, Guangzhou Wisdom Sunshine Assessment and Science Literacy Assessment were conducted on 480, 447 compulsory education students in the city. Based on the in-depth analysis of scientific knowledge, scientific ability and other indicators, this report fully and comprehensively describes the overall development of science literacy of compulsory education students in Guangzhou, regional balanced performance, specific performance and influencing factors. In order to further optimize the quality of science education and improve the effectiveness of education, the report recommends that interdisciplinary teaching should be strengthened to enhance students' comprehensive application ability, especially the ability to solve complex problems in the real world, by integrating the knowledge of different disciplines; In the teaching evaluation system, we should not only pay attention to the evaluation of students' scientific ability, but also pay equal attention to the cultivation and evaluation of their moral emotion, so as to promote their all-round development. At the same time, it actively constructs and recognizes students' scientific identity, inspires students' love and sense of responsibility for science by encouraging exploration, practice and innovation, and

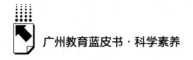
lays a solid foundation for cultivating scientific talents in the future society.

Keywords：Compulsory Education；Scientific literacy Assessment；Scientific Education；Guangzhou

Ⅱ　Follow-up Research Chapter

B.2　A Follow-up Report on Students' Science Literacy Assessment in Guangzhou No. 4 Middle School（Yiyuan）from 2021 to 2022

Deng Tian，*Chen Long and Chen Wenjuan* / 032

Abstract：The scientific literacy assessment is an important tool for measuring students' understanding of scientific concepts, scientific methods, and attitudes towards science. Through scientific literacy assessments, the quality and effectiveness of science education can be improved. Based on the results of the Guangzhou Wisdom Sunshine Evaluation：Scientific Literacy Assessment, in which Guangzhou No. 4 Middle School（Yiyuan）participated in 2021 and 2022, this paper tracks and studies various indicators such as students' scientific knowledge, scientific abilities, and attitudes towards science. It delves into the impact of gender, learning engagement, student development, teaching methods, and school culture on scientific literacy. From this, it proposes the construction of an interdisciplinary science and technology education system, the creation of a science and technology education brand, the deepening of research and practice in science teaching, and the enhancement of teaching effectiveness. It also suggests organizing science and technology activities, strengthening students' sense of school identity, building a mechanism for family-school-community collaboration, and jointly promoting the development of a science education ecosystem to foster the development of students' core scientific literacy.

Keywords：Scientific Literacy Assessment；Science Education；Guangzhou

B.3 Science Literacy Assessment and Tracking Report of Yijing
No. 1 Primary School, Haizhu District, Guangzhou,
2020—2022　　　*Tang Hanqiang, Chen Huiying, Qin Lijia,*
Gao Xiaoman and Yun Yun / 050

Abstract：The comprehensive evaluation of education quality is the core and in the meantime serve as an important guide for education development. It is also an essential requirement for promoting quality education in China. Utilizing data from the Guangzhou Smart Sunshine Evaluation · Science Literacy Assessment, this paper conducts a longitudinal analysis of students who participated in the science literacy assessment for three consecutive years, revealing fluctuations in the overall indicators of science literacy. By delving into the impact of factors such as gender, time invested in learning, scientific confidence and interest, learning motivation, learning strategies, and learning abilities on science literacy, the study recommends strengthening the development of science teacher teams, creating school-based curricula, expanding extracurricular resources, and fully applying the 5E instructional model in classroom teaching to promote the holistic development of students' scientific literacy.

Keywords：Science literacy；Science Education；Yijing No.1 Primary School

B.4 A Follow-up Report on Science Literacy Assessment of
Qiaofu Primary School in Panyu District, Guangzhou
from 2020 to 2022
Lin Lidan, Liang Junjie and Li Dongming / 070

Abstract：In 1958, the term "scientific literacy" was officially introduced and gradually became the core objective of science education in various countries around the world. Enhancing students' scientific literacy has progressively become the perpetual theme of school science education. This study, based on the Sunshine Evaluation data of 144 students from the school, employs research methods such as surveys, interviews, quantitative analysis, and literature review to track the development of scientific literacy in the Sunshine Evaluation over the past three years. Data analysis reveals that the school's scientific literacy is at a moderate level. Issues such as limited facilities, monotonous teaching methods, and lack of innovative teaching approaches were identified. To address these issues, the school has established a collaborative mechanism for science popularization activities involving families, schools, and communities, integrated modern information and innovative technologies, and developed a new evaluation system to promote the enhancement of students' scientific literacy, thereby laying a solid foundation for the future development of science education in the school.

Keywords: Scientific Literacy Assessment; Science Education; Qiaofu Primary School

B.5 Scientific Literacy Assessment Tracking and Intervention Report of Yongxing Primary School, Baiyun District, Guangzhou, 2021−2023

Chen Yumei, Zhang Liqiong and Huang Ruihua / 088

Abstract: Based on the results of the Guangzhou Smart Sunshine Evaluation for Scientific Literacy Assessment conducted at YongXing Primary School in Baiyun District, Guangzhou, during the 2021-2022 academic year, it was found that students' overall scientific literacy levels and specific performance metrics were below both district and city averages. Further analysis revealed five major issues: insufficient professional capabilities among teachers, a lack of diverse teaching methods, unreasonable assignment design, low student interest and confidence in science, as well as weak scientific abilities among students. In response to these challenges, strategies were implemented to enhance teacher development, promote inquiry-based practices, create a conducive environment for scientific learning, and design assignments that are relevant to everyday life. Following these interventions, we compared the monitoring results from 2023 with data from the previous two years obtained through the Guangzhou Smart Sunshine Evaluation. The findings indicate a comprehensive improvement in students' scientific literacy levels in 2023.

Keywords: Scientific Literacy Assessment; Science Education; Yongxing Primary School

B.6   Tracking Report on the Scientific Literacy Assessment of Students at Panyu Junior High School Affiliated to Guangdong University of Education from 2020 to 2022

Weng Xiaotong, Zeng Fanyang and Zhong Peihua / 101

Abstract: Scientific literacy is of great importance to individual development and social progress. Through a longitudinal study of the students from Panyu Junior High School Affiliated to Guangdong University of Education who participated in the Guangzhou Smart Sunshine Evaluation · Assessment of Science Literacy for three consecutive years, this study analyzes the students' level of cientific literacy from four dimensions, including overall situation, scientific knowledge, scientific abilities, and scientific attitudes, and finds that the students' level of scientific literacy are generally low, declining, and lower than the average level in Panyu District. The main reasons for the results are insufficient investment in scientific education resources, lack of daily scientific education integration by teachers, and insufficient support from parents in scientific education. Based on the above analysis, this study proposes corresponding improvement measures from the perspectives of schools, teachers, and families to improve students' level of scientific literacy.

Keywords: Scientific Literacy; Smart Sunshine Evaluation; Panyu Junior High School Affiliated to Guangdong University of Education

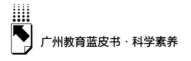

Ⅲ Thematic Chapter

B.7 Comparative Report of Science Literacy Assessment
between Huayang Primary School and Tangxia
Primary School *Li Jiaxian, Yu Hui and Nie Wenfang* / 116

Abstract: Based on the 2023 Guangzhou Sunshine Evaluation of Science Literacy, this study conducts a comparative analysis of the average scores, proficiency levels, and eight sub-dimensions to explore the factors contributing to the differences in science literacy between students from Huayang Primary School and Tangxia Primary School. The findings indicate that key factors influencing students' science literacy include individual learning conditions, teaching quality, school infrastructure, and family education. Accordingly, the study proposes targeted improvement strategies, such as strengthening the provision of science education resources in schools, developing a professional team of science teachers, establishing a collaborative mechanism among families, schools, and communities, and fostering students' scientific thinking and intrinsic motivation for learning, with the ultimate goal of enhancing students' overall science literacy.

Keywords: Intelligent Sunshine Evaluation; Science Literacy; Science Education; Huayang Elementary School; Tangxia Elementary School

B.8 A Comparative Study on the Gender of Scientific Literacy of
Primary and Secondary School Students in Guangzhou?
Zhou Yingqian, Zhang Haishui, Yu Yahui and Huang Xuexin / 130

Abstract: The gender difference in scientific literacy of primary and secondary school students is one of the important topics in science education research. Based on the assessment data of student literacy in City G in 2023, this study divided the students' scientific literacy level into three groups: basic level, intermediate level and high level, and used multiple linear regression analysis to explore the gender differences of students with different scientific literacy levels. The results showed that: (1) The third and seventh grade students showed significant gender differences in scientific ability, scientific knowledge, scientific attitude and responsibility; (2) The gender differences of different scientific literacy levels of students in grades 3 and 7 were consistent, and all of them showed that girls at low levels were dominant and boys at high levels were dominant. (3) The positive effect of scientific confidence on the scientific literacy of third-grade students was the most prominent, and the positive effect of scientific attitude on the basic and intermediate level of science literacy students in the seventh grade was the most prominent, and there were gender differences in the impact on the students of intermediate level of scientific literacy. Based on this, this study suggests that educators should take measures such as abandoning gender stereotypes, conveying correct gender concepts, and adopting differentiated teaching strategies to promote the overall improvement of students' scientific literacy.

Keywords: Scientific Literacy; Science Education; Compulsory Education Stage

B.9 A Comparative Study Report on Scientific Literacy between Cuiyuan School of Overseas Chinese Primary School and Jinlanyuan School of Kang Youwei Memorial Primary School in Liwan District in 2023 *Xiao Ling* / 146

Abstract: Based on the results of Guangzhou Wisdom Sunshine Evaluation and Science Literacy Assessment in 2023 between H School and J School in Liwan District, this paper makes a comparative analysis of the overall average score, grade level and dimensions (knowledge, ability and attitude) of science literacy. The research finds that there are obvious differences between the two schools in the level of science literacy, scientific attitude and classroom teaching methods, and the development level of cognitive knowledge, procedural knowledge and the ability to use scientific evidence need to be paid attention to. Further investigation and analysis show that students of the two schools generally have difficulties in procedural knowledge and the ability to use scientific evidence in science learning, and have different preferences for learning content and classroom forms. The teachers of the two schools can overcome the restrictive factors based on the analysis of learning conditions, and put forward the development of thinking type classroom teaching with thinking training as the core. Based on the comparative study, two countermeasures and suggestions are proposed for science teaching in the two schools, which are to implemente a classroom-centered thinking-based science inquiry classroom, and create an enjoyable scientific learning atmosphere to continuously stimulate students' internal drive to learn, so as to promote the devel

Keywords: Scientific Literacy Assessment; Science Education; Liwan District

Ⅳ   Teaching Reform Chapter

B.10   "Mathematics + Science" Interdisciplinary Topic Large Unit
Content Analysis and Design Report
—*Based on Guangzhou Wisdom Sunshine Evaluation and*
Scientific Literacy Assessment　　　　*Zhou Tiansheng* / 161

Abstract: Due to the promotion of interdisciplinary teaching in the "Compulsory Education Mathematics Curriculum Standards (2022 Edition)", Huangchang Primary School has shortcomings in mathematics and scientific literacy based on the Guangzhou Smart Sunshine Evaluation · Scientific Literacy Test Results. By analyzing the Smart Sunshine Evaluation data, exploring the scientific elements and content in mathematics textbooks, and proposing improvement strategies. The focus is on the fact that Huangchang Primary School's mathematical literacy is lower than the district and city levels, requiring an increase in scientific literacy levels. Through interdisciplinary thematic unit teaching, students' mathematical and scientific literacy can be effectively improved, promoting the implementation and development of interdisciplinary teaching. By integrating mathematical and scientific content, students' comprehensive development can be promoted.

Keywords: "Mathematics + Science" Interdisciplinary; Thematic Unit Content Analysis; Thematic Unit Design

B. 11　A report on the Implementation Path of Primary School

Science Teaching Based on the Consistency of

"Teaching-Learning-Evaluation"

—*A Case Study of the Wisdom Sunshine Evaluation of*

Primary School in Kecun, Haizhu District in 2023

The "teaching-learning-assessment" consistency refers to the high level of integration between teaching activities, learning processes, and assessment methods. This research report uses the 2023 "Wisdom Sunshine Evaluation" based on Ke Xiao students as a case study to summarize and discuss whether the two practical pathways— "Picture Book-Supported 5E Teaching model" and "Project-Based Inquiry Assignments" —proposed based on the "teaching-learning-assessment" consistency concept can effectively enhance students' scientific literacy. The Sunshine Evaluation data show that the fourth-grade classes in Ke Xiao outperformed the city and district averages in aspects such as scientific knowledge, scientific ability, and scientific attitude. This leads to the conclusion that effective teaching methods and assessment strategies can promote the development of students' scientific literacy. Furthermore, based on the evaluation results, improvement strategies are proposed, including focusing on classroom teaching adaptability to promote "precise teaching," ensuring "effective learning" through differentiated strategies, and exploring interdisciplinary assessment methods to ensure "scientific assessment." These strategies aim to better adapt teaching, learning, and assessment to students of varying levels, thereby more effectively improving the overall literacy levels of Ke Xiao students.

Keywords: "Teaching-Learning-Evaluation"; Implementation Path; Kecun Primary School

B.12 Design and Implementation Report of B12 Unit Degree Program Based on Scientific Core Literacy

Lai Lingling, Deng Bei and Cai Yaqi / 196

Abstract: Unit education plan is a new teaching plan that is "quality-oriented, student-centered, and student-centered". Huayang Primary School in Tianhe District, Guangzhou City, in order to meet the needs of basic education reform and develop students' scientific core literacy, uses unit degree programs as carriers, and based on students' positions, plans and designs textbooks from a unit perspective, paying attention to the organization and construction of students' learning experiences, and emphasizing process evaluation. The results of the 2023 Guangzhou Smart Sunshine Evaluation and Scientific Literacy Assessment show that third grade students in Huayang Elementary School have higher levels of scientific literacy in terms of scientific knowledge, scientific attitude, and scientific ability than the average level in the city and district. This indicates that the implementation of unit education programs that use unit guided learning, create real situations, and task driven deep learning plays an important role in improving students' scientific literacy.

Keywords: Primary School; Science Literacy; Unit Educational Program; Huayang Primary School

Abstract：In today's education field, scientific literacy is regarded as an important part of cultivating students' comprehensive quality, which is not only related to the accumulation of knowledge but also involves the cultivation of ability and the shaping of attitude. Based on the Guangzhou Elementary and Middle School Education Wisdom Sunshine Evaluation Program, we analyzed the assessment results of the fourth-grade students in The Affiliated Huadu School of South China Normal University and found that the students performed well in scientific problem identification, phenomenon explanation and evidence use, with a strong interest in science, and the inquiry-based teaching was highly respected, but the overall level was moderate, and the time invested in the after-school program was insufficient. Based on this, The Affiliated Huadu School of South China Normal University implemented a comprehensive inquiry process through thematic inquiry-based teaching, teaching in modules, integrating resources and tools, and rigorous evaluation, and achieved certain results in terms of students' cognitive skills, knowledge integration, evaluation and pedagogical innovations, classroom expansion, and teachers' perceptions.

Keywords：Thematic Inquiry-Based Teaching; Scientific Literacy; School-Based Practice; The Affiliated Huadu School of South China Normal University

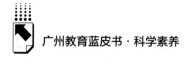

B.14   The Practical Research on Low-Cost Science

Experiment Projects in Rural Primary Schools

Qiu Meixia, Huang Jingyi / 229

Abstract: This article is based on the report of the Smart Sunshine Evaluation of Scientific Literacy in Guangzhou. The results indicate that compared to 2021, students from Huaqiao School in Huadong Town, Huadu District, Guangzhou, who participated in the testing in 2023, showed significant improvements in scientific literacy, knowledge, abilities, and attitudes. This strongly validates the effectiveness of the low-cost science experiment projects implemented by the school. Huaqiao Primary School successfully developed a series of low-cost science experiments by leveraging curriculum resources, integrating scattered resources, exploring life elements, incorporating technological wisdom, and transcending disciplinary boundaries. This practical exploration not only effectively alleviated the resource shortages in science experiment teaching in rural schools but also stimulated students' interest in science and enthusiasm for practice, enhancing their scientific thinking and inquiry abilities.

Keywords: Rural Schools; Low-Cost Experiments; Scientific Literacy; Huaqiao School

B.15   A Large Unit Themed Assignment Design and Practice

Exploration Report Under the Guidance of Scientific

Core Literacy   *Zhang Bimei, Li Yingjie and Xiang Xuanda* / 247

Abstract: A total of 249 students from the third grade of Xiguan Peizheng Primary School in Liwan District, Guangzhou, participated in the 2023 scientific core literacy assessment. The assessment results showed that the students' scientific literacy, knowledge, and abilities exceeded the city's average level. However, analysis revealed that students' scientific inquiry abilities still need to be strengthened. Scientific inquiry abilities encompass elements such as posing questions, making hypotheses, formulating plans, processing information, drawing conclusions, communicating findings, and reflecting and evaluating. This requires long-term and integrated cultivation to enhance students' comprehensive abilities. Through the practical exploration of large unit theme assignments, including practical tasks, observational tasks, inquiry tasks, and differentiated tasks, the school has broadened students' cognitive scope, cultivated their scientific inquiry abilities, improved teachers' scientific literacy, and promoted the development of students' scientific core literacy.

Keywords: Scientific Core Literacy; Large Unit Themed Assignment; Xiguan Peizheng Primary School

Ⅴ   Off-campus Practice Chapter

B.16   Report on Practical Path of Project-Driven Science
Education through School-Family-Society Collaboration
—*A Case Study of Guangzhou Huayang Education Group*
Huang Xiaoyu, Huang Jiajia and Yu Zhimin / 264

Absract: The Junior Academy of Science of Guangzhou Huayang Education Group (hereinafter referred to as HYJAS) has achieved a comprehensive improvement in students' scientific literacy through deep integration of school, family and society resources to collaboratively promote science education. The HYJAS not only optimizes its campus science curriculum provision, but also actively expands extracurricular practice platforms, closely cooperating with scientific research institutions, practice bases and enterprises to provide students with a wealth of opportunities for scientific practice. The students can deepen their theoretical knowledge in practice, develop innovative abilities and achieve a close connection on campus and off campus through school-family-society collaborative education model, which model not only enhances the students' scientific literacy, but also strengthens the close connection between students and society, exploring new pathways for the development of science education in the new era. This paper summarizes the practical experience of HYJAS, which is led by the school to carry out scientific project groups in real situations; based on the family, to build project groups under the pattern of home-school co-education; and supported by the society, to jointly build project groups under the space of practice education, which, together, establish a science and education ecology that effectively integrates school, family and society, achieve the goal of comprehensive education.

Keywords: Project-Driven; School-Family-Society Collaborative Education; Smart Sunshine Evaluation

B.17 Report on the Cultivation Path of Primary School
Students' Scientific Literacy under the Background of
"Double Reduction"

Yu Xiaoling, Xiang Gangnan, Dai Jingwen,
Jiang Pengyi and Deng Yexiang / 278

Abstract: With the implementation of the "double reduction" policy, it has become a social consensus to reduce students' academic burden and off-campus training pressure. The purpose of this study is to explore how to effectively improve the science literacy of primary school students through project-based activities under the background of "double reduction". [1] First, the research analyzes the science literacy level of primary school students in Liwan District, and proposes the training path of "exploring in progress" public welfare activities, which emphasizes interactive, inquisity-based and experiential learning activities. The feasibility and effectiveness of this training path is verified through the analysis and summary of typical cases. It provides practical guidance and strategic reference for the improvement of primary school students' scientific literacy in the double reduction era.

Keyword: Double Reduction; Primary School Students; Scientific Literacy

皮 书

智库成果出版与传播平台

❖ 皮书定义 ❖

皮书是对中国与世界发展状况和热点问题进行年度监测，以专业的角度、专家的视野和实证研究方法，针对某一领域或区域现状与发展态势展开分析和预测，具备前沿性、原创性、实证性、连续性、时效性等特点的公开出版物，由一系列权威研究报告组成。

❖ 皮书作者 ❖

皮书系列报告作者以国内外一流研究机构、知名高校等重点智库的研究人员为主，多为相关领域一流专家学者，他们的观点代表了当下学界对中国与世界的现实和未来最高水平的解读与分析。

❖ 皮书荣誉 ❖

皮书作为中国社会科学院基础理论研究与应用对策研究融合发展的代表性成果，不仅是哲学社会科学工作者服务中国特色社会主义现代化建设的重要成果，更是助力中国特色新型智库建设、构建中国特色哲学社会科学"三大体系"的重要平台。皮书系列先后被列入"十二五""十三五""十四五"时期国家重点出版物出版专项规划项目；自2013年起，重点皮书被列入中国社会科学院国家哲学社会科学创新工程项目。

皮书网

（网址：www.pishu.cn）

发布皮书研创资讯，传播皮书精彩内容
引领皮书出版潮流，打造皮书服务平台

栏目设置

◆ **关于皮书**

何谓皮书、皮书分类、皮书大事记、
皮书荣誉、皮书出版第一人、皮书编辑部

◆ **最新资讯**

通知公告、新闻动态、媒体聚焦、
网站专题、视频直播、下载专区

◆ **皮书研创**

皮书规范、皮书出版、
皮书研究、研创团队

◆ **皮书评奖评价**

指标体系、皮书评价、皮书评奖

所获荣誉

◆ 2008 年、2011 年、2014 年，皮书网均
在全国新闻出版业网站荣誉评选中获得
"最具商业价值网站"称号；

◆ 2012 年,获得"出版业网站百强"称号。

网库合一

2014年，皮书网与皮书数据库端口合
一，实现资源共享，搭建智库成果融合创
新平台。

皮书网

"皮书说"
微信公众号

权威报告·连续出版·独家资源

皮书数据库
ANNUAL REPORT(YEARBOOK)
DATABASE

分析解读当下中国发展变迁的高端智库平台

所获荣誉

- 2022年，入选技术赋能"新闻+"推荐案例
- 2020年，入选全国新闻出版深度融合发展创新案例
- 2019年，入选国家新闻出版署数字出版精品遴选推荐计划
- 2016年，入选"十三五"国家重点电子出版物出版规划骨干工程
- 2013年，荣获"中国出版政府奖·网络出版物奖"提名奖

皮书数据库

"社科数托邦"
微信公众号

成为用户

登录网址www.pishu.com.cn访问皮书数据库网站或下载皮书数据库APP，通过手机号码验证或邮箱验证即可成为皮书数据库用户。

用户福利

- 已注册用户购书后可免费获赠100元皮书数据库充值卡。刮开充值卡涂层获取充值密码，登录并进入"会员中心"—"在线充值"—"充值卡充值"，充值成功即可购买和查看数据库内容。
- 用户福利最终解释权归社会科学文献出版社所有。

数据库服务热线：010-59367265
数据库服务QQ：2475522410
数据库服务邮箱：database@ssap.cn
图书销售热线：010-59367070/7028
图书服务QQ：1265056568
图书服务邮箱：duzhe@ssap.cn

社会科学文献出版社 皮书系列
SOCIAL SCIENCES ACADEMIC PRESS (CHINA)

卡号：838266174212
密码：

基本子库
SUB DATABASE

中国社会发展数据库（下设 12 个专题子库）

紧扣人口、政治、外交、法律、教育、医疗卫生、资源环境等 12 个社会发展领域的前沿和热点，全面整合专业著作、智库报告、学术资讯、调研数据等类型资源，帮助用户追踪中国社会发展动态、研究社会发展战略与政策、了解社会热点问题、分析社会发展趋势。

中国经济发展数据库（下设 12 专题子库）

内容涵盖宏观经济、产业经济、工业经济、农业经济、财政金融、房地产经济、城市经济、商业贸易等 12 个重点经济领域，为把握经济运行态势、洞察经济发展规律、研判经济发展趋势、进行经济调控决策提供参考和依据。

中国行业发展数据库（下设 17 个专题子库）

以中国国民经济行业分类为依据，覆盖金融业、旅游业、交通运输业、能源矿产业、制造业等 100 多个行业，跟踪分析国民经济相关行业市场运行状况和政策导向，汇集行业发展前沿资讯，为投资、从业及各种经济决策提供理论支撑和实践指导。

中国区域发展数据库（下设 4 个专题子库）

对中国特定区域内的经济、社会、文化等领域现状与发展情况进行深度分析和预测，涉及省级行政区、城市群、城市、农村等不同维度，研究层级至县及县以下行政区，为学者研究地方经济社会宏观态势、经验模式、发展案例提供支撑，为地方政府决策提供参考。

中国文化传媒数据库（下设 18 个专题子库）

内容覆盖文化产业、新闻传播、电影娱乐、文学艺术、群众文化、图书情报等 18 个重点研究领域，聚焦文化传媒领域发展前沿、热点话题、行业实践，服务用户的教学科研、文化投资、企业规划等需要。

世界经济与国际关系数据库（下设 6 个专题子库）

整合世界经济、国际政治、世界文化与科技、全球性问题、国际组织与国际法、区域研究 6 大领域研究成果，对世界经济形势、国际形势进行连续性深度分析，对年度热点问题进行专题解读，为研判全球发展趋势提供事实和数据支持。

法律声明